增长飞轮

亚马逊跨境电商
运营精要

老魏 著

电子工业出版社

Publishing House of Electronics Industry

北京·BEIJING

内 容 简 介

作者老魏有 10 余年的跨境电商从业经历，他编写的前一本关于亚马逊运营的图书，印量近 50000 册，得到了市场良好的反馈。作者参考前一本书读者的反馈意见，结合亚马逊跨境电商新的商业环境写成本书。

本书围绕亚马逊的平台知识和运营技巧展开，系统讲解了亚马逊账号注册、后台操作、选品思维与方法、商品发布与 Listing 优化、站内广告的设置与优化技巧、亚马逊卖家运营技巧、不同类型的商品的爆款打造方法、FBA 发货、VAT 税务等内容。作者基于多年的运营经验，用生动翔实的案例与读者分享运营中的操作技巧和运营方法。

本书内容针对性强，讲解的知识、技巧和方法易学、易懂、易操作、易落地执行，是跨境电商从业者值得阅读的运营指导书，也可以作为电子商务专业学生和培训机构学员的参考用书。

图书在版编目（CIP）数据

增长飞轮：亚马逊跨境电商运营精要 / 老魏著 . —北京：电子工业出版社，2020.8
ISBN 978-7-121-39404-1

Ⅰ . ①增… Ⅱ . ①老… Ⅲ . ①电子商务－商业企业管理－经验－美国 Ⅳ . ① F737.124.6

中国版本图书馆 CIP 数据核字（2020）第 152969 号

责任编辑：张彦红
印　　刷：天津千鹤文化传播有限公司
装　　订：天津千鹤文化传播有限公司
出版发行：电子工业出版社
　　　　　北京市海淀区万寿路 173 信箱　邮编：100036
开　　本：720×1000　1/16　印张：15.25　字数：305 千字
版　　次：2020 年 8 月第 1 版
印　　次：2024 年 6 月第 13 次印刷
定　　价：79.00 元

凡所购买电子工业出版社图书有缺损问题，请向购买书店调换。若书店售缺，请与本社发行部联系，联系及邮购电话：（010）88254888，88258888。

质量投诉请发邮件至 zlts@phei.com.cn，盗版侵权举报请发邮件至 dbqq@phei.com.cn。
本书咨询联系方式：010-51260888-819，faq@phei.com.cn。

自 序

大家好，我是老魏。很高兴再次与您相见。

自《亚马逊跨境电商运营宝典》出版以来，累计发行了近50000册。书中的运营思路、技巧和方法影响和帮助了很多亚马逊卖家，甚至不少跨境电商公司直接将其作为新员工上岗教材，人手一本。很多读者循着书上的联系方式找到我，和我分享运营中的成绩和喜悦，每次收到大家的反馈，我心里都是暖暖的，作为作者，最幸福的感觉莫过于此。

在过去的两年里，亚马逊平台发生了很多变化，无论是平台政策的更新，还是新工具、新功能的上线，每项变动都要求卖家必须在运营中做出对应的调整。对我自己来说，在最近的两年里，我及我的团队在运营上也做了更广的拓展和更深的探索，再加上和上万名卖家的交流沟通，我对亚马逊的店铺运营又有了很多新的认知。我把这些平台新规下的操作方法，以及自己在运营上的经验，都写进了这本书里。

在这本书里，我围绕着亚马逊平台最新规则下卖家应该掌握的内容展开，做了详细全面的讲解，把不再适合当下运营的内容删除，同时补充了大量的新内容、新技巧和新方法，然后对所有的内容做了更系统的梳理。同时，文字的流畅性也较上一本书有了较大的提升，希望能够带给读者更好的阅读体验。

和上一本书相比，本书在选品章节（第4章）和商品优化章节（第5章）做了大量的更新和补充，一些更具实效性的方法和技巧都被融入其中。我重写了站内广告章节（第6章），把亚马逊站内广告当前的操作方法、投放逻辑和实用技巧做了系统的归纳和总结。在多维度的亚马逊运营方法与技巧章节（第8章）中，我把全局思维做运营的方法和技巧写了进来，相信会给读者带来全新的运营指导和阅读体验。更重要的是，本书新增了螺旋式爆款打造法（第9章）的内容，很多一直关注我的读者应该对采用螺旋式爆款打造法来推动一款商品成为爆款略有印象，这个实操性很好的方法指导我们团队和我的学员们打造出了无数个爆款，很多读者往往因为对该方法掌握不全面，对一些细节把握不精准，而不能在实践中恰当使用。在这本书中，我对此方法做了全面的讲解，覆盖了打造过程中方方面面的细节和遇到各种状况时的应对方法，我相信，通过阅读第 9 章的内容，读者应该可以比较全面地掌握此方法，如果能够将其应用到运营中，会对亚马逊店铺运营有很好的帮助和推动作用。

为了便于读者掌握和记忆，我还对运营技巧和方法做了提炼和总结，比如 5 段式申诉邮件、优秀标题 6 要素、4 段式商品描述布局法、螺旋式爆款打造的 7 要素、广告漏斗模型、站内广告优化的"三个 30%"等，它们分布在各个章节中。相信通过本书，可以为读者提供一些运营新视角。

分享是成长最快的路，在写本书的过程中，我秉持着分享之心，恨不得把最好的东西与读者分享。也正基于此，我看到了成长中的自己，我也希望正在捧着这本书的您，能够和我一样，在阅读中收获成长。

最后，我要感谢编辑张彦红老师和石悦老师的悉心指导，是你们的跟进和认真编校，这本书才有了和读者见面的机会，谢谢你们！

我也要感谢我们团队的小伙伴们，包括薛裕、张云艳、陈殷仪、胡振宇等。从开始写作至今，5 年的时间里，虽然是我一个人在写，但在文章的传播和社群维护方面，付出最多的是你们。正是你们的努力，让我们"赢商荟"成为跨境电商行业里大家公认的最好的社群之一，谢谢你们！

我还要感谢我的父母。作为一个从农村走出来的孩子，你们给了我真诚、勤奋和努力的品格。我的每一步成长，都离不开你们的教导，你们辛苦了！

最后，我要感谢每一位读者，我一直认为所有的坚持都离不开反馈和激励，是你们的厚爱，让我有了坚持写作的动力，谢谢你们！

还有很多想要表达的话，让我们在书里见吧！

读者服务

微信扫码回复：39404
- 获取博文视点学院 20 元付费内容抵扣券
- 获取免费增值资源
- 加入跨境电商读者交流群
- 获取精选书单推荐

目　录

第 6 章　亚马逊站内 PPC 广告的高阶玩法 103

第1章

跨境电商平台介绍及亚马逊平台的优势

本章要点：

◆ 各大跨境电商平台对比

◆ 亚马逊平台的优势

在当前实体产业升级、成本结构增加的情况下，传统外贸行业的成本优势正逐步消失。与此同时，传统外贸行业还受到贸易壁垒、贸易保护主义抬头等不利因素的影响。在整个传统外贸行业逐步下滑的大背景下，随着国家"一带一路"倡议的提出和对外贸转型升级的大力支持，跨境电商出口成为外贸行业中的"黑马"，异军突起，再加上跨境电商行业赚钱效应的驱动，越来越多的外贸从业者和外向型制造工厂开始进入跨境电商行业。

与此对应的是，易贝（eBay）、亚马逊（Amazon）、速卖通（AliExpress）、Wish等跨境电商平台通过线上和线下各种渠道竞相宣传，很多打算进入跨境电商行业的人们，甚至已经身处其中的跨境电商卖家们都很难区分各个平台的差异，难以选择适合自己运营的平台。

多平台百花争艳固然是好事，可对时间、精力和资金都有限的跨境电商卖家们来说，选择一个合适的平台，短期可以快速赚钱、长期能够稳定发展才是至关重要的。

跨境电商平台因为属性的差异能够带给卖家的发展方向和成长空间各不相同，我们总说"选择大于努力"，选择适合自己的平台对卖家来说同样重要，站在跨境电商行业的门槛处，我们不得不思考：在当前这么多的跨境电商平台中，哪一个更适合自己呢？

1.1　各大跨境电商平台对比

1.1.1　易贝（eBay）

eBay 作为和中国卖家最有渊源的外贸 B2C 零售平台，早在"跨境电商"这个词诞生之前就已经被众多跨境电商从业者所熟悉。当前，我们耳熟能详的跨境电商大卖家，如环球易购、棒谷、通拓、有棵树、赛维等公司，起家的第一桶金都是从 eBay 获得的。毫无疑问，eBay 作为中国跨境电商卖家发源之"根"，为跨境电商发展史写下了最浓墨重彩的一笔。

但就像我们常说的那样，在这个世界上，唯一不变的就是变化。时移世易，最近几年，随着越来越多跨境电商平台的崛起，原本专注于 eBay 的很多卖家开始逐步将业务向其他平台拓展。

近些年，eBay 平台仍然保持着销量逐年增长的势头，总体量依然庞大，仍然是跨境电商领域的"巨无霸"，但也确实面临着来自各竞争平台的挑战。

1.1.2　亚马逊（Amazon）

和eBay相同，亚马逊同样诞生于世界第一波互联网浪潮兴起的1995年，不同的是，亚马逊起源于网上书店，其运营模式是当时不被人看好的重资产自采自销的自营模式，配合自营而来的是，亚马逊还打造出了全球最大、最先进的仓储物流体系FBA（Fulfilment By Amazon，由亚马逊完成代发货）。

经过 20 多年的沉淀，亚马逊构筑的以自营、FBA 物流体系等为核心的电商生态链反而成为其无往不利的"护城河"，成为很多电商平台学习的榜样。

随着自身体量的增长，亚马逊从"网上书店（Bookstore)"发展成为"万有商店（Everything Store)"。与此同时，亚马逊把平台向第三方卖家开放，越来越多的卖家入驻进来，亚马逊的电商生态链也由此变得更好了。

在当前的亚马逊平台上，自营和第三方卖家并存的销售模式为消费者提供了更丰富的商品选择，因商品丰富、质量可靠、发货时效快、客户服务好等特点，消费者对亚马逊的黏性很高。当前，亚马逊的高级会员用户（Prime Member）已经突破 1 亿人，这些都是忠诚的消费者。

现在的亚马逊已经成为全世界电商平台中的翘首，而入驻亚马逊平台的第三方卖家们，凭借亚马逊平台开放和不断壮大的"东风"，接触到越来越多的消费群体，销量增长，获利可观，优秀卖家中不乏中国卖家的身影，比如 Anker（安克创新旗下品牌）已成为北美市场便携充电器行业的领军品牌，为中国品牌走出国门增添了一抹色彩。

当前，亚马逊已经成为北美、欧洲、亚洲等多个国家和地区排名第一的网上购物平台，其流量更是不容小觑。

作为北美最大的电商平台，多年来，亚马逊平台的销量都保持着 20% 以上的增长，其高速的增长也让卖家们可以拥有更宏大的发展愿景和目标。

自成立以来，亚马逊一直秉承着成为"世界上最以用户为中心的公司"（The World's Most Customer-Centric Company）的企业理念，在其决策过程中始终坚持以让消费者满意为基本原则，深得消费者的认可和赞誉，高满意度的消费者为亚马逊带来了丰厚的回报，高级会员的续订率、超高的重复购买率和消费者年度消费总额等指标都是推动平台快速发展的重要因素。

庞大的市场体量、高速的年均增长速度、高质量的客户群体、快捷高效的 FBA 发货系统、完善的售后服务体系等，都成为卖家们入驻亚马逊平台的主要原因。

1.1.3　速卖通（AliExpress）

在众多跨境电商平台中，速卖通是唯一一家有着中国基因的平台，依托于阿里巴巴系庞大的流量和用户基础，成立于 2010 年的速卖通虽然起步较晚，但发展迅猛。

速卖通成立之后，凭借着得天独厚的对中国商家的熟悉度，在重视向目标市场做营销推广的同时，重视卖家群体的培养，通过宽松的入驻条件、较低的佣金费率等措施，吸引了大量卖家入驻。

在战略层面上，作为起步较晚的跨境电商平台，速卖通避开 eBay、亚马逊等占绝对优势的欧美市场，选择以巴西、俄罗斯等新兴市场国家为切入口，差异化的市场战略让速卖通快速成长，迈出了发展中的重要一步，赢得了在世界电商平台中竞争的门票。

随着自身规模的扩大，速卖通一直在升级消费者满意度服务标准。为了确保消费者能够在购物过程中得到满意的商品和服务，速卖通平台多次修改和提高卖家入驻门槛。同时，在发货时效、售后服务水平等方面对卖家提出严格的要求。新的服务标准也为留存消费者起到了重要作用。

在现在的速卖通平台上，消费者来自世界上大部分国家和地区，速卖通已经成为多个新兴市场国家的龙头电商平台。

1.1.4　Wish

Wish 平台起步较晚，成立于 2011 年，在 2014 年转型为购物平台并被中国卖家所关注。

从转型为购物平台开始，Wish 就以把自己打造成移动端购物门户 App 为目标，与其他平台的发展路径、流量来源及平台内消费者的购物方式都有明显的区别。在 Wish 平台的实际销售数据中，有 95% 以上的订单来自移动端。

通过以上分析，不难看出，各个平台在规则、规模、目标人群、操作规范、服务要求等方面都不尽相同，也各有优劣。从跨境电商的运营实践来看，每个平台都有不少取得斐然成绩的卖家。

平台各有优劣，卖家在选择平台时，一定要结合自己的经验、偏好、资金和资源优势等，选择适合自己的平台。

因为各个平台的规则不同，不同平台的运营方法也大相径庭，一个平台上的操作经验在另一个平台上并不具有明显的参考和借鉴意义，所以卖家在选择平台时不应所有平台同时"抓"，同步运营多个平台的难度很大，不利于卖家的快速发展。

作为一名有着多年运营经验的跨境电商行业从业者，我有幸亲自参与过上述各个平台的运营，结合多年的运营经验，参考身边各类卖家朋友的反馈，笔者个人的看法是，在当前跨境电商生态下，亚马逊平台是最适合卖家入驻，也是最有可能让卖家快速成长、做大做强的平台。

接下来，我们就来看看亚马逊平台具体有哪些优势。

1.2 亚马逊平台的优势

1.2.1 亚马逊平台体量最大

亚马逊平台覆盖的市场是跨境卖家面对的最核心市场，比如美国、加拿大、英国、法国、德国、意大利、西班牙和日本等，在这些销售体量大、消费层次高的主流市场中，亚马逊都是当地排名靠前的网上购物平台。

作为龙头的电商平台，亚马逊牢牢占据着消费者网购的最核心位置。可以这么说，在上述国家，"购物就上亚马逊"几乎是消费者的共识。

消费者的认知如此，作为跨境电商卖家，要想在这些发达的市场抢得市场份额，赚取一桶金，选择入驻亚马逊自然是不二之选。

1.2.2 亚马逊平台用户最优

自成立以来，亚马逊平台一直坚守"以用户为中心"的服务理念，并将成为"世界上最以用户为中心的公司"作为企业理念，每一步的发展都紧紧围绕于此。用户也用实际行动来回报，因为用户的厚爱，亚马逊平台多年来一直保持着 20% 以上的年均增长率。

用户选择亚马逊，在享受亚马逊平台提供的高品质商品和优质服务的过程中，对平台产生了信任和依赖，对亚马逊的黏性越来越高。当前，亚马逊针对用户推出的 Prime 会员（Prime 是亚马逊会员的称谓，Prime 会员一般理解为亚马逊高级会员）已经注册超过 1 亿人，年续费率也高达 90% 以上。

以亚马逊美国站为例，用户成为亚马逊的 Prime 会员，就可以在亚马逊网站上享受购物包邮、2 日达、无理由退货等服务。除此之外，亚马逊平台还在内容上做文章，为 Prime 会员提供免费音乐、电子书和电影等多项福利，这些福利成为深度黏合用户的利器，以至于有媒体评论，"Prime 会员为亚马逊构筑了一条'护城河'，可以紧紧地锁住用户"。

Prime 会员既有消费需求，又具备消费能力，是网购人群中非常重要的群体。他们网购消费频率高、对价格敏感度低，正是这样的一个群体，促成了亚马逊平台人均 1200 美元的年消费额。

庞大的高黏度用户群体和如此高的单客消费金额，都是其他电商平台望尘莫及的。

1.2.3　亚马逊平台规则最规范

一直以来，亚马逊平台就以平等、公平和规范的规则而深得卖家的认可。亚马逊卖家只要在平台规则之内踏踏实实做运营，就可以获得足够的成长空间。而对于违反平台规则而受到处罚甚至被移除销售权限的卖家来说，一般除叹息外，并没有太多的抱怨和指责。

规范的平台规则让买家放心，也让卖家安心。

在这一点上，亚马逊和 Google（谷歌）"Do No Evil（不作恶）"的公司理念有异曲同工之妙。

1.2.4　亚马逊平台平均利润率最高

相对于其他行业，跨境电商行业仍处在风口红利期，但随着越来越多卖家的涌入，竞争也会日趋激烈。虽然跨境电商行业的整体体量在增长，但在激烈的竞争中，卖家们普遍感到整体利润率在下降。

在这样的氛围下，亚马逊平台上较高的利润率犹如一泓清泉，吸引着无数卖家关注。

基于亚马逊独特的平台属性和消费群体较高的消费能力，用户对亚马逊平台上的商品价格敏感度较低，只要商品质量好，即便价格略高也会买。正因如此，大部分卖家会在商品品质和用户服务上下功夫，而在售价上也能维持较高的利润水平。这在其他几乎以价格作为唯一竞争取胜要素的跨境电商平台上是不可想象的。

从笔者日常接触的亚马逊卖家群体来看，对于一款好商品，卖家通常可以轻松保持 30% 以上的利润率，而如果商品独特，利润率甚至可以高达 100%。

通过以上对比分析，我们不难发现，跨境电商作为一个正处在风口的行业，市场潜力巨大、发展空间无限，是正在寻找业务新通道的实体工厂和正在寻求转型的传统外贸企业理应考虑的一个方向。同时，跨境电商行业的门槛低，对资金要求不高，对技能的要求也不高，只要用心就能做好，适合正在寻求低成本创业商机的创业者们加入。

我们一直说"站在风口才能飞得更高"，我们也经常说"选择大于努力"，在实体经济越来越难维持的现状下，跨境电商行业无疑是一个值得选择的风口行业。

而在对跨境电商平台的选择上，无论从市场规模、平台规范、发展空间，还是从卖家所追求的利润率和利润空间来看，亚马逊平台都是值得跨境电商卖家们优先关注的平台。

在接下来的章节里，我们将围绕亚马逊平台运营这个话题，为读者提供从账号注册、基础操作，到运营思维、运营方法技巧等系统性、全方位的分析和讲解。

第2章

亚马逊平台账号
概述和注册流程

本章要点：

◆ 账号概述
◆ 注册流程
◆ 账号安全
◆ 平台收费
◆ 收款账号

2.1 概述

亚马逊平台自 1995 年创立以来，一直稳步发展，现在已经成为在世界多个国家拥有众多分站点的全球最大的网上购物平台之一。

在亚马逊平台上，平台自营和第三方卖家共存，不同的卖家形态以不同的业务模块丰富了平台上的商品线，极大地满足了消费者的需求。在当前亚马逊平台的整体销售额中，平台自营销售业务和第三方卖家销售业务大约各占一半。

亚马逊平台分站点众多，根据亚马逊的招商政策，当前中国卖家可以入驻的站点有美国、加拿大、墨西哥、英国、德国、法国、意大利、西班牙、日本、澳大利亚、中东、印度和新加坡等 13 个站点。

其中，北美 3 个站点（美国、加拿大和墨西哥）可以一次性申请，账号注册通过后可同时开通；欧洲站点（英国、德国、法国、意大利和西班牙）也可以一次性申请，账号注册通过后也可以同时开通；其他 5 个站点需要单独申请、单独开通。

本书主要以美国站为例进行讲解，其他站点的注意事项会在文中相关位置进行有针对性的说明。

2.1.1 账号类型介绍

当前，中国卖家想要入驻亚马逊，可以通过自注册、公司全球开店计划和站点当地公司注册 3 种方式来完成注册和入驻。

自注册是以个人或公司的身份，通过亚马逊平台首页的"注册"按钮自行完成的注册。自注册账号的注册流程简单，在注册过程中，需要提供个人身份证和个人的双币信用卡（卡面有 VISA 或 MasterCard 标识）。当前，只有加拿大、墨西哥和日本 3 个站点可以通过自注册的方式入驻，其他站点需要通过公司全球开店计划注册。

公司全球开店计划是亚马逊针对中国卖家推出的一项卖家招募计划。中国卖家可以用中国内地公司和中国香港公司的名称来申请注册。在申请入驻阶段，会有亚马逊中国招商团队对接指导，协助完成资料准备、账号申请和前期的基本操作指导。申请时需要提交的资料包括公司营业执照、双币信用卡（最好是法人的）、护照（注册欧洲站需要，如果没有，可以用户口本和身份证替代）、地址证明（水费、电费、煤气费等公共事业单位的对账单，其中一份即可），以及公司对公账号的银行对账单（注册欧洲站需要，注册美国站、日本站一般不需要）。

站点当地公司注册是以各个站点当地的公司为主体进行注册的方式，注册过程和自注册过程类似。

虽然亚马逊平台账号的注册方式有多种，但是注册通过后，卖家的账号级别只有两种：**个人级别**（Individual）和**专业级别**（Professional）。

个人级别的账号没有批量操作的功能，不能下载订单数据报表，也不能使用站内的各种促销工具，所发布的商品没有购物车（Buy Box）功能，订单不能使用亚马逊物流（FBA）配送，需要卖家自发货。

个人级别的账号没有店铺月租费，但每发布一条商品信息，亚马逊都会收取 0.99 美元的刊登费。

专业级别的账号可以对店铺内的商品和订单进行批量操作，能够下载订单数据、收付款明细、店铺流量数据等报表，方便卖家根据相关数据进行运营分析，还可以使用平台提供的站内广告、促销、秒杀等运营工具，便于卖家主动出击，推动店铺的销量增长。

另外，系统会根据卖家的 Listing（商品）表现，自动为表现好的 Listing 匹配购物车，而一条 Listing 的销量多少，在一定程度上要看其是否拥有购物车。按照平台规则，没有购物车的 Listing 无法投放站内广告。有数据显示，亚马逊平台上约有 87% 的订单产生在有购物车的 Listing 上。对于一名亚马逊专业卖家来说，购物车的重要性不言而喻。

专业级别的账号，无论经营与否，亚马逊平台每月都会收取 39.99 美元的店铺月租费。

账号注册完成后，卖家可以根据实际运营需求，自行在个人级别账号和专业级别账号之间切换。但从实际运营的角度看，专业级别账号降级为个人级别账号简单、易操作，一键切换即可，而从个人级别账号升级为专业级别账号，系统可能会要求卖家重新提供有效的账号注册相关资料进行二次审核，如果资料不全，可能导致审核通不过。所以，除非不再运营亚马逊店铺，否则不建议卖家降低账号级别。

通过上述对比我们不难发现，个人级别账号和专业级别账号的最大区别在于其权限不同，专业级别的账号权限更大更多，对于打算在亚马逊平台上"掘金"的卖家来说，专业级别的账号是必然选择。

在账号注册的过程中，亚马逊平台对卖家资料的审核相对较严，如果资料不全或资料造假，都可能导致注册通不过。所以，建议卖家在注册账号前准备好相关资料。

2.1.2 公司全球开店计划账号注册所需资料

（1）公司营业执照（需要在工商系统查询没有异常）。

（2）电脑（未注册或未使用过亚马逊账号）。

（3）网线（注册时最好使用独立的网线，使用云服务器注册容易触发二审）。

（4）电子邮箱（任意电子邮箱均可）。

（5）公司地址账单（水费、电费、煤气费等公共事业类月度对账单，需要注册账号时的最近三个月内的账单，提供其中一张即可）。

（6）电话（固定电话或手机均可）。

（7）双币信用卡（卡面有 VISA 或 MasterCard 标识，信用卡在有效期内，处于激活状态。在注册账号的过程中，信用卡被用来激活卖家账号；在运营过程中，当产生店铺月租费、广告费或账号内余额不足以抵扣其他费用时，或者账号余额为负值时，亚马逊会从信用卡内扣除相应的费用）。

（8）法人身份证和护照（申请欧洲站时需要用护照，如果没有，可以提供身份证和户口本）。

（9）公司对公账号银行对账单（申请欧洲站时需要）。

2.2 公司全球开店计划账号注册流程

（1）通过联系亚马逊招商经理或第三方服务商，扫描预注册二维码（笔者的微信公众号"跨境电商赢商荟"上面有），进行卖家基本资料登记。

（2）招商经理初审卖家基本资料后，会发送通知邮件到卖家邮箱。

（3）卖家按照招商经理的要求，准备并提交相关资料给招商经理初审。

（4）初审通过后，招商经理会给卖家发送邀请注册的链接。

（5）卖家通过邀请链接进行注册，然后等待账号注册通过。

2.3 账号注册步骤详解

（1）以美国站为例，打开亚马逊官网，在页面底部，单击 Sell on Amazon（在亚马逊上销售）选项，如图 2-1 所示。

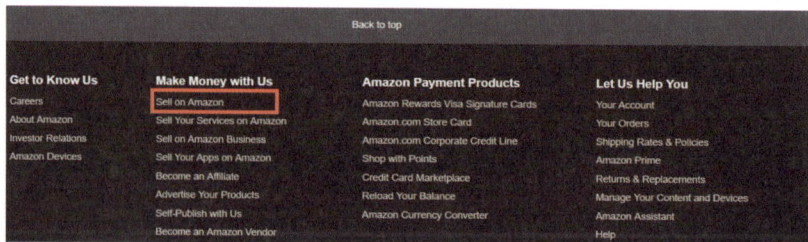

图 2-1　单击 Sell on Amazon 选项

（2）在打开的页面中单击 Start selling（开始销售）按钮，开始注册账号。需要注意的是，在 Start selling 按钮的下面，有一行小字提示亚马逊平台店铺的月租费是 39.99 美元，如图 2-2 所示。

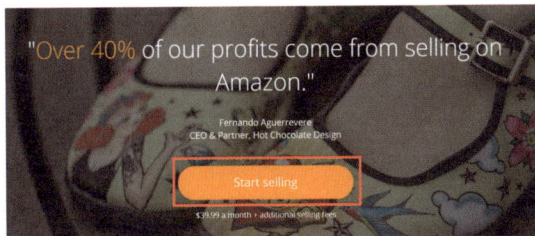

图 2-2　Start selling 按钮和月租费提示

（3）打开注册账号页面，如图 2-3 所示。依次输入对应的信息，输入完成后，单击 Next（下一步）按钮。

需要提醒的是，为了减少注册过程中出现的不必要的麻烦，注册时所输入的姓名、信用卡持卡人姓名等最好和公司法人为同一人，输入真实姓名的汉语拼音，切记不要拼写错。

（4）如果是用个人资料注册，就在 Legal name（法定姓名）文本框中输入个人全名的拼音；如果是以公司名义注册，就在 Legal name 文本框中输入公司名称和法人姓名(公司全球开店计划只能以公司名义注册)。勾选同意卖家协议，如图 2-4 所示，然后单击 Next 按钮。

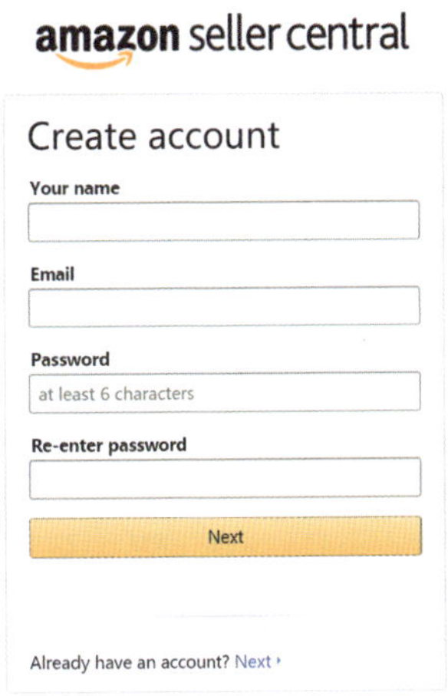

图 2-3　注册账号页面

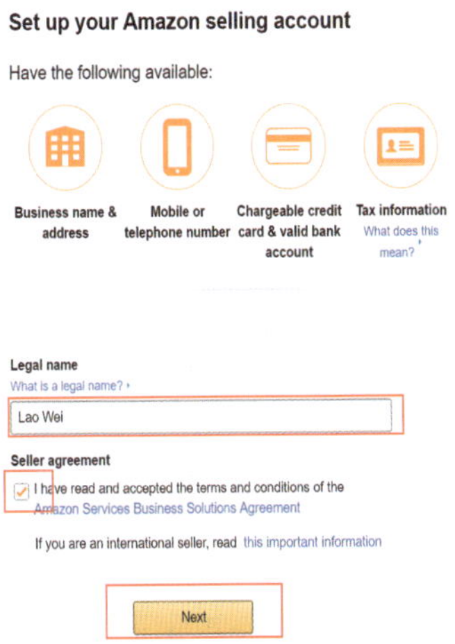

图 2-4　勾选同意卖家协议

关于 Legal name 文本框的填写规范，亚马逊平台给出了解释和例子，以公司名义注册的账号，在 Legal name 文本框中输入的应该是"公司名称 - 法人姓名"，如图 2-5 所示。

图 2-5　Legal name 文本框的填写规范

（5）打开 Seller Information（卖家信息）页面，如图 2-6 所示。各个选项的含义如下。

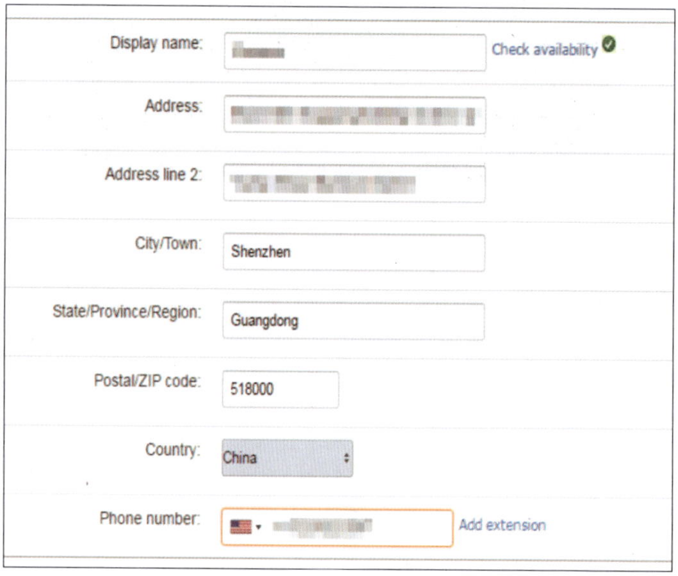

图 2-6　Seller Information 页面

- Display name：店铺名。输入打算使用的店铺名，店铺名可以和自己经营的商品的商标一致，也可以取不同于商品商标的名称。以 Anker（安可创新，是亚马逊平台上最大也是最优秀的中国卖家）为例，其商标名是 Anker，店铺名为 AnkerDirect。输入店铺名后，系统会自动识别该名称是否可用，如果系统提示不可用，就要进行修改。店铺名不需要和注册人姓名或公司名相同，但卖家要考虑的是，自己的店铺名不能侵犯别人的商标权。店铺名可以随时修改。

- Address：详细地址信息。在该文本框中输入房间号、小区、街道等信息，要和地址账单上的信息保持一致。

- Address line 2：地址信息。在该文本框中输入地址的区、县、地级市（如果有）等信息，要和地址账单上的信息保持一致。

- City/Town：所在城市。

- State/Province/Region：所在省份。

- Postal/ZIP code：邮政编码。

- Country：所在国家。从下拉列表中选择 China（中国），如果选择的国家不对，系统就会提示邮政编码无法识别，无法进行下一步操作。

- Phone number：电话号码。用于账号注册过程中进行身份确认和后期运营中与平台客服、客户沟通时使用。

　　输入完成后，单击 Save & Continue（保存并继续）按钮，进入下一个页面，系统会进行电话 / 短信确认。系统会发送一条 4 位数字的 PIN 码短信到手机上，同时弹出输入 PIN 码进行验证的页面，如图 2-7 所示。

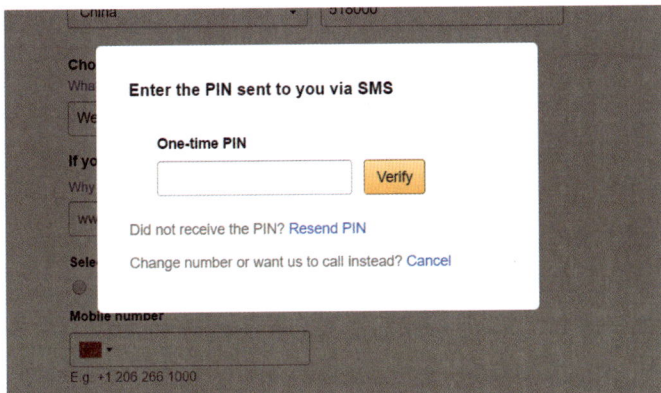

图 2-7　PIN 码验证页面

　　短信验证通过后，系统会打开如图 2-8 所示的页面，单击 Next 按钮，打开 Billing/Deposit（账单 / 存款）页面。

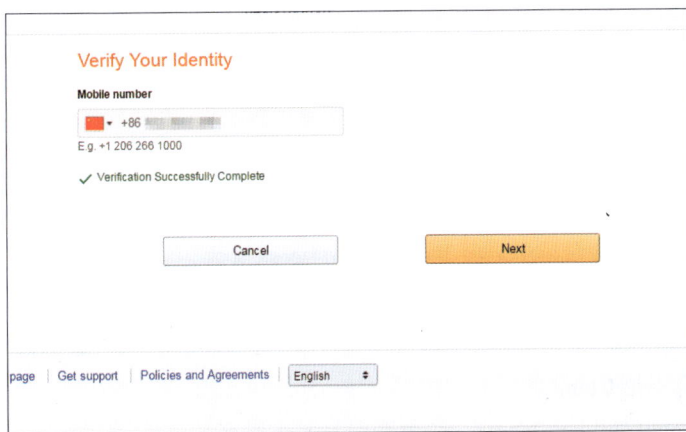

图 2-8　验证通过页面

（6）Billing/Deposit 页面如图 2-9 所示。

在 Billing/Deposit 页面，需要输入扣款信用卡信息和存款账号信息。

（7）Set up your billing method 栏目中的选项含义如下。

- Card Number：信用卡卡号。输入用于扣款的信用卡卡号，需要使用卡面有 VISA 或 MasterCard 标识的双币信用卡，并且信用卡是激活状态的，可用额度要大于 39.99 美元。
- Valid through：信用卡到期日。

- Cardholder's Name：持卡人姓名。

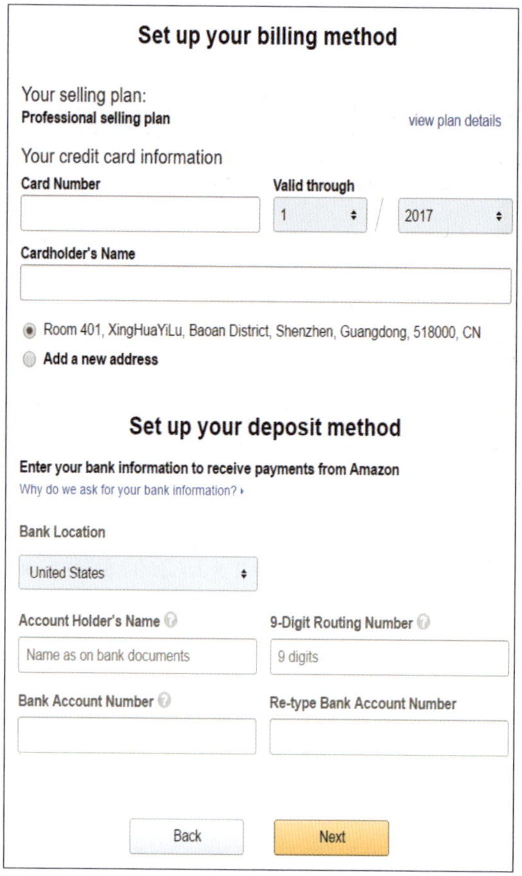

图 2-9　Billing/Deposit 页面

（8）Set up your deposit method 栏目中的选项含义如下。

- Bank Location：收款账号所在国家，即正在注册的亚马逊站点的所在国家，注意不是 China。
- Account Holder's Name：收款账号持有人姓名。
- 9-Digit Routing Number：9 位数的收款路径号码。登录收款工具官网，在账号后台可以查询。
- Bank Account Number：收款账号号码。
- Re-type Bank Account Number：重复输入收款账号号码。

收款账号需要输入注册站点本地的银行账号。当前，大部分中国卖家通过 PingPong、万里汇（WorldFirst）、连连支付、网易支付等第三方收款工具来申请收款账号并添加于此来接收销售款。

根据最新的账号注册流程，在注册过程中添加收款账号是必需步骤，卖家可以在注册亚马逊平台账号前申请收款账号，以免影响注册进程。

关于收款账号的相关问题，会在后面收款章节里详细讲解。

（9）输入完收款信息后，单击 Next 按钮，打开 Tax Information Interview（税务信息）页面，如图 2-10 所示。

在美国现行法律框架下，非美国公民在亚马逊平台上销售商品是免税的，但需要申请税务豁免。在税务豁免申报选项中，卖家可以直接选择 No（非美国公民），Type of beneficial owner（受益人类型）选项按照实际情况输入即可。

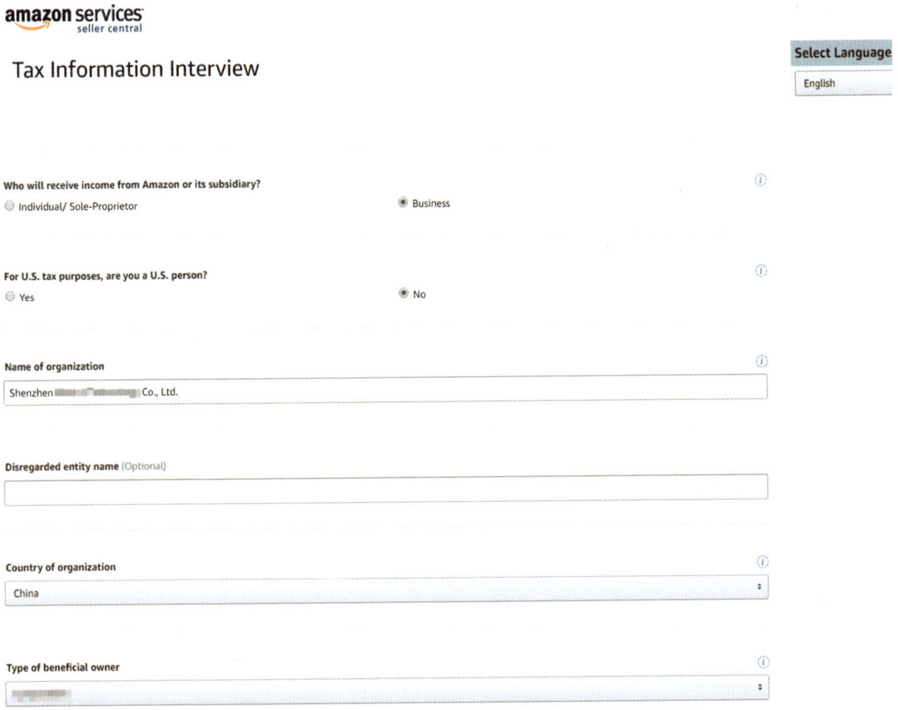

图 2-10　Tax Information Interview 页面

在 Mailing address（收件地址）栏目中，可以选择 Same as permanent address（和永久地址相同）单选按钮，然后单击 Save and continue（保存并继续）按钮，如图 2-11 所示。

打开税务豁免申报页面，输入法人姓名，如图 2-12 所示，然后单击 Submit（提交）按钮。

打开下一个页面后，单击 Exit interview（退出申报）按钮，税务豁免申报完成，此时页面如图 2-13 所示。

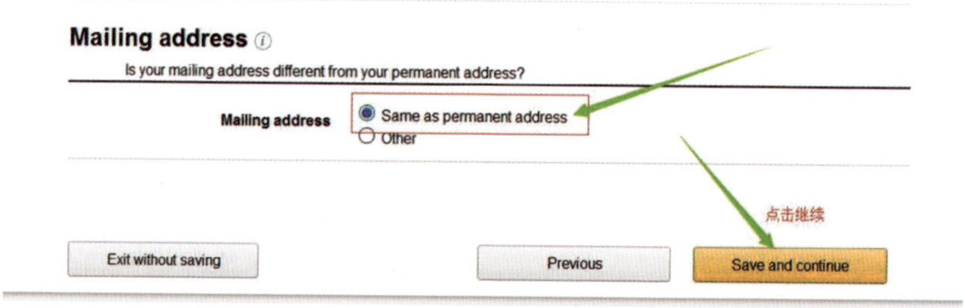

图 2-11　Mailing address 栏目设置

图 2-12　输入法人姓名

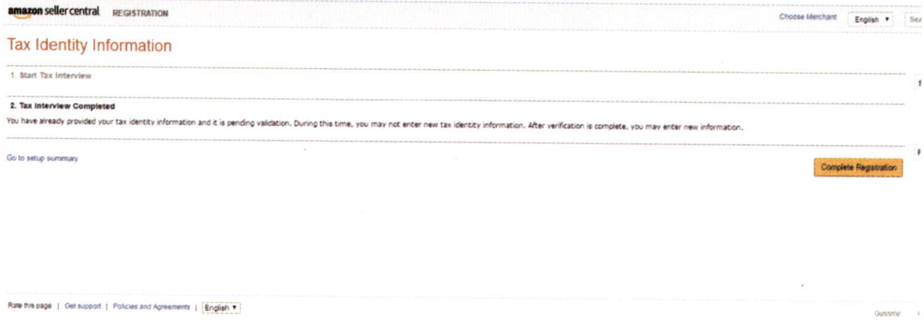

图 2-13　税务豁免申报完成页面

单击 Complete Registration（完成注册）按钮，账号注册完成。

2.4 注册账号和二审的注意事项

卖家在注册账号前要注意以下几点。

- 如果现有的电脑上注册过或登录过其他亚马逊账号，无论是买家账号，还是其他站点的账号，都不建议再用来注册新账号，物理上绝缘，才能将注册通不过的概率降到最小。
- 在注册账号时，要用独立的网线。如果因为办公限制没有独立的网线，可以使用无线上网卡。在注册账号时尽量不要用 VPS、虚拟云主机，因为在注册过程中，亚马逊审核部门会识别注册时的 IP 地址，而 VPS 和云主机的 IP 地址往往是隐藏状态的，容易让亚马逊审核部门判定为有风险账号，从而触发二审。
- 如果触发二审，提交的账单最好是水费、电费、煤气费对账单中的一种，如果没有，可以用电信网络对账单。关于二审，没有特殊的应对技巧，经验就是尽量确保所有资料都真实、无误。
- 关于营业执照地址和账单地址不一致的问题。营业执照上的地址可能和能够提供的账单地址不一致，这个不影响二审。账单上的姓名最好是法人的姓名或添加的信用卡持有人的姓名。在注册前，要先查询一下公司的营业执照是否异常，如果在工商系统中显示异常，就会导致注册通不过。
- 用来注册的营业执照可以是刚注册过的公司营业执照，公司名称和经营范围尽量不要和销售的商品类型偏离太大，贸易、商贸、电子、科技等类型的公司基本上都是可以的，服务、中介、物流、文化传媒等公司类型容易被拒。
- 在注册账号时，尽量找亚马逊招商经理要注册链接。

2.5 防止账号关联和确保账号安全

账号注册完成并不意味着万事大吉了，在运营中，还需要做好防范，防止账号关联。

那么，什么是账号关联？账号关联可能造成的后果有哪些？容易被亚马逊系统识别为账号关联的因素有哪些？我们应该如何防止和避免账号关联呢？下面将分别讲解。

1. 什么是账号关联

按照亚马逊官方的规定，一个主体在未经许可的情况下，只能拥有和经营一个亚马逊卖家账号。基于这个规定，亚马逊系统会通过技术手段及对各种交易数据的监测比对，识别在亚马逊平台上销售商品的各个账号之间是否存在关联。

如果被判定为关联账号，那么亚马逊会根据平台规定和关联账号的实际运营状况，对相关账号做出处理。

2. 账号关联可能导致的后果

因为亚马逊账号有不同站点的区分，所以账号关联也分两种情况：同站关联和异站关联。同站关联是指在亚马逊同一个站点的两个（多个）账号之间的关联，异站关联是指在亚马逊不同站点的两个（多个）账号之间的关联。

无论哪种关联，一旦被亚马逊系统判定为关联账号，往往会有以下几种结果。

- 如果是同站关联，亚马逊系统监测到这些账号交叉销售同样（同类）的商品时，系统就会发邮件提醒卖家自行删除重复上架的商品，如果卖家没有及时调整，亚马逊平台可能强行关闭所有相关联的账号。
- 无论是同站关联，还是异站关联，如果各账号所售商品彼此不同，且各账号表现良好，那么亚马逊系统可能并不会通知卖家，各账号可正常运营，但关联会被记录在亚马逊系统内。
- 无论是同站关联，还是异站关联，如果某个账号因违规或绩效不达标被系统关闭，则其他账号都可能受到牵连而随时被关闭。

通过以上分析可以看出，账号关联并不意味着账号会立即受到处理，不同状态的账号，亚马逊平台的处理方式也会有所差异。但毫无疑问的是，因为账号关联而导致账号被关闭的风险是存在的。所以，我们在运营的过程中要尽量避免多个账号之间的关联，降低账号被关闭的风险。下面看看导致账号关联的因素有哪些。

3. 亚马逊平台判定账号关联的因素

- 电脑：主要指电脑的硬盘信息。卖家最好使用独立的电脑运营独立的账号。
- 网络：主要指网络的 IP 地址。多个账号反复在同一个 IP 地址下登录，往往会被亚马逊系统识别为关联。由于中国的 IP 地址多是浮动 IP 地址，难免会出现不同网络 IP 地址相同的情况，所以 IP 地址的重叠只是判定关联的因素之一。
- 网卡 MAC 地址：有些卖家基于成本的考虑，在一个账号被关闭后，把电脑格式化，重装系统后登录新的账号，如果电脑网卡是集成的，没有禁用网卡或更换新的网卡，则容易被判定为关联。
- 路由器：路由器中的物理地址容易被亚马逊系统记录并判定为账号关联。
- 浏览器指纹：比如插件、Cookies、系统字体、操作系统版本、打字方式和习惯、打字速度等。
- 账号信息：注册人姓名、信用卡持卡人姓名、收款账号信息、邮箱地址、账号所填的地址信息、电话号码等都是判断关联与否的因素，卖家在注册账号时要尽可能做到信息不重复。

- 商品信息：两个店铺或多个店铺的商品完全重复、使用的商品图片相同、商品描述高度重复等情况，都容易被系统判定为账号关联。建议同时运营多个店铺的卖家，在各店铺中尽量销售不同的商品，如果商品重复，建议在每个店铺分别使用不同的商品图片、撰写不同的商品描述。
- 商标信息：使用被封店铺的备案商标，或者跟卖被封店铺的商品等。

4．如何防止账号关联

亚马逊系统会通过多因素之间的重合来判断账号关联，对于卖家来说，为了避免账号被判定为关联账号，在运营中一定要注意避免账号之间的交叉。

如果基于运营的需要，卖家确实需要注册和同时运营多个账号，那么在注册过程中，卖家一定要使用不同的邮箱、新的电脑、系统、浏览器，独立的路由器和网线，之前没有注册过亚马逊账号的电话号码，不同的信用卡和收款账号等。在运营过程中，不同账号下要发布不同的商品，用物理上的绝缘和账号信息、商品信息的差异来规避账号关联的风险。

需要提醒的是，账号关联是不可逆的，一旦被系统判定为关联账号，就无法去除关联。

2.6　影响账号安全的因素及风险防范建议

最近几年，亚马逊在中国的招商力度一直很大，对于打算在亚马逊平台上经营的卖家来说，申请账号是容易的。有了账号之后，如何长期稳定地经营下去，才是卖家要重点关注的。

很多卖家在运营中因为各种原因致使账号被关闭或销售权限被移除，要么运营节奏被打乱，要么库存积压造成损失，为了避免发生这些情况，我们要提高风险意识，对以下可能导致账号受限的情况进行防范和规避。

账号关联：在 2.5 节已经做了详细的讲解，在此不再赘述。

商品上架速度和销售增长速度过快：亚马逊平台放款具有特殊性（订单确认发货后即放款，14 天为一个放款周期，每个账号都有基本固定的放款日），之前曾有不良卖家利用此特殊性恶意欺骗平台货款，使平台在资金和声誉等方面造成损失。为了规避风险，亚马逊系统会对卖家账号（尤其是新账号）的商品上架速度和销售增长速度做即时监控，如果一个账号的商品上架速度过快、数量过多，短时间内销量波动太大或呈井喷式增长，都会触发系统预警，导致账号被审核。

按照惯例，一个账号开始运营的最初三个月被默认为平台的重点考核期，建议卖家在此期间，尽量控制好商品发布数量和销量增长速度，避免出现大幅波动。

账号表现差，绩效不达标： 在成为"世界上最以用户为中心的公司"企业理念的驱动下，亚马逊在服务用户方面有口皆碑，同时也制定了相应的规则来规范卖家的行为，涉及客户服务绩效、商品政策合规性和配送绩效三个方面，包括订单缺陷率、迟发率、配送前取消率、有效追踪率，以及"买家之声"的买家不满意率等多项细则指标。接下来解读各个指标的要求，以及防范超标的应对策略。

客户服务绩效的核心指标是订单缺陷率，即我们常说的 ODR（Order Defective Rate）。按照卖家绩效指标的要求，订单缺陷率必须低于 1%，超出可能导致账号受限。

订单缺陷率包含三个不同的指标：负面反馈（Negative Feedback）、亚马逊商城交易保障索赔（A-to-Z Guarantee Claims）和信用卡拒付索赔（Charge Back Claims），如图 2-14 所示。订单缺陷率是卖家在运营中需要重点关注的账号绩效表现指标。

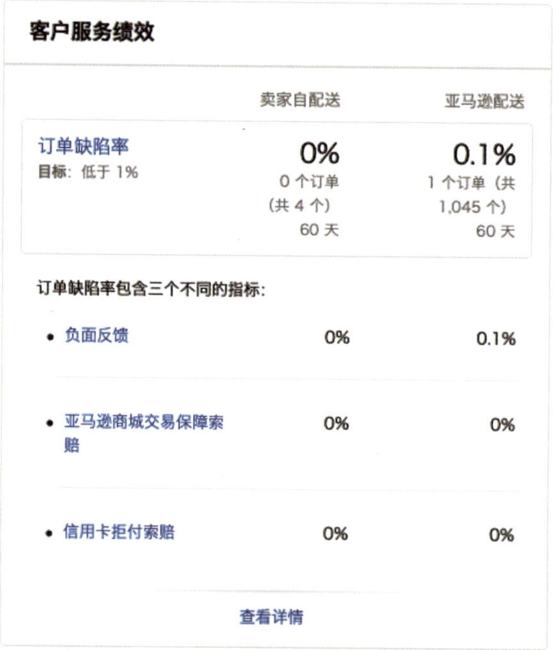

图 2-14 订单缺陷率包含三个不同的指标

负面反馈是指店铺收到的差评，对于每个负面反馈，卖家都要具体分析，并有针对性地解决，降低对店铺的不良影响。关于负面反馈的应对方法，卖家可以参考后文 10.2 节"应对差评的 5 个方法"中的内容。

亚马逊商城交易保障索赔是指买家和卖家因为订单问题在沟通后无法达成一致，由买家开启的请求平台客服介入处理的纠纷。在面对 A-to-Z 纠纷时，卖家要认真分析，如果是自己的责任，要主动承担并解决；如果非己方的责任，可以提供证据，由平台裁决。

信用卡拒付索赔属于买家或系统安全问题，发生的概率非常低。如果发生，基本上都非卖家责任，卖家只需要提供有效证据给平台裁决即可。

商品政策合规性主要考核卖家在运营过程中是否涉嫌侵犯知识产权、因知识产权被投诉、因商品真实性问题被买家投诉、因商品状况被买家投诉、因商品安全问题被买家投诉，以及上架商品时是否违反平台上架政策、违反受限商品政策、违反买家商品评论政策等，如图 2-15 所示。如果卖家在运营过程中发生上述情况，都可能导致账号受限。

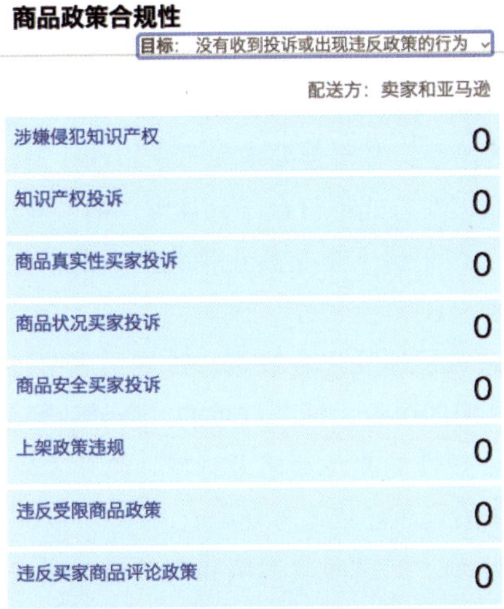

图 2-15　商品政策合规性的内容

在运营过程中，该如何理解和把握商品政策合规性的要求呢？

涉嫌侵犯知识产权：如果因亚马逊系统识别、平台人工抽检、被权利人举报等，平台判定卖家上架的商品涉嫌侵犯知识产权，包括商标侵权、专利侵权（发明专利、实用专利和外观专利）、版权侵权和盗图等，亚马逊系统就会下架或删除相应的商品，并要求卖家提供相应的授权、认证、采购单据等资料以证明其销售的合法性，平台还会要求卖家提供改善计划。如果卖家无法提供符合要求的资料，则该侵犯知识产权的行为就会被计入账号绩效表现，情节严重的，账号会被移除销售权限，甚至账号中的资金也会被冻结。这也是笔者在后文中反复强调运营中一定要远离侵权的原因所在。

知识产权投诉：为了避免在运营过程中遇到知识产权侵权被投诉的情况，卖家要做到以下几点。第一，尽量不跟卖，跟卖是导致侵权的主要原因。第二，在上架商品时，不要销售未经授权的带有其他商标的商品，不要在商品详情中写其他商标名称，不要使用带有其他商标的图案等。第三，为了避免专利侵权，卖家要有行业常识，提高对商品的专业度，熟悉所在行业的专利情况，避免销售未经授权的包含其他权利人专利的商品。第四，要避免版权侵权，卖家要了解商品及商品上所用的文案、图片可能涉及的版权，在商品详情中不要抄袭其他卖家的文案，不要盗用其他卖家的商品图片，不使用任何来源不明的商品图片等。

商品真实性买家投诉：此投诉主要包括两方面，一方面是未经授权销售其他品牌的商品，另一方面是所售商品没有合法的商标。卖家在运营中最好能够注册自己的商标，销售带有自己商标的商品。

商品状况买家投诉：如果买家质疑收到的商品是被用过的，就会投诉卖家"以旧充新"，卖家一定要做好品质把控，尽量避免这种情况发生。

商品安全买家投诉：买家购买商品后，如果在使用过程中发生安全方面的问题，就会向平台投诉，对于商品安全投诉，亚马逊平台一般会直接下架该商品，情节严重的，还可能追索相应的赔偿，甚至会要求卖家承担法律责任。

上架政策违规：商品上架方式不符合平台规则，情节严重的，会导致账号受限。

违反受限商品政策：在平台上上架禁止销售的商品，如果被系统抓取，轻则商品被删除，重则账号受限。

违反买家商品评论政策：违反平台规则，诱导买家留评论，或者使用平台禁止的其他方式为自己的商品增加评论，情节严重的，会导致账号被移除销售权限。

以上就是商品政策合规性的具体要求及详解，希望卖家在运营中认真学习平台的相关政策，避免因操作不当而导致账号受限。

配送绩效：包括迟发率、配送前取消率和有效追踪率三个具体指标，如图 2-16 所示。

按照亚马逊平台的订单处理规定，所有卖家自配送订单需要在买家付款完成后 72 小时内发货，如果没有及时发货，该订单就会被计为迟发货订单，迟发率（30 天内迟发货订单数量占总订单数量的百分比）目标是低于 4%。迟发率超标严重的，可能会被移除销售权限。迟发率是自配送卖家在运营中必须重视的重要指标之一。

配送前取消率是指买家下单后，卖家因为缺货等原因，在发货之前自行将订单取消的情况。按照亚马逊平台的规定，配送前取消率要低于 2.5%。

根据亚马逊的要求，订单的有效追踪率要超过 95%，如果有效追踪率过低，同样可能导致账号受限。为了避免账号被移除销售权限，自配送卖家一定要及时发货并填写可被系统识别的有效的追踪单号。

除上述指标外，虚假发货行为也会被亚马逊平台严厉惩罚。如果一个追踪单号被系统判定为虚假发货，比如追踪单号在该订单发货之前已是投递成功状态，或者卖家在发货后多次修改追踪单号等，则该账号可能被亚马逊平台移除销售权限。按照亚马逊平台的规则，虚假发货是欺诈行为，一旦发生，就可能导致账号直接受限，卖家在运营中一定要警惕。

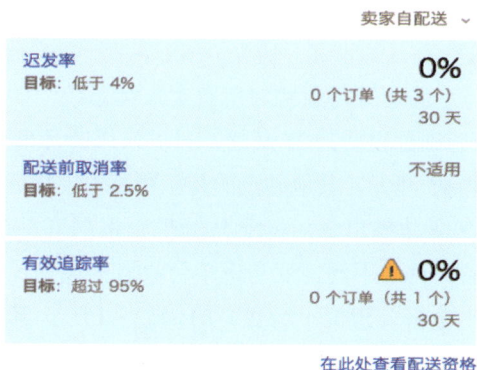

图 2-16　配送绩效包含三个指标

买家不满意率也是卖家在运营中需要关注的绩效表现指标，如图2-17所示。如果某款商品因为被买家投诉过多而变为"不合格"状态，则此商品可能被系统自动停售。卖家在运营过程中一定要及时查看"买家之声"中每款商品的指标，并及时进行调整。

图 2-17　"买家之声"中的买家不满意率指标

了解了影响账号安全的相关指标后，作为卖家，在运营过程中一定要了解平台的相关规定，在遵守平台规则的前提下做好风险防范，以保持长期稳定的运营，只有这样才能使业绩持续地增长。

2.7　平台收费

亚马逊平台的收费模式比较简单，就专业级别的账号来说，包括店铺月租费、销售佣金、FBA 费用和站内 CPC（Cost-Per-Click，亚马逊平台为卖家提供的按点击付费的广告形式）广告费等。

店铺月租费：亚马逊的店铺月租费对所有卖家都是统一的，美国站店铺月租费为 39.99 美元，英国站店铺月租费为 25 英镑，日本站店铺月租费为 4900 日元，澳大利亚站店铺月租费为 49.95 澳元，其他站点的月租费基本上接近 40 美元。

销售佣金：是指在商品售出之后，亚马逊平台根据商品的实际销售价格收取的平台分成。根据商品类目的不同，亚马逊平台收取的佣金比例也略有差别，佣金费率基本上为实际卖出价格（售价 + 运费）的 8% ～ 15%。其中，亚马逊自有商品 Kindle 系列周边配件的佣金费率为 40%。针对低价格的商品，亚马逊平台指定了最低佣金额，一般类目商品的最低佣金额为 0.30 美元。针对高价格的商品，亚马逊平台还设置了分段费率。比如，3C 电子配件类目的商品，对于 100 美元以下的商品，亚马逊平台的佣金费率为 15%，而对于高于 100 美元的商品，佣金费率为 8%。卖家可以在亚马逊卖家中心后台查询详细的销售佣金费率。

FBA 费用：卖家选择使用亚马逊 FBA 发货的商品，在商品入库、仓储和售出后，亚马逊平台会收取相应的 FBA 费用，FBA 费用包括订单处理费、称重费和运费三部分。卖家可以通过亚马逊卖家中心后台查询详细的 FBA 费率。

站内 CPC 广告费：此费用是投放亚马逊站内 CPC 广告的卖家所要缴纳的费用。亚马逊平台为卖家提供了站内 CPC 广告来推广卖家的商品，卖家可以自行选择投放与否，以及自行选择要投放广告的商品。在投放站内广告时，卖家可以自行设置广告竞价和预算等，亚马逊平台按照实际点击量来收取广告费。关于站内广告的扣费规则及投放技巧，卖家可以参考本书站内广告相关章节的内容。

2.8　收款账号

对于卖家来说，商品售出只是交易的第一步，收到货款才算交易初步完成。在亚马逊平台上，中国卖家接收亚马逊款项的账号通常有美国银行账号、中国香港银行账号，以及 PingPong（中文名呼嘭，简称 PP 卡）、网易支付、连连支付、万里汇（World First，WF）和空中云汇（Airwallex）等第三方收款工具所提供的收款账号。

下面就上述收款方式的开户、费率、功能和账号安全等方面进行详细讲解。

1. 开户方式

- 美国银行账号：需要本人或找中介公司代理注册美国公司，然后用美国公司的资料在美国本地开立银行账号。整个开户时间通常需要一个月以上，开户费用为 1.5 万～ 3 万元。

- 中国香港银行账号：需要用香港公司资料或用内地个人身份证件到香港开立银行账号。随着中国资金监管和外汇政策的收紧，当前香港各银行已开始严控内地个人在港开户，同时还会对所开账号做出各种账号预留资金方面的要求，整个开户时间通常需要一个月左右。

- PingPong：开户简单，直接在 PingPong 官网申请即可，个人开户需要提交个人身份信息，公司开户需提交公司营业执照。开户时间一般需要 1 ～ 2 天，开户免费，在账号没有收款之前，不会产生任何费用。

- 网易支付：开户简单，可开个人账号和企业账号。开户快，一般当天就可以审批下来，开户免费，在账号没有收款之前，不会产生任何费用。

- 连连支付：开户简单，可开个人账号和企业账号。开户时间一般需要 1 ～ 2 天，开户免费，在账号没有收款之前，不会产生任何费用。

- 万里汇：开户简单，持个人身份证及地址证明即可开通个人账号，公司开户需提交公司营业执照，开户时间一般 1 天左右，开户免费。

- 空中云汇：支持亚马逊北美、欧洲、澳洲等站点的收款，开户简单，持个人身份证及地址证明即可开通个人账号，公司开户需提交公司营业执照，开户时间一般 1 天左右，开户免费。

2．费率对比

- 美国银行账号：在接收美国站的款项时，无任何费用，但是在接收加拿大站和欧洲五国等站点的款项时，亚马逊平台会先将本地货币转换为美元入账，会有 3.5% 左右的汇损。

- 中国香港银行账号：在收款过程中，亚马逊平台会先将接收货币转换为港币入账，因此接收款项会有一定的汇损。很多内地公司希望做出口退税，需要中国香港银行向内地银行汇款转账的流水记录；部分商家有海外生意，也会通过中国香港银行账号向海外公司支付货款，因此当前有部分卖家会选择用中国香港银行账号接收亚马逊平台的款项。

- PingPong：是一家总部位于杭州的公司，拥有美国支付牌照和欧洲支付牌照，其接收亚马逊款项的官方公布费率为 1%，支持美元、日元、欧元、英镑、澳元、加元和新加坡元等币种的收款。

- 网易支付：是网易旗下的金融业务模块，专注于为跨境电商提供金融解决方案，拥有多个国家和地区的金融牌照，官方公布费率为 0.7% 封顶，如果卖家实际收款额度大，还可以申请优惠费率，当前已开通美元、欧元、日元、新加坡元等币种的收款。

- 连连支付：是杭州的一家公司，其官方公布费率为 0.7%，当前已开通美元、欧元、日元等币种的收款。
- 万里汇：是蚂蚁金服旗下的一家子公司，其官方公布费率是 0.3%，目前支持美元、欧元、英镑和日元等币种的收款。
- 空中云汇：持有英国、澳大利亚、美国、加拿大、中国香港和欧盟等多个国家和地区的金融服务牌照和注册登记资格，其官方公布费率是 0.3%，目前支持美元、英镑、欧元、日元、澳元等币种的收款，支持多账号管理，一个主账号可设置多个币种账户，一个币种账户又可生成不同的收款账号用于多店铺收款，各账号彼此独立，有效防止关联。

3．功能

- 从亚马逊平台运营的角度看，美国银行账号和中国香港银行账号的功能比较单一，只能添加一家店铺进行收款。如果同一个银行账号添加多个亚马逊店铺，就会导致店铺关联。
- 第三方工具如 PingPong、网易支付、连连支付、万里汇、空中云汇等都可以为卖家提供一个账号下的多个子账号服务，卖家可以把各个子账号分别添加至亚马逊账号，既方便汇集收款，也不会因收款账号问题而导致亚马逊账号关联。

4．安全性

- 银行账号：银行账号的安全性毋庸置疑，某些国家和地区对银行账号监管严格，如果账号长期有大笔金额入账，银行系统就可能预警该账号存在风险，该账号就会被审核、冻结甚至关闭。所以，对于亚马逊卖家来说，银行账号并非首选。
- 第三方工具收款账号：PingPong、网易支付、连连支付、万里汇和空中云汇等第三方收款工具都是当前众多卖家在使用的比较安全且成熟的收款通道，在亚马逊各个站点对应的国家和地区，这些工具都拥有当地款项处理和资金分发的资质（或有资质的合作伙伴），相对来说，安全性是有保障的，它们都是当前亚马逊卖家常用的收款工具。

了解了亚马逊账号注册的流程及运营中需要防范的风险之后，在接下来的章节中，将对亚马逊账号操作和运营技巧进行讲解。

账号注册完成后，卖家中心后台就成为亚马逊卖家日常操作的主战场。从账号信息设置、商品发布、订单处理，到邮件回复、绩效查看、广告投放、数据报表的下载与查看等所有与运营相关的关键事项，都需要在卖家中心完成。在下一章，我们看看卖家中心有哪些是运营中必须关注和重视的内容。

第3章

卖家中心后台操作
精要讲解

本章要点：

◆ 卖家中心后台登录
◆ 卖家中心核心功能
◆ 后台基本设置

3.1　卖家中心后台登录

（1）打开亚马逊官网首页，单击 Sign in（登录）按钮下面的 Your Account（你的账号）选项，如图 3-1 所示。

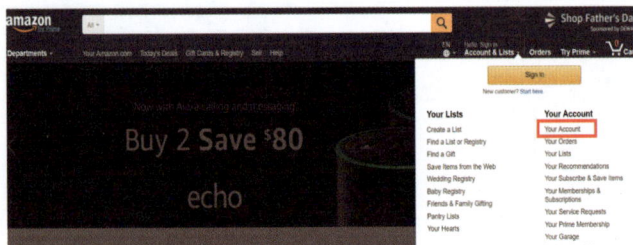

图 3-1　单击 Your Account 选项

（2）在打开的 Your Account 页面下方，亚马逊提供了多种账号登录的选项。作为卖家，单击 Your seller account（你的卖家账号）选项登录，如图 3-2 所示。

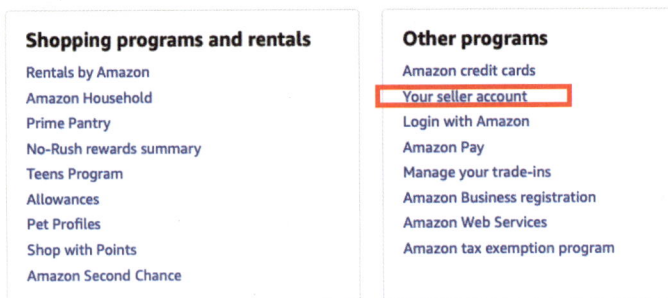

图 3-2　单击 Your seller account 选项

（3）打开登录页面，如图 3-3 所示，输入用户名和密码，然后单击 Sign in 按钮。

（4）登录账号后，进入卖家中心，如图 3-4 所示。

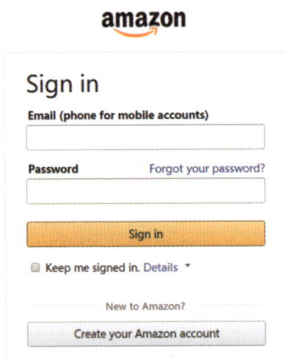

图 3-3　登录页面

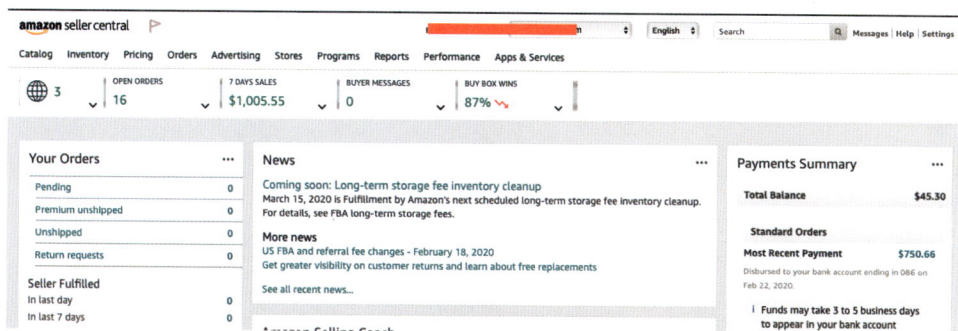

图 3-4 卖家中心

针对不熟悉英文的卖家，亚马逊提供了中文页面。在卖家中心的右上方，在"语言"下拉列表框中选择"中文"选项，将后台页面语言切换成中文，如图 3-5 所示。

图 3-5 切换中文

为了账号的安全，建议卖家尽量用固定的电脑和网络登录独立的账号，不要随意使用别人的电脑和网络登录卖家账号，也不要将此电脑和网络用来登录其他账号，以免造成账号关联，影响正常运营。

3.2 账号业绩通知的查看与处理

在第 2 章中，讲解了卖家绩效表现的相关指标及防范超标的对策。在运营过程中，如果卖家账号出现异常，亚马逊系统会用"业绩通知"的方式告知卖家，该通知在卖家中心后台能查看到。

账号收到的"业绩通知"会在如图 3-6 所示的小旗帜处被显示出来，账号收到通知时，小旗帜上会有红色数字提醒，通知的内容卖家可以在导航栏"绩效"下拉菜单的"业绩通知"中查看。

"业绩通知"中的通知一般都是涉及账号安全、账号受限提醒等内容的，需要卖家及时查看并做出回应。从某种意义上说，小旗帜所提醒的通知往往是关系账号"生死"的通知。对于卖家来说，在日常运营中，登录卖家中心后的第一件事就是查看小旗帜上是否有通知提醒，如果有，就要及时处理。

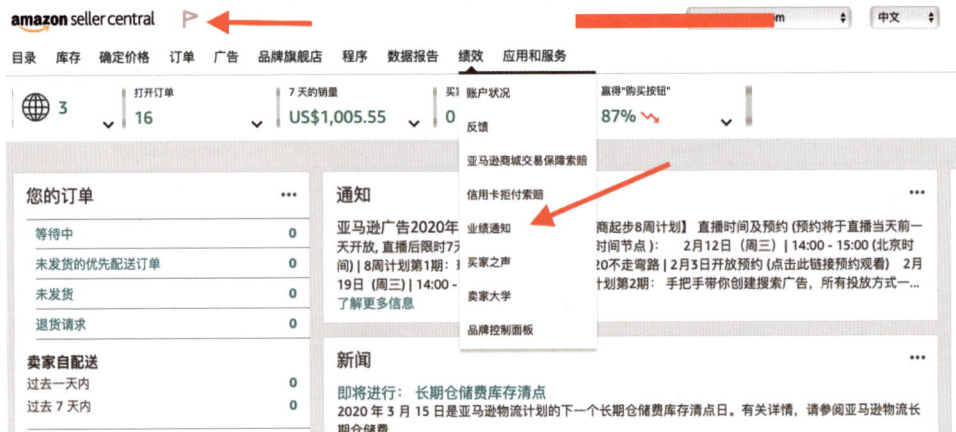

图 3-6 查看"业绩通知"

"业绩通知"的处理方法如下：单击"业绩通知"页面对应的通知，再单击通知底部的"申诉"按钮，根据通知内容进行申诉。

需要提醒的是，因为事关账号"生死"，所以申诉一定要有针对性、有理有据地陈述，并写清楚改善方案，一定要逻辑清晰、真实可行，切忌抱着侥幸心理应付，也尽量不要使用模板邮件。如果申诉通过，账号可以暂时转危为安，但如果没有通过，就需要完善改善方案，再进行申诉。

业绩通知的"申诉"按钮的使用是一次性的，再进行申诉时，新的改善方案无法通过"业绩通知"页面提交，这时可以通过"帮助"按钮联系亚马逊客服。

单击卖家中心右上角的"帮助"按钮，如图 3-7 所示。

图 3-7 单击"帮助"按钮

在打开的"帮助"页面中，单击页面底部的"联系我们"按钮，如图 3-8 所示。

在打开的"联系我们"页面中，根据自己当前遇到的问题，单击"我要开店"或"广告和品牌旗舰店"右侧的箭头，如图 3-9 所示。在打开的页面中选择对应的问题，联系客服并寻求帮助。

在联系客服时，亚马逊提供了三种联系方式：电子邮件、电话、聊天，如图 3-10 所示。建议卖家根据自己所遇到的问题，选择合适的方式联系客服。

图 3-8　单击"联系我们"按钮

图 3-9　选择服务选项

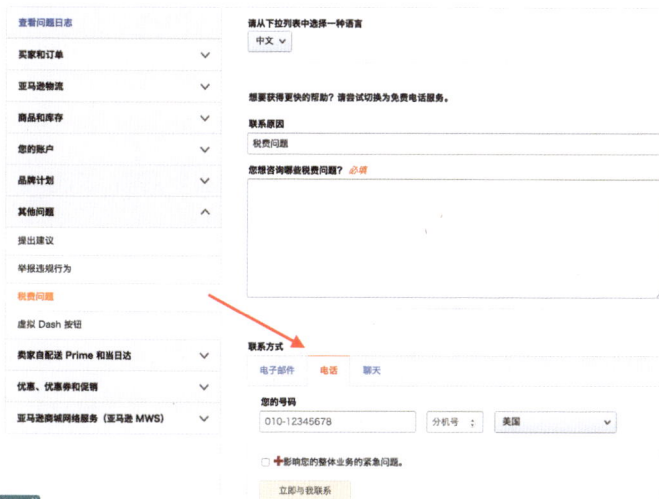

图 3-10　联系客服的三种方式

通过单击"帮助"按钮到"联系我们"页面向平台客服寻求帮助不仅用于账号申诉，在日常运营中，如果有运营上的任何问题，都可以通过此路径来联系客服。

在进行账号申诉时，除上述方法外，还可以通过卖家账号的注册邮箱，直接给亚马逊卖家绩效团队发邮件，寻求卖家绩效团队的协助。卖家绩效团队的邮箱是 seller-performance@amazon.com。

3.3 商品发布与库存管理

发布商品是运营工作的基础，可以在卖家中心导航栏的"库存"下拉菜单中选择"添加新商品"和"批量上传商品"选项进行商品发布，如图 3-11 所示。

图 3-11 "库存"下拉菜单

亚马逊平台为卖家提供了两种商品发布方式："添加新商品"（也叫"后台单个商品上架"）和"批量上传商品"（也叫"批量表单上架"）。

用后台单个商品上架的方式发布商品，操作相对简单，基本上可以做到所见即所得，其劣势是某些类目的商品无法选择精准匹配的类目，商品类目不精准，就不利于商品的最佳展示。

用批量表单上架的方式发布商品，需要首先下载库存表单模板，在库存表单模板中输入完整的商品信息，然后上传发布。通过批量表单上架的方式发布商品，可以精准地匹配类目，有利于商品获得更好的曝光。

在"管理库存"页面，卖家可以随时调整库存数量（自发货）和价格、编辑商品信息、关闭／删除商品等。另外，"管理库存"页面中还有将商品转换为 FBA 发货的商品、补发库存、设置库存数量预警、创建移除订单、创建多渠道发货订单和打印商品标签等与 FBA 发货相关的操作选项。

3.4　订单处理

在卖家中心导航栏的"订单"下拉菜单中，可以选择"管理订单""上传订单相关文件""管理退货"等选项进行相关操作，如图 3-12 所示。

在"管理订单"页面，可以查看每个订单的详情、对自发货订单进行发货确认、进行订单退款、联系买家、请求评论等。

图 3-12　"订单"下拉菜单

3.5　广告与促销

在卖家中心导航栏的"广告"下拉菜单中，可以对广告活动管理、A+ 页面、早期评论者计划、秒杀、优惠券、Prime 专享折扣和促销管理等进行设置，如图 3-13 所示。

广告活动管理包含广告的创建、广告数据报表的查看和下载、运行中的广告优化等，将在第 6 章进行详细讲解。

A+ 页面是指拥有（授权拥有）商标的卖家在亚马逊平台上做了商标备案（GCID）后，为自己的商品创建的品牌展示页面。通过商品详情页中的图文描述，消费者可以清晰地了解商品细节，有利于提升转化率。

早期评论者计划是亚马逊官方推出的主动帮卖家向买家索要商品评论的项目。该项目针对商品评论数量少于 5 个的商品，卖家可以通过后台直接申请，申请之后，亚马逊系统会自动向已购买该商品的买家发送邀请评价邮件，按照亚马逊官方的说法，可以帮助卖家获得不多于 5 个商品评论，费用是 60 美元。对于新上架的商品来说，使用早期评论者计划可用较快的速度获得商品评论，是很好的快速获评的方法。

图 3-13 "广告"下拉菜单

秒杀是亚马逊平台推出的一种限时打折的促销活动，平台为秒杀活动专门开辟的 Deals 页面是众多消费者，尤其是 Prime 会员最喜欢浏览的页面之一。对于卖家来说，参加秒杀活动可以增加商品曝光，快速累积销量和评论，无论是爆款打造，还是清库存，都是非常不错的工具。

一次秒杀活动的持续时间一般为 4 小时，以美国站为例，每次参加秒杀的费用是 150 美元。

除需要付费外，亚马逊平台还为秒杀活动设置了基本的参加资格：① 商品评价需要 4 星以上；② 商品拥有 10 个以上的评论；③ 秒杀价格是最近 30 天内最低价格的 8.5 折或更低；④ 使用 FBA 发货的商品。同时，亚马逊平台还为参加秒杀活动的商品设置了最低库存数量要求，不同的商品最低库存数量要求也不同。

卖家可以在秒杀申请页面查看是否有符合参加秒杀条件的商品，如果有，直接报名即可。

需要提醒的是，不是每个参加秒杀活动的商品都能够为卖家带来丰厚的回报，在报名参加秒杀活动之前，卖家一定要做好评估，一般而言，受众广、符合当季需求的商品更易在秒杀活动中取得较好的销售业绩。

因为秒杀活动是分时段进行的，所以卖家在报名秒杀活动后，一定要留意秒杀时段，如果秒杀时段是非销售高峰时段，建议卖家在活动开始前将其取消，以免转化率太差，得不偿失。

优惠券是运营中的一项重要工具。优惠券是针对具体的商品设置的，买家每使用一次优惠券，亚马逊平台在收取卖家正常的销售佣金和 FBA 费用外，还会向卖家收取 0.6 美元的优惠券费用。

　　设置了优惠券的商品，在前台展示中会有独特的优惠券标识，可以更好地吸引消费者的关注，有利于提高点击率和转化率。

　　亚马逊平台提供了两种优惠券设置方式：金额优惠和百分比优惠。对于低价商品，建议卖家设置百分比优惠，而对于高价商品，采用直接的金额优惠更吸引人。

　　管理促销是亚马逊平台为卖家提供的店铺内的活动，效果不太明显，当前很少有卖家使用。

3.6　数据报告

　　在卖家中心导航栏的"数据报告"下拉菜单中，有 4 项内容需要卖家查看和使用，分别是付款、业务报告、广告和退货报告，如图 3-14 所示。

图 3-14　"数据报告"下拉菜单

　　在付款报告中，可以看到运营期间的收款、退款和费用等明细，并可以自行设置时间段下载数据，对卖家在运营中进行账目核对很有帮助。

　　在业务报告中，亚马逊平台为卖家提供了用于监测与对比销售情况的销售曲线图和按时间或按 ASIN 查看的流量相关数据。通过这些数据，卖家可以在纵向的时间维度和横向的商品维度了解自己店铺的销售金额、订单数量、平均单价、访客数等数据。

　　在广告报告中，可以按时间查看指定时间段内广告的点击量和花费情况，可以按 SKU 查看每个 SKU 的广告展示和点击量，也可以分别查看每个关键词的展示量、点击量、花费情况、销售成本比等。同时，卖家还可以了解消费者通过输入哪个关键词匹配到设定的哪个关键词而产生的点击和购买。通过这个报表，卖家可以获得大量的关键词。对这些关键词进行筛选，放到自己的广告活动和商品详情中，可以对商品优化和广告优化起到帮助作用。在广告报告中，首页预测竞价报告还可以为卖家提供广告关键词展示在搜索结果第 1 页时需要出的预测竞价，卖家可以将预测竞价和自己当前的出价做对比，进行广告出价调整；其他 ASIN 报告可以让卖家了解买家的进入路径；广告计划业绩报告为卖家提供了过去 60 天广告活动的业绩记录，比如曝光量、点击量、广告费用等，便于卖家更清晰地了解自己的广告投放和转化情况。关于广告投放和优化更详细的操作，可以查看本书广告相关章节的内容。

在退货报告中，卖家可以按照时间段查看店铺的退货情况，以数据分析为基础，筛选和淘汰退货率过高的商品。

总之，亚马逊平台在数据报告中为卖家提供了多个维度的运营数据，认真查看这些数据，并有针对性地对商品详情进行优化、对广告投放进行调整、对财务做更精细化的梳理，可以使运营变得更高效。

3.7　买家消息

在卖家中心左下角有一个"买家消息"栏，如图 3-15 所示。买家向卖家询问和反馈的信息都通过此栏展示给卖家，卖家可以通过此栏与买家沟通，进行售前咨询和售后服务。

图 3-15　"买家消息"栏

按照亚马逊平台的规定，90% 以上的买家消息需要在 24 小时内回复。亚马逊平台上的买家消息很少，偶尔回复延迟就可能导致回复时效超标，所以在这里要提醒卖家，尽量做到 24 小时内回复买家消息。

在实际运营过程中，总会出现因各种原因导致超过 24 小时还没有回复买家消息的情况,遇到这种情况,卖家可以在回复之前,先单击买家消息右下角的"不需要回复"按钮，如图 3-16 所示，然后进行回复，这样操作可以避免该消息被统计到回复超时的数量内。同时，对于收到的各类广告邮件，卖家同样需要单击"不需要回复"按钮，避免被计入统计指标。

图 3-16 单击"不需要回复"按钮

3.8 万能的搜索框

在卖家中心右上方有一个搜索框，如图 3-17 所示。卖家可以在此搜索任何与亚马逊官方规则、政策、服务、费率等相关的内容，我们通常把这个搜索框称为"万能的搜索框"或"亚马逊百科全书"，关于亚马逊运营的各种规则都可以通过该搜索框查到。对于亚马逊卖家来说，亚马逊卖家中心后台的搜索框是不可多得的亚马逊学习资料库，要经常搜一搜、学一学，可以让自己对平台规则的理解更深刻、更全面。

图 3-17 搜索框

3.9 卖家信息设置与更改

在卖家中心的右上角有一个"设置"选项，在"设置"选项的下拉菜单中，有账户信息、通知首选项、登录设置、退货设置、礼品选项、配送设置、税务设置、用户权限、您的信息和政策、亚马逊物流等多项设置，如图 3-18 所示。

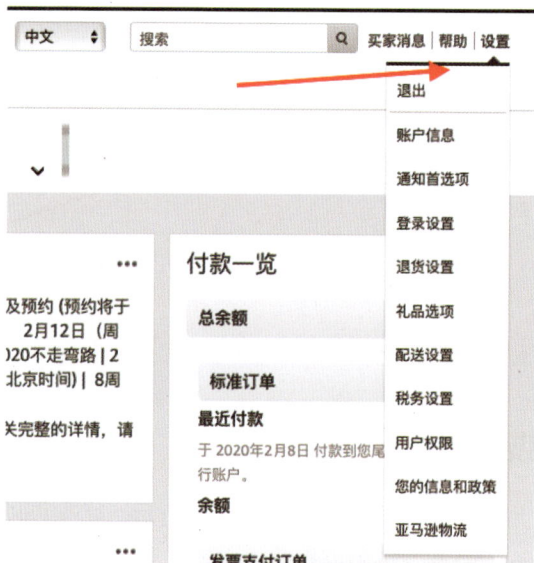

图 3-18 "设置"下拉菜单

在"账户信息"页面，可以设置卖家信息、店铺名、假期模式、销售计划、收款与扣费信息、地址信息、发货模板与退货地址信息、税务信息等内容。

对于"账户信息"的设置，有以下几点需要注意。

- 店铺名可以根据自己的运营需要做即时修改，但笔者的建议是最好和店铺使用的商标名称一致，不要用别人的商标、品牌作为自己的店铺名，否则容易导致侵权。

- 自发货的卖家，在假期或其他情况下无法按时发货时，建议将店铺设置为假期模式，而采用 FBA 发货的卖家，无须设置假期模式。

- 更改销售计划是指将账号在个人级别和专业级别之间切换，容易导致账号被审核，所以不建议频繁更改。

- 更改收款和扣费的银行账号同样容易导致账号被审核，不建议频繁更改。

卖家可以通过"登录设置"页面修改账号登录邮箱和账号密码，更新手机号等；可以通过"用户权限"页面添加子账号，设置不同子账号的操作权限；可以通过"您的信息和政策"页面设置店铺的政策、上传店铺 Logo 等。

关于亚马逊物流（FBA）的相关设置和操作技巧，将在 FBA 相关章节详细讲解。

至此，卖家中心的主要模块和操作技巧就介绍完毕了，卖家可以根据后台的各个模块，结合实际运营的需要，有针对性地设置和应用。

卖家中心的操作只是卖家日常运营中最基础的内容，在后面的章节里，笔者将带领读者学习更多亚马逊平台运营的技巧和高阶玩法。

第4章

高效选品的底层思维和方法

本章要点：

- ◆ 选品的三大底层思维
- ◆ 选品的关键要素
- ◆ 评估好坏商品的维度
- ◆ 8 种高效选品方法

4.1 选品，运营中最重要的事

谈及亚马逊平台的运营，"七分在选品，三分靠运营"几乎是每个卖家耳熟能详的一句话，一语道破了选品在运营中的重要性。选品是亚马逊平台运营的基础，商品选得好，可以让运营事半功倍，而商品选不对，运营中使用各种打造方法也往往不见成效。一款好的商品不仅可以为卖家带来可观的利润，还可以确保账号的长期稳定发展。可以这么说，所有运营技能的竞争最终都是商品的竞争。

选品的重要性人人都懂，但有些卖家因为缺少正确的选品思维，选品不得要领，所以很长时间也选不出一款合适的商品；还有一些卖家在选品时简单随意，不经全方位考量就发布商品，在运营过程中损失了资金，浪费了时间，也失去了信心。所以，在选品上，我们应该拥有正确的思维和方法，只有全面考量，选品成功的概率才会大，运营才可能成功。

亚马逊平台运营之难，难在选品，而选品之难，难在没有正确的思维和方法。选品的思维和方法将在后文中详细讲解。这里笔者想强调的是，选品需要大量的行动和深度的挖掘。

大量的行动是成功的关键。很多在选品时纠结的卖家，说到底根本就没有选品的操作，或者说是假装在选品。他们可能看过一些商品，但如果真的让他们把看过的商品罗列出来，他们就会一脸茫然。他们自以为的选品，不过是浅尝辄止地看一眼罢了。今天看一眼这个商品，明天再浏览一下那个商品，所有的商品都只是一看而过，根本没在脑海里留下深刻印象，这类卖家必然选不出合适的商品。

选品需要大量的操作，这就意味着需要认真、深入地调研足够多的商品，并且对所调研的商品的相关数据掌握得足够多、足够熟练，包括商品的参数、质量、口碑、成本、利润、竞争热度、市场容量、潜在风险等。在调研分析的过程中，若上述这些数据能够被印在脑海里，那么卖家对一款商品的理解就会越来越全面。

把这些思考应用于每款商品调研上，大量的选品调研可以让你自然而然地总结出一些经验，操作越来越熟练，选出被市场认可、易于打造的商品的概率也就增加了。

在大量操作的基础上，基于自己的偏好、可用资金等客观情况，卖家可能对不同的商品类目有不同的感觉，选品方向逐渐明朗，确定了自己喜欢的类目后，卖家要做的就是在类目中深挖了。

没有人能够第一次就选到爆款商品，但是对一个类目进行深挖，就会越来越熟悉商品专业知识，越来越了解商品的性能优劣，甚至还会萌发出对商品进行改进升级的想法，这些在深挖过程中沉淀下来的想法会成为竞争中的独特优势。

接下来就来看看选品中应有的正确思维方式吧！

4.2　亚马逊选品的三大底层思维

在贝索斯2014年致股东的信中有这么一段话："一个梦幻般的业务一般要有四个属性，一是客户刚需；二是它能发展到很大的规模；三是资本回报率高；四是它能抵抗时间。当你找到这样一种业务的时候，就应该把它紧紧抓住不放。"

从选品的角度对贝索斯的话进行总结，那就是要选择刚需的、市场容量大的、资金周转率高的且更新换代慢的商品。结合多年的运营经验，笔者把选品的成功归结于三个重要的底层思维，分别是刚需制胜、田忌赛马和远离侵权。接下来分别讲解。

1．刚需制胜

什么是"刚需制胜"呢？就是在选品的过程中优先分析商品是否是刚需商品，只有选择了刚需商品，才能让运营成功的概率大一些。

那么怎样定义"刚需"呢？是不是只要是生活必需品都属于这里定义的"刚需"呢？还真不是。

结合亚马逊平台运营的要求，笔者对"刚需"的定义是，消费者对商品功能性的需求大于对商品颜色、外观、款式、尺码等所有外在属性的需求。也就是说，当消费者打算购买一款商品时，要看消费者最在意的是商品的功能，还是其外在属性。如果消费者对商品的诉求是"我需要"，则该商品就是笔者定义的刚需商品；如果消费者的诉求是"我喜欢"，那么这种商品会因为消费者的审美偏差而存在购买选择，就不属于笔者所定义的刚需商品。

例如，在日常生活中，我们每个人都需要穿衣服，衣服是生活中的刚需商品，但从亚马逊平台运营的角度看，参考笔者上文给出的定义，衣服就不属于运营中的刚需商品。为什么呢？原因出在消费者对衣服的选择上。当消费者打算买衣服时，首先考虑的不单纯是保暖性，还要考虑自己的偏好，消费者对颜色、材质、尺码、款式等要求远远超出对保暖性的期望。每个消费者独特的偏好贯穿于其购买衣服的全过程，当看到一件衣服时，如果是喜欢的颜色，也正好有匹配的尺码，消费者才会心生欢喜，下单购买；否则，即便足够保暖，但颜色不是自己喜欢的，尺码也不合身，消费者购买的可能性就几近于零。通过上述分析我们可以看出，消费者购买衣服的行为基于"我喜欢"，不同的消费者"喜欢"的款式各异，这会导致卖家需要零散备货，多SKU铺货还会造成大量的滞销库存，既和亚马逊平台的爆款打造模式相悖，又会造成运营中的资金压力。所以，衣服不属于运营中的"刚需"商品。

与之相反，有些商品消费者在购买时往往是因为对其功能的需求和必需，不会过多考虑其外在的因素，这类商品才是适合我们打造的刚需商品。

比如螺丝刀，试想一下，消费者在购买螺丝刀时的诉求是什么呢？一个可以拧螺丝的工具。至于什么颜色、什么款式等，消费者一般不会太在意。

通过上述分析我们也可以看出，所谓的"刚需"，其核心是从需求出发，从消费者的角度思考选品。如果我们在选品时能够培养和保持这种思维习惯，做到换位思考，那么选品就成功了一半。

2. 田忌赛马

田忌赛马的故事读者都很熟悉，其寓意是利用相对优势让自己取胜。亚马逊平台运营上的竞争也是如此。

很多卖家在选品时一味地追求"最好的质量"，在运营中发现因为成本高，所以售价就高，导致订单很少。

虽然我们都知道亚马逊平台对商品的质量要求高，亚马逊平台上的消费者对商品的质量期望值也较高，但是必须强调的是，对于不同的商品，消费者内心对其质量的期望是有差别的。

比如买一部手机，如果手机屏幕上有一条小划痕，大部分消费者是不会接受的，但如果买的是一个花盆呢？即便有划痕，大部分消费者应该也可以接受。这就是同一个消费者对不同商品的不同质量期望。

在前文中讲到，作为卖家，应该培养换位思考的习惯，对商品质量的思考也是如此。我们在选品时，一定要想明白消费者对其质量的要求和期望是什么，只要商品能够达到消费者的期望就好，笔者把其称为"刚刚好"的商品品质。

选择质量"刚刚好"的商品，可以确保我们在上游供应链端有适中或较低的采购成本，体现在销售端，可以卖出有竞争力的价格，可以确保获得更多的订单、更大的市场份额。

需要注意的是，要想把质量"刚刚好"的商品卖好，还需要优质的图片和优化到位的商品详情。只有商品优化做得好，才易于被消费者搜索到，才会吸引消费者点击，有竞争力的价格才能刺激消费者购买。消费者在收到商品时，商品质量刚好符合消费者的期望，这就形成了一个高转化率加高满意度的销售循环。这个循环正是采用"田忌赛马"式思维做选品的结果。

在"田忌赛马"式思维下可以做的选品差异化策略还包括更多批量组合的商品，以和竞品同等的价格销售；同等数量的商品组合，以更低的价格销售；合适的数量组合，以更低的价格销售。

3. 远离侵权

在店铺运营过程中，侵权是红线。侵权主要有商标侵权、专利侵权、版权侵权和盗图侵权 4 种类型，这都是卖家在选品和运营时应该极力避免的。

很多卖家因为忽略或抱有侥幸心理，销售了侵权的商品，开始卖得很好，但中途被投诉，也被系统识别到了，导致商品被删除、账号受限、资金被冻结等，不仅正常的运营节奏被打乱，而且前期的盈利甚至填补不了后面的"坑"。还有更严重的，因为商品侵权，被追究法律责任，实在是得不偿失。

所以，在选品的过程中，一定要尽可能地避免销售可能侵权的商品。要想把侵权的风险降到最低，就需要我们提高对行业的认知，增加对商品的熟悉度，多向供应商请教，多和有经验的卖家交流，多到知识产权查询网站上查询核实。在市场调研的过程中，凡是涉及侵权或存在潜在侵权可能的商品，一定要坚决远离。

亚马逊平台的选品方法有很多，可供选择的商品也有很多，我们只有坚持"刚需制胜、田忌赛马、远离侵权"三大底层思维，才能使选品成功的概率增加，也只有这样，才能将运营做得更加稳定长久。

4.3　选品中的8个注意事项

具备了正确选品的底层思维后，要想选到好的商品，还要在选品过程中考虑全面、注意细节。结合多年的运营经验，笔者把选品的注意事项总结为8个方面。

资金情况，即个人/团队可用于运营的资金情况。不同资金实力的卖家在选品上会有很大的不同，其中非常重要的一点是，无论你的资金是多少，都要本着"尽力而为，量力而行"的原则选品，不选自己资金能力之外的商品。任何一款商品的打造都可能失败，多一款商品就多一些成功的概率，所以资金要分给多个商品使用。另外，打造一款商品需要多轮的推动，所以资金还要拆分成多份，分阶段投入。

个人偏好。选择个人偏好的商品很重要。对商品不感兴趣，调研就难以做到深入、全面，商品研究不细、不深，就容易疏忽运营中的关键点，导致打造商品失败。所以，选品一定要立足于自己的偏好，不熟不做。这个"熟"不仅指当前已经熟悉的类目和商品，还包括当前不熟悉但愿意付出时间和精力去熟悉的类目和商品。很多时候，对一款商品足够喜爱，热情的驱动会让其更易于打造。

资源优势。在选品时，还要考虑自己身边的可用资源。如果刚好有合适的供应链资源，就应该好好利用，货源优势可以让运营更容易。身边没有供应链资源的卖家也不要紧张，1688网站就是很好的资源，可以好好利用。

竞争环境。要努力避开红海类目，尽量选择竞争热度小、相对偏冷门的商品。在运营上，虽然一款日出千单的商品是很多卖家的梦想，但大爆款也不是每个卖家都能够驾驭得了的。当你关注一个大爆款时，很多大卖家早就紧盯了，甚至当前排名靠前的卖家，本身就是大卖家，他们甚至会通过差评的方式将新进入者"赶走"。小爆款则不同。一款偏冷门的商品，单日销量也许并不多，但竞争不激烈，容易打造，可以实现长期稳定的盈利，未必比大爆款赚得少，关键是风险小、发展稳定。

商品功能尽量单一，商品组合富有想象力。功能单一的商品便于进行质量把控，而通过批量销售、套装组合、搭配赠品等方式，可以激发消费者的购买欲望。两个方面相结合，可以增加商品成为热销品的可能性。

商品更新换代慢，季节性特点不明显。更新换代快、季节性特点明显的商品容易造成库存积压，导致资金周转率下降，还会产生高额的仓储费用，这些都会稀释掉前期的利润。下一代、新一季商品上市后，原本的库存商品还可能变成废品。所以，在选品时要尽量选择更新换代慢、季节性特点不明显的商品。

尽量不选敏感类商品。敏感类商品包括液体、膏状、粉尘、带电、需要特殊认证等类型的商品。这类商品也许销量好、利润高，但头程发货容易受限，在运营中也可能随时被要求提交认证，这些都可能导致运营的节奏被打乱。如果因为无法提交认证商品被下架，还会造成库存积压和滞销的情况。与其在运营中出现不可控因素，不如从选品阶段就断了念想。

商品质量稳定性好，商品评价星级高。一款商品质量的好坏很大程度上会影响打造的节奏及其生命周期。如果某款商品当前所有的卖家好评率都很低，就说明该商品存在着一定的质量问题。对于这样的商品，别的卖家遭遇的问题最终都会发生在自己身上，为了避免在打造过程中受阻，在选品阶段就不要选择。

在选品时应该注意的细节还有很多，如果能够遵循以上建议进行选品，那么在一定程度上可以降低选品失败的概率，卖家不妨在选品时试一试。

4.4　选品时常见的误区与陷阱

正确的选品思维可以让我们选出好的商品，为运营加分，而错误的选品思维会导致整个运营事倍功半，甚至全盘皆输。结合很多卖家选品失败的案例，笔者对选品时常见的误区进行了总结。

- 盲目跟风选平台热卖品。很多卖家看到蓝牙耳机、移动电源等超级热卖爆款后，在没有充分考虑竞争状况和评估自身实力的情况下就一头扎进去，结果在运营中遇到竞争激烈、质量问题多、利润率低、打造成本高、遭到竞争对手攻击等各种问题，最终亏损，这样的案例不在少数。

- 偷懒图轻松，代销网站一键上架。有些卖家因为没有合适的供应链资源，于是选择通过代销网站"一键搬家"的方式发布商品，偶有出单却发现无货或发货时效太慢，导致账号绩效表现差，造成账号受限。

- 缺少市场分析和竞品调研，仅凭个人偏好且固执己见。虽然选品时需要考虑个人偏好，但脱离了对目标市场的考虑，就可能因为中西方偏好差异、审美差异、文化壁垒、应用场景差异等原因，导致选出的商品不符合市场的需求，造成选品失败。

- 盲目追求高质量，导致成本高，商品卖不出去。在前文中讲到，高质量意味着高成本，高成本又意味着优势少，有可能在运营中失败。
- 盲目追求差异化，导致运营风险大。有些卖家在选品时过度追求差异化，例如独家私模、更多的功能、更多的赠品搭配、过度包装等，造成成本增加，一旦出现卖不动的情况，就会损失惨重。
- 盲目追求市场容量大的商品。有些卖家只看到市场容量，却忽视了竞争状况，选择被大卖家把持的竞争激烈、利润少的商品，比如手机配件"吉祥三宝"（手机壳、数据线、充电器等），一旦上架，持续亏本。
- 盲目追求超级偏冷门的商品。有些卖家为了避免竞争，选择超级偏冷门的商品，只有很少的搜索结果，虽然没有竞争，但也没有市场。
- 盲目追求新奇特商品。新奇特商品的典型特征是消费者看到后喜欢，但脑海里没有概念，而亚马逊平台销售的特征是关键词搜索，消费者脑海里没有概念，就没有办法搜索，这类商品的销量就会非常有限。
- 侥幸心理驱动下的侵权。有些卖家在选品时抱着侥幸心理，打擦边球，选一些涉嫌侵权的商品，结果导致账号受限等情况发生，严重影响了正常的运营节奏。所以，一定要远离侵权商品。

希望以上列举的选品中的误区能够为卖家提供参考，使卖家在运营上少走弯路。

4.5　好商品、坏商品

笔者在和一些卖家交流的过程中发现，围绕亚马逊平台选品，卖家的困扰很多，卖家前期往往缺少正确的选品思维和方法，而进入选品后期，往往无法判定已选的商品是好商品还是坏商品。其实只要是满足消费者需求的商品，是无关好坏的，卖家眼中的好商品和坏商品，是从运营操作的难易程度来说的。

什么样的商品是好商品？什么样的商品是坏商品？它们各有哪些特点？接下来就来做一下对比。

1．好商品的特点

- 满足目标消费群体的刚性需求。关于刚性需求的定义，笔者在前文中曾有讲述，指的是消费者对商品功能性的需求大于对商品外观、颜色、款式、尺码等外在属性的需求。简而言之，消费者在购买时是基于"我需要"而非"我喜欢"。

- 功能单一，体积小，重量轻。这类商品品控简单、发货便捷、时效快、运输成本低，缺货时可以快速补货，易于操作，资金周转率高。虽然有些卖家觉得这类商品竞争更激烈，但所有的商品都存在竞争，没有人可以通过逃避竞争而取得成功。如果选择大而重的商品，就需要海运发货，发货周期长、时效差、占用资金多，还容易造成断货，这更是运营之殇。另外，大而重的商品未必就是蓝海，小而轻的商品同样有竞争不激烈、易于打造的。
- 售价在 20~60 美元之间的商品。这个价格区间的商品，利润空间可观，既可以以低价获得竞争优势，也有足够的利润空间支撑做站外营销和站内广告。同时，这个价格区间的受众最广，易于打造成爆款。
- 更新换代慢，季节性和趋势性不明显。卖一张手机贴膜，第二年新款手机出来，贴膜也得跟着换代了；卖圣诞树，一年也就能卖那么一个月而已；而卖一款螺丝刀，三五年内都不会有根本性的换代，只要消费者的需求长期存在，就可以持续销售，销量积累下来，就会成为竞争优势。
- 利润空间足够大。在选品过程中要评估当前同行卖家的价格，如果当前大卖家的利润已经很少，甚至没有利润，建议直接舍弃。

2. 坏商品的特点

- 大而重、功能多、操作复杂的商品。这类商品要么运费成本高、发货时效慢，要么需要高标准的操作指导和售后服务，一旦发生退货就会导致损失很大，建议谨慎选择。
- 易燃、易爆、易碎、粉尘、液体、膏状及有特殊标准要求的商品。这类商品要么发货困难，要么在运输途中易损坏，有的还会因为无法提供认证而遭下架，这些情况不仅会减少利润，还会带来差评。
- 由大卖家把持和霸屏的商品。如果一款商品由大卖家把持，那么在搜索结果页就会看到有卖家霸屏，打造的难度就会很大，建议尽量避免。
- 涉嫌侵权的商品。无论是商标侵权、专利侵权，还是版权侵权，都是运营中的不定时"炸弹"，今天也许可以瞬间爆单，但你永远不知道是明天先到，还是账号受限的通知邮件先到。运营中有很多选择，不投机、不抱侥幸心理应该是第一选择。

通过上述分析，希望卖家能有一个比较清晰的选品方向，多选好商品，少选坏商品。

4.6　用商品评价评估法洞察市场容量

在钓鱼时，要选有鱼的池塘；在选品时，进行市场容量的分析评估是必不可少的步骤。评估一款商品市场容量的方法有很多，其中商品评价评估法是最便捷实用的。

　　商品评价评估法的具体操作如下：初步选定一款商品后，用核心关键词进行搜索，然后对搜索结果中的每件商品的评价数量进行汇总，用商品评价总数乘以参考系数，得出的数字就是该商品在当前站点粗略的市场总销量。

　　采用商品评价评估法计算市场容量，需要注意以下几点。

- 参考系数是指销量和消费者留评数量之间的比例，需要基于自己的经验去设定。以美国站为例，大部分类目的留评比例大概是 130∶1，也就是说，130 个订单能够收到一个商品评价。所以，在美国站做市场调研时，就可以用 130 作为参考系数。

- 用关键词搜索之后，实际显示的商品数量和系统提示的搜索结果数量会有很大的出入，有些搜索结果只显示 7 页，这是搜索引擎的设置。我们不必担心显示的商品数量太少导致统计结果失真，原因在于，有销量的商品基本上就集中在搜索结果的前几页，后面的搜索结果中商品销量很少甚至没有销量，可以忽略不计。从这个角度来说，有 7 页的搜索结果已经足够了。

- 由于商品的评价是从收到第一个评价开始累加的，而过早的评价对当下的销量和市场容量评估并没有太大的参考价值，所以在统计时，可以按时间排序，计算最近三个月或半年的评价数量即可。

　　评价数量统计出来后，乘以参考系数 130，得出该商品大概的总销量，然后平均到每天，即可知道该商品在当前站点的日销量。知道了该商品的日销量，我们需要做一个预期判断，预测运营该商品，自己可以从中获得的市场份额，也就是销售预期，然后思考这样大的"蛋糕"是否能够满足自己的运营期望。

　　当然，以这样的方式评估市场容量和销售预期，对于一些卖家来说还是略微抽象的，如果希望数据更精准一些，我们可以再多做一件事：找出具体的竞争对手，核算竞争对手的日销量，然后询问自己是否能够站在当前竞争对手的位置。

　　统计了某款商品的市场容量之后，下一步就是评估该商品小类目节点下排名第一的商品销量，以及第 5 名、第 10 名、第 20 名、第 50 名、第 100 名等不同排名位置的商品销量。对于具体 ASIN（亚马逊标准识别号，由系统自动为商品分配，类似于我们的身份证号码）的销量评估，既可以采用手工测算，也可以借助第三方工具，比如 Keepa、JungleScout 等。根据这些统计出来的数据，我们可以知道，在当前这个存量市场里分"蛋糕"，第一名的销量就是我们销量的"天花板"，不同名次的销量就是我们要经历的。我们可以知道自己到某个名次时可以达到的销量，也可以知道想要到达某个名次需要多少销量才行。这样的数字虽然未必绝对精准，但其对评估一款商品的运营有着重要的参考意义。

　　比如，经过评估，我们知道类目热卖商品日均销量是 100 件，就可以将其理解为如果打造该商品，最大的销量预期就是每天销售 100 件，而如果评估出来第 100 名卖家每天销量只有 2 件，那就应该知道，自己只有做到日销 2 件才有机会进入前 100 名，同时要想进入前 100 名，每天至少得卖出 2 件才行。

换言之，即便某个关键词的搜索结果有 4 万条，如果评估出来第 100 名卖家的日销量是 2 件，那么排名在第 100 名之后的商品基本上没有销量，也确实没必要看到第 100 名之后的每一条商品信息了，这也是亚马逊平台没有展示全部搜索结果的原因之一。

另外，即便评估出某款商品销量最高的卖家日出千单，排名第 100 名的卖家日出 200 单，也不要太过兴奋，还需要评估自己的资金实力、运营能力等是否能够应对该商品的市场竞争。毕竟，笔者看到太多的小卖家选择了香薰机、加湿器、蓝牙耳机、蓝牙音箱等可以日出千单的商品，却一年亏损一两百万元，甚至亏损更多的案例。

通过市场容量的评估，选择适合自己运营打造的商品，如果能够想到这一点，从选品到打造，成功的概率就会增加不少。

4.7　做好竞品分析的关键三步

在给孵化营学员上课时，笔者反复强调的一句话就是"竞争对手才是最好的老师，凡是你没有做到和没有想到的，竞争对手都已经做到了"。对于亚马逊卖家来说，要想选出好的商品，非常重要的一点就是做好做全竞品分析，具体该如何做呢？

1. 竞品分析第一步：确定竞品

所谓的竞品，绝不仅仅指和你所卖的商品一模一样的商品。竞品有两种：同类型商品，包括同款商品和同功能可替代的商品；参数相同的商品，这是很多卖家狭隘理解下的竞品，即参数相同、组合相同或相似、价格处在同一个区间等。在选择竞品时，要尽量做到宁可多选也不遗漏，只有分析的竞品足够多，能够掌握的数据才足够全面。

2. 竞品分析第二步：选出竞品

竞品是一个群体，要找到这些竞品，关注、分析它们，并且把它们的优秀之处用于自己的运营中。要想找出这些竞品，需要做以下几个方面的工作。

- 用核心关键词（2~3 个）搜索，查看搜索结果的前 3 页，卖得好的那些商品，都是值得作为竞品圈定和记录在自己的小本子上的。
- 查看类目热卖榜单，把类目热卖榜单 5 个维度的 500 条商品信息逐个浏览一遍，选择同类的优秀商品作为自己的竞品学习对象。

- 精选 20 个竞品，关注它们商品详情页上出现的那些关联商品。

3. 竞品分析第三步：分析竞争对手的运营细节，学习并应用

分析竞争对手的运营细节，包括以下几个方面。

- 商品：从商品的功能、款式等各个方面考虑，思考消费者购买该商品的原因、商品的应用场景等。通过这个环节的分析，可以得出该商品是刚需还是伪刚需的结论，而这个结论将影响选品的成功与否。
- 商品详情：对确定为竞品的商品详情细节进行逐一分析，从图片、标题、特性、商品描述，到价格、评价、质量评估等，一个细节都不放过，遇到好的地方，记录并应用于自己的商品优化中。
- 价格和利润核算：根据竞品的价格，核算和评估自己在打造过程中的前景，如果利润空间太小，选品时就要慎重。
- 消费者反馈：包括商品评价、店铺反馈及销量评估等，评价和反馈是消费者购物过程中真实体验的反映，而竞品的销量情况将影响自己的销量预期，只有详细分析这些内容，才能对后期的打造做到心中有数。
- 侵权要素评估：无论多么热卖的商品，无论有多少卖家在卖，都不意味着不存在侵权风险。从长期稳定运营的角度看，侵权是底线，也是红线，所以一定要做好分析和调研。通过向供应商询问核实、和有经验的卖家交流请教、在专利网站查询等，确认该商品是否存在潜在侵权，要坚决舍弃有侵权风险的商品。
- 卖家情况：要对确定的竞争对手进行分析，是否有巨无霸型的大卖家、是否有卖家霸屏。如果一款商品已经被大卖家把持、竞争激烈、竞争对手做事无底线，这样的商品就要谨慎选择。

在选品过程中如果能够对上述几个方面进行详细分析，选出风险小、利润高、竞争热度小、运营生态好的商品，那就不要犹豫，赶快行动，运营打造吧！

4.8　选品过程中必须评估和记录的重点

很多卖家刚开始进行选品时，往往既缺少明确的目标，又缺少精细的方法，以至于在面对一款商品时不知道该如何评估和衡量。要想提高选品成功的概率，以下几点有必要在选品的过程中重点关注。

1. 商品关键词

选品的第一步就是要找到准确的商品关键词。无论是因为个人偏好，还是想利

用自己的资源优势，当开始考虑销售某款商品时，就应该在第一时间确认商品的关键词。

这个关键词不能太宽泛，过于宽泛无法为我们指引精准的方向；也不能太细分，过于细分的关键词可能会让我们误判市场容量和竞争热度。这些都会造成对市场预期的判断失误。

某些商品可能同时有两个或多个权重相当的关键词，我们要对各个关键词进行记录、分析，然后汇总，以便获取更完整的市场信息。

比如，移动电源的关键词，有些人习惯使用 Power Bank，而另外一些人习惯使用 Portable Charger。对于卖家来说，Power Bank 和 Portable Charger 都是需要拿来搜索和评估的关键词。

2. 市场容量和竞争热度

通过商品关键词，在亚马逊首页的搜索框中搜索查询，搜索结果的数量可以告诉我们该商品的竞争热度，而搜索结果前 10~20 页商品的评价数量可以反映出该商品的市场容量。

如果一款商品搜索结果的数量很多，就说明该商品竞争激烈，而如果一款商品的评价数量太少，则反映出这款商品的市场容量过小。

当然，在对搜索结果数量和评价数量进行评估时，还可以做进一步细化。比如，更进一步地查看属于 Prime 的搜索结果数量的多少，以及精细化地统计最近 1~3 个月的评价数量分别是多少，以此来判定最近的销量和销售趋势。

3. 竞品分析

在选品过程中，每款商品都需要确定一批竞品，可以是 5~10 个，也可以更多，但不要太少。这些竞品的分布不是单纯地从 Top100 中选取的，在 Top100 清单之外，还要关注最近发布的销量增长快的商品，以及正在大力投放广告打造的商品，多维度、多样化地选择可以让我们选择的竞品在不同的排名区间分布更均衡，便于评估在不同阶段的销售预期。

4. 评价详情分析

对任何商品的选择都是从陌生到熟悉、从外行到专业的过程，怎样快速提升对商品的专业度，同时还能发现可能存在的各种"坑"呢？竞品评价中的好评和差评就是我们重要的"教材"，商品评价是消费者真实体验的反映，通过分析竞品评价的内容，我们可以了解消费者的真实诉求，从而对商品有更深、更全面的认知。

5. 供应链和商品质量评估

在选品调研的过程中，一定要追溯供应链端，通过 1688 网站等渠道了解该商品的拿货成本、重量、包装尺寸等信息，评估在当前市场售价下，是否有足够的利润空间。

如果利润空间足够，对商品的打造也有信心，那么接下来还需要从多个供应商处采购样品。一方面，在采购样品的过程中评估供应商的实力、态度、配合度等；另一方面，根据样品来评估商品质量，详细核对费用和利润。

经过上述一系列的评估，对一款商品的工艺、质量、供应商情况、市场情况、利润情况等都有了较清晰的了解，选择与否，相信你已经有了答案。

4.9 选品就是不断试错和试对的过程

笔者的学员运营亚马逊店铺不久，接触到的商品也不多，在选择第一款商品时，学员专门向笔者请教。笔者知道该商品属于刚需商品，销量好、利润高，几乎没有质量问题，买家满意度也高，是少有的低价中的高利润商品，笔者鼓励他大胆去做。

学员这么做了，并取得了不错的成绩。

按照学员自己的说法，"我没想到可以卖到这个价格，没想到利润会这么高"。在运营过程中，曾因为担心断货，学员一度把商品价格涨到 15.99 美元，依然有不错的销量。要知道，该商品的进货成本只有 6 元多。

任何一个选品过程，都包含两个重要步骤：第一步，选择刚需的、市场容量大的、利润率高的商品；第二步，在选定的商品方向下，通过对竞品的分析，确定具体的商品。学员正是这样做的。

在学员询问笔者时，我们确认了此类商品的市场容量，而学员选择的具体款式，笔者就不得而知了。

选出好商品只是第一步，要想把好商品卖好，还要对商品进行全方位优化。学员也是这么做的。"正如你当初建议我的，在撰写商品详情的过程中，我参考了很多买家的评价，根据评价中反映的问题，我选择了质量比较好的款式，并把这些改进体现在商品详情中，形成了独特的卖点。"学员如是说。

如此这番下来，一款刚需商品在学员的用心打造下，完美地呈现在消费者面前，期望的销量也有了。面对节节攀升的销量，该学员的信心也足了。

该学员选了一款好的商品，增强了将店铺做下去进而做大做强的信心。然而，更多的卖家则深陷在选了一大堆商品却没有销量，占用了资金也耗尽了信心的迷茫状态中。

那么，我们究竟该如何看待亚马逊运营中的选品呢？笔者一直觉得，选品的过程就是一个不断试错和试对的过程。

没有谁能够保证选出来的商品一定能够卖到爆，有时候，即便别人卖得很好的商品，你有可能一个都卖不动。所以，选品的好坏和运营的成功与否，只是一个概率问题。当然，如果选品思维正确，成功的概率就大一点，而选品思维错误，失败的概率就大一点。

既然是概率，那么自然就引出另一个因素——数量。量大是制胜的关键。选品的数量越多，成功的概率就越大。一款商品销量不好，另一款商品做成了爆款，也是一个不错的结果，但如果你只选了一款商品，又不幸失败了，那就真的失败了。

在和很多大卖家交流时，笔者发现一家店铺卖得好的商品大概只占总商品的三成左右，虽然我们确实会听闻一些有传奇色彩的卖家，店铺里只有一两款商品却能够日出上千单，年赚几百万元。对于大部分卖家而言，热卖商品同样符合二八定律，能够为你带来丰厚利润的商品，只占所卖商品的20%。

由此可见，要想取得运营上的成功，选品的基数还是要有的，要有一定数量才行，这当然不是要求你铺货几百款、几千款，但至少应该精选一二十款商品吧！

在和卖家交流的过程中，笔者也碰到过这样的卖家，"我选品比较谨慎，半年来总共选了三款商品，但销量都不好，我很发愁，不知道该怎么办了"。这类卖家的失败在于行动太少。

很多时候，"量大是制胜的关键"是颠扑不破的真理。选品也是，先把量做起来再说。结果无非是选对了商品，暗自庆幸的同时信心也有了；如果选错了，重新再选就是了。

如果你一直没有选出好的商品，不妨扪心自问，自己究竟选了多少款商品呢？

4.10 选品中评估竞品销量的4种方法

对于亚马逊平台的选品，笔者一直建议要以市场为导向进行选择。在进行市场调研的过程中，需要评估市场容量和具体的商品销量，如果评估不准，就可能造成运营判断的失误。关于竞品销量的评估方法，笔者归纳了4种。

1. 评价（评价）数量评估法

根据商品对应的评价总数及最近一、二、三个月的评价数量，乘以适当的倍数，来粗略地评估该商品的历史销量和近期销量。同时，还可以根据最近三个月或最近半年的销量变化来评估该商品的销量走势。

当然，这种评估法的核心是要知道一个评价所对应的大概订单数量。以美国站为例，不考虑测评因素的干扰，大部分类目基本上是130个左右的订单会自然产生一个评价。以此作为参考系，就可以评估一款商品的销量情况。

2. 反馈（Feedback）数量评估法

除通过评价的数量来评估销量外，还可以通过店铺的反馈数量来评估该店铺的日均总销量。

以美国站为例，店铺里最近30天的反馈数量的3倍左右相当于该店铺一天的销量。比如，看到一家店铺最近30天的反馈数量是60个，那么可以估算该店铺日均销量大概在180单左右，而如果该店铺最近90天的反馈数量正好在180个左右（30天反馈数量的3倍左右），那么从侧面反映出该店铺的销量比较稳定。

估算出店铺的日均销量之后，进入该店铺，在店铺的商品清单里，亚马逊系统默认是按商品销量来排序的，如果你所关注的商品排名靠前，就说明其销量较大；如果排名靠后，则说明其销量偏少。

反馈数量评估法虽然无法测算出准确的销量，但也可以给我们提供一定的参考。

3. 添加购物车评估法

当关注某款商品，想知道其销量如何时，还可以通过添加购物车的方法来进行评估。

我们可以将该商品添加到购物车，然后将购买数量修改为999，如果卖家实际库存数量没有这么多，系统就会给出提示。比如，系统提示当前库存只有386个，那么就可以知道该商品当前库存仅有386个，第二天同一时刻再进行测试，第三天、第四天依然如此，连续测试一周左右，就可以根据库存数量的变化知道该商品的日均销量情况了。

但是，如果卖家在发布商品时设置了Max Order Quantity（最大订单数量），或者卖家的实际库存数量大于999，那么通过添加购物车的方法就无法算出其销量了，这时还可以用第三方工具来试试。

4. 第三方工具抓取法

当前，有不少第三方工具可以提供商品库存数量（销量）的数据，比如Jungle Scout、Keepa等，这些第三方工具通过爬虫抓取的方式获取亚马逊平台的销量数据，相对来说是比较准确的。当我们采用其他方法都无效时，不妨试试此方法。

以上4种方法，都可以用于日常选品和竞品销量评估，如果能够将各种方法相结合，相信在收集和整理这些数据的过程中，对商品也会有更深刻的理解，对后期运营也会起到辅助作用。

4.11　高效选品的8种方法

我们一直喜欢用"思路决定出路"强调思维的重要性。在亚马逊平台上选品，思路同样是为卖家指明方向的利器。所以，在前文中，笔者通过多个维度的分析，引导卖家形成一套比较完善的选品思路。除思路外，具体的选品方法同样重要。下面列举8种常用的选品方法，希望可以为卖家的选品提供参考。

这8种选品方法分别是站内类目热卖（Best Sellers）二阶选品法、优秀店铺交叉复制法、类目纵深挖掘法、1688跨境专供选品法、行业大卖家新品跟进法、供应商新品推荐法、价格区间选品法和国外社交媒体选品法。在接下来的几节里，将对这些方法进行详细讲解。

4.11.1　站内类目热卖二阶选品法

站内选品法无疑是亚马逊卖家采用最多的，也是最有效、最实用的选品方法。原因很简单，只有立足于平台，发掘平台上当前热销的商品，才能增加选品成功的概率，降低失败的概率，减少卖家在运营中的试错成本，而站内类目热卖二阶选品法的精髓正在于此。

具体来说，卖家通过平台上的类目热卖榜单，查看当下热销的商品，然后参考前文提到的选品中应该注意的事项，再结合自己的资源、偏好等，考虑是否具备运营该商品的能力，如果有能力运营，就对该商品进行深度调研，纳入自己的选品范围。

接下来就来看看具体该如何操作。

打开任意一个商品页面，在浏览商品详情的过程中，在商品描述下面的 Product information 栏中可以看到一个 Best Sellers Rank（BSR）栏目，如图 4-1 所示。这是亚马逊系统根据商品的销量，对不同的商品类目所进行的销量排名，我们通常称之为 BSR 排名。

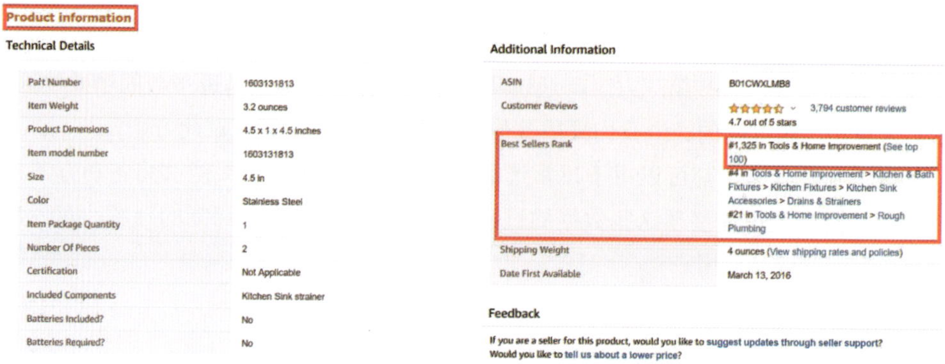

图 4-1　Best Sellers Rank 栏目

单击 BSR 栏目中的 See Top 100，就可以看到当前商品所在类目下按照销量排名的前 100 名的商品，它们是当前平台上该类目下最畅销的商品，如图 4-2 所示。

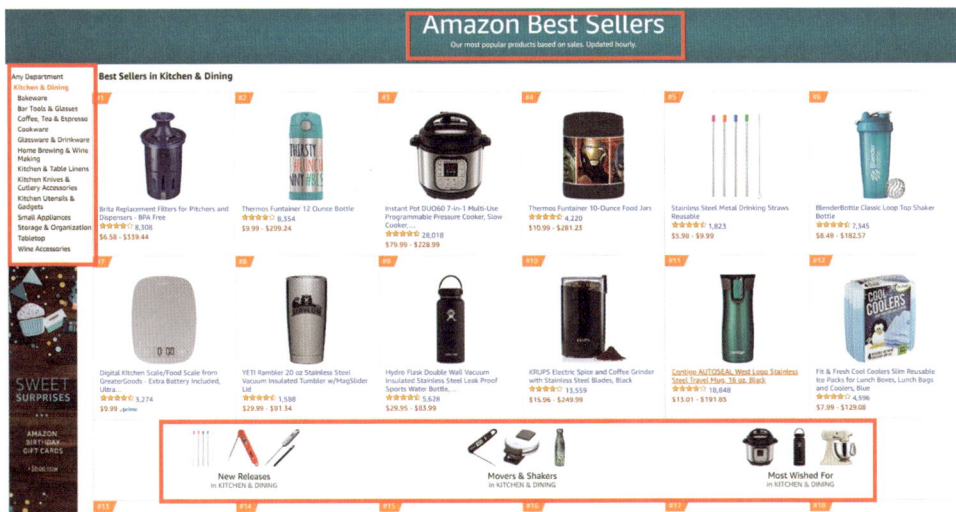

图 4-2　查看某类目下销量前 100 名的商品

在 Top 100 类目热卖榜单中，某类目下当前卖得最好的前 100 条商品信息尽在其中，这些商品都是经过市场检验的存在巨大市场容量的商品。卖家可以根据榜单中的前 100 款商品，结合自己的资金、资源等情况，同时考虑该商品是否属于刚需品、是否存在侵权等，较轻松地选出比较适合自己实际情况同时又符合市场需求的商品，而这样选出来的商品，因为已经经过其他卖家的销售验证，所以成功的概率会大很多。

站内类目热卖二阶选品法的应用还不止于此。

亚马逊在提供类目热卖榜单的同时，还提供了其他几个维度的榜单：New Releases（新品热卖排行榜）、Movers & Shakers（销量飙升排行榜）、Most Wised For（最佳收藏排行榜）和 Gift Ideas（最佳礼品排行榜）等。单击各个按钮，可以分别查看对应的排行榜，参考图 4-2。

关于这几个榜单，下面做简单的解释。

类目热卖排行榜：是亚马逊平台基于销量排出的类目热卖商品，每小时更新一次排名，通过这个榜单，我们可以了解不同类目下当前热销的商品。

新品热卖排行榜：是亚马逊平台基于销量对上架 3 个月内的热销商品进行的排名，每小时更新一次，通过这个榜单，我们可以了解新近上架的热销商品。

销量飙升排行榜：这个排行榜与新品热卖排行榜相似，不同的是，它反映的是 1 天内同类目中销量涨幅最大的商品。通过这个排名，我们可以找到上升潜力比较大的商品，如果能够对这个排名中的商品进行深度分析，说不定就可以选到即将爆发的热销商品。

最佳收藏排行榜：有时候消费者虽然喜欢某款商品，但因为价格等因素而无法立刻"剁手"购买，他们就会把这些商品放入收藏夹中。这类商品一旦价格下调，亚马逊系统就会发邮件提醒消费者。被收藏最多的商品，代表着消费者的兴趣所在，如果你正好对此榜单中的商品感兴趣，且有合适的商品资源和成本优势，那么不妨考虑将其纳入选品范围。

最佳礼品排行榜：如果你正在销售的商品带有礼品、节日元素，那么一定要关注这个排行榜，它主要针对的是礼品。通过该排行榜可以知道目前人们更愿意选择哪些商品作为礼品，由此可以在节日来临前有针对性地备货，提前布局，不打无准备之仗。

参照以上几个维度，卖家经由任何商品详情页进入该类目的销量排名后，都会有几百个平台上的热卖商品可供选择，卖家如果能够认真分析这些热卖商品的特性，原本没有方向的卖家，选品思路也可以由此打开。

类目热卖排行榜等5个榜单是高频更新的，如果卖家能够遵循上述思路，每周对以上5个榜单进行查看、评估和筛选，就能够在第一时间发现榜单中出现的新面孔，甚至还能发掘平台爆款商品。

当然，也可能有卖家说，我对当前页面的商品类目不感兴趣，如何查看其他类目呢？亚马逊平台为我们提供了所有类目的热卖排行，卖家可以直接单击如图4-3所示的左上角的Any Department（任意类目）选项，然后依次浏览任意类目下的各个类目。结合自己的资源优势和偏好，再加上平台提供的数据，卖家一定可以找到适合自己运营的商品。

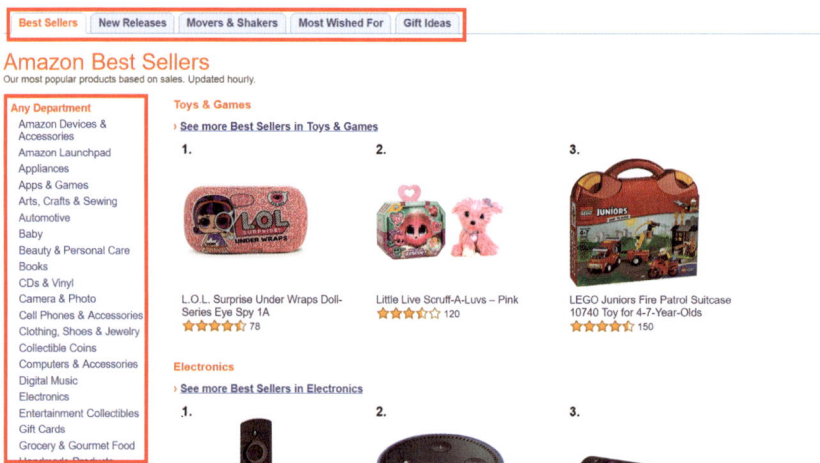

图4-3　单击Any Department选项

通过上述操作，即便没有选品方向的卖家也可以轻松地筛选出已经得到市场验证的平台上热卖的商品。这就是站内类目热卖二阶选品法的第一阶段——确定选品方向。

　　确定了选品方向之后，还需要对这类商品及其竞争情况进行深入细致的分析和调研，以确保运营成功。这时，就要进入站内类目热卖选品法的第二阶段，即竞品分析阶段，具体操作如下。

　　在如上文所述的商品详情页的 Product information 栏中，亚马逊平台除在 See Top 100 处链接了该商品的大类目排名外，还可以单击其细分类目，如图4-4所示，查看其细分类目下的排名。

Product information

Product Dimensions	84 x 23 x 75 inches	**Technical Specification**
Item Weight	0.64 ounces	Application Guide [pdf]
Shipping Weight	2.88 ounces (View shipping rates and policies)	
Manufacturer	Wrenwane	**Feedback**
ASIN	B00GOPICNM	If you are a seller for this product, would you lik...
Item model number	Wrenwane Digital Kitchen Timer	Would you like to tell us about a lower price?
Batteries	1 AAA batteries required.	
Customer Reviews	⭐⭐⭐⭐☆ ∨　8,751 ratings 4.5 out of 5 stars	
Best Sellers Rank	#1,113 in Kitchen & Dining (See Top 100 in Kitchen & Dining) #4 in Timers	
Date first listed on Amazon	November 15, 2013	

图 4-4　单击商品的细分类目

　　单击图4-4中的细分类目，可以打开如图4-5所示的页面。

Best Sellers in Kitchen Drains & Strainers

#1	#2	#3	#4
OXO Silicone Sink Strainer ⭐⭐⭐⭐☆ 145 $1.49 - $35.99	Helect 3-Pack Kitchen Sink Strainer Stainless Steel Drain Filter Strainer with Large Wide Rim 4.5" for... ⭐⭐⭐⭐☆ 604 $9.95 ✓prime	EverFlow 75111 Kitchen Sink Basket Strainer Replacement for Standard Drains (3-1/2 Inch)... ⭐⭐⭐⭐☆ 828 $6.99 ✓prime	Fengbao 2PCS Kitchen Sink Strainer - Stainless Steel, Large Wide Rim 4.5" Diameter ⭐⭐⭐⭐☆ 3,794 $9.99 ✓prime
#5	#6	#7	#8
Harold Import Company Joie Kitchen Sink Strainer Basket ⭐⭐⭐⭐☆ 912 $3.89 - $12.51	DANCO Rust Resistant Sink Hole Cover, 1-3/4-Inch, Brushed Nickel Finish, 1-Pack (89478) ⭐⭐⭐⭐☆ 603 $3.99	DANCO Rubber Tub Stopper with Chain, White (80783) ⭐⭐⭐⭐☆ 149 $4.67 ✓prime	CORNERJOY 4.5 Inch Diameter Rim Heavy Duty Stainless Steel Kitchen Sink Basket Strainer,... ⭐⭐⭐⭐☆ 419 $5.98 ✓prime

图 4-5　细分类目的商品排名

在图 4-5 中不难发现，亚马逊平台再次把细分类目节点下的同类商品按销量进行了排名，并把榜单前 100 名呈现给我们。在这 100 款商品中，我们可以分析该类目主流的款式、竞争同行的销售方式、商品组合、价格等。因此，站内类目热卖二阶选品法的第二阶段，核心就是选出竞争对手。

总结一下，站内类目热卖二阶选品法是基于平台上真实的销售数据进行选品的方法，是最适合卖家使用的选品方法。在使用站内类目热卖二阶选品法进行选品时，一定要把二阶贯穿到底，用第一阶段的方法确定选品方向，用第二阶段的方法锁定学习标杆和竞争对手。有了商品，也有了可参考和学习的榜样，选品和运营的成功是必然的。

需要提醒卖家的是，在上述 5 个榜单中，由于新品热卖排行榜和销量飙升排行榜的商品上架时间短、商品评价数量少、竞争不太激烈，同时市场容量足够大，易于打造，所以值得卖家作为重点来参考。

站内类目热卖二阶选品法可以直接、高效地挖掘热卖爆款，是适合中小卖家使用的快速高效的选品方法。在过往的经验中，已经有不少卖家通过此方法选到了合适的商品，实现了业绩的快速增长，更有不少卖家将此方法作为自己团队的核心选品法长期采用，取得了丰硕的成果。

4.11.2　优秀店铺交叉复制法

竞争对手是最好的老师，在亚马逊店铺运营中也是如此。

亚马逊平台上虽然竞争激烈，但优秀的卖家比比皆是。在选品的过程中，与其因为没有方向、缺少经验而到处乱撞，不如找一家或几家优秀的店铺进行复制。

对于一名新卖家来说，复制店铺可以帮助我们快速地从不知到知，从知其然到知其所以然。更关键的是，在复制店铺的过程中，我们有了具体的学习目标，行动起来就会更有效率。从这个意义上说，全面的复制就是最大的创新。

虽然复制可以提高选品的效率，但不能完全复制一家店铺。为了避免可能的冲突，在复制的过程中，建议选择多家店铺作为参考和标杆，从各家店铺中分别选取少量几款适合自己打造的商品，然后把这些商品汇总于自己的店铺中，这样操作既便于选出热卖的商品，又可以避免与某个卖家正面冲突。笔者将这种用多家店铺做参考进行选品的方法叫作优秀店铺交叉复制法。

什么样的店铺才算是优秀的店铺呢？笔者将其总结为以下几点。

- 店铺最近 30 天反馈数量比较多。按照当前亚马逊平台上的店铺反馈率来算，店铺最近 30 天反馈数量的 3 倍左右大概相当于该店铺当前的日均订单量。参照这个系数，如果在选品调研的过程中，看到一家店铺最近 30 天的反馈数量较多，就可以知道该店铺的销量不错，值得重点关注。最近 30 天反馈数量的多少是我们确定优秀店铺的第一要素。

- 店铺是精品化的运营模式，店铺内商品款式比较少。进入一家店铺，查看该店铺的商品款式，如果商品款式很多，且自发货居多，那就说明该店铺是铺货模式，与亚马逊平台上精品化运营的思路相悖，也不符合我们选择优秀店铺的标准，这样的店铺可以直接略过。而如果遇到的刚好是一家只有很少商品款式的店铺，那么就应该重点关注。
- 店铺内的商品大多属于刚需商品，最好还是轻小、功能单一、易于包装发货的商品。笔者一直强调刚需制胜是选品最重要的底层思维，所以在选择优秀店铺时，一定要将其考虑在内。
- 店铺内的商品评价比较多，星级比较高。我们知道，商品评价代表着销量和口碑，评价数量多，说明卖得好，评价星级比较高，说明商品质量好，这些都是运营成功的重要参数。

因此，如果发现这样一家店铺，其 30 天反馈数量多，店铺内只有少量的刚需商品，同时各个商品的评价数量多、星级高，那么就应该将该店铺纳入我们的参考店铺范围。

例如，在选品调研的过程中，当看到如图 4-6 所示的商品时，可知该商品是刚需商品，该商品的评价数量很多、星级很高，说明其销量很好，商品质量也很好。

图 4-6　某商品详情页

进入该卖家店铺，看到其店铺 30 天的反馈数量是 148 个，粗略评估知道该店铺日均订单数量在 450 个左右，90 天的反馈数量是 418 个，如图 4-7 所示，接近 30 天反馈数量的 3 倍，说明该店铺销量比较稳定。每天能稳定地出几百单的店铺，虽然订单数量不算太多，但足以实现月盈利 10 万元以上。

	30 days	90 days	12 months	Lifetime
Positive	98%	97%	99%	99%
Neutral	0%	1%	0%	1%
Negative	2%	2%	1%	1%
Count	148	418	1,605	2,103

图 4-7   店铺的买家反馈数据

带着对该店铺的浓厚兴趣，进入该店铺的商品页，看到店铺中只有19条商品信息，如图4-8所示，是典型的精品化运营的店铺。如果再对店铺中各个商品进行分析，不难发现，大部分商品属于刚需商品，商品轻小、功能单一、销量不错，而且在当前价格下，利润也不错。这样的店铺就是我们要找的优秀店铺。

在持续选品调研的过程中，我们收集到的优秀店铺越来越多，把这些店铺进行汇总，从每家店铺中挑选出两三款适合自己打造的商品，并将这些商品汇总，作为自己店铺要运营的商品，利用优秀店铺交叉复制法进行快速高效选品的目标就达成了。

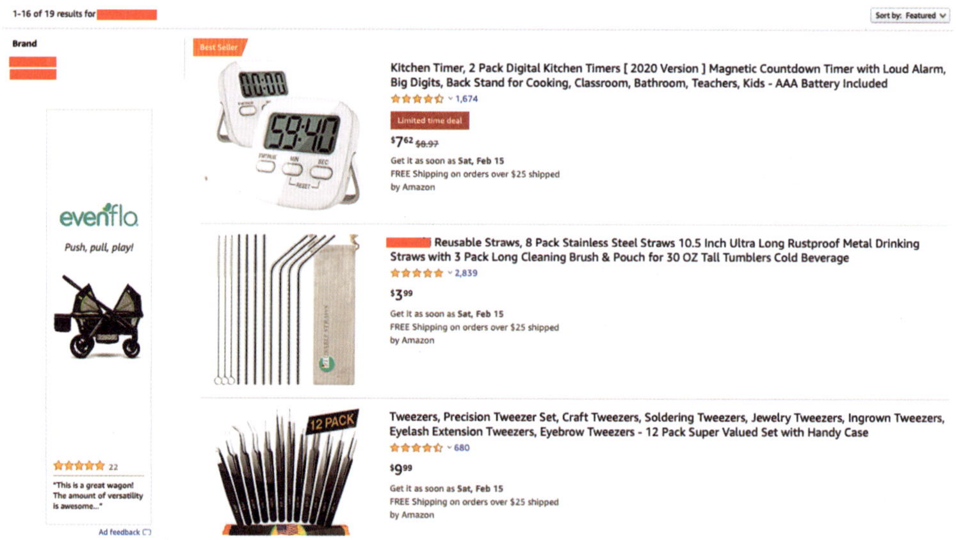

图 4-8   店铺中的商品信息

优秀店铺交叉复制法的核心在于能够认可并接受标杆店铺的优点，能够从内心认可对方的认知比自己现有的认知高，能够接受对方的选品逻辑。在笔者看来，对于中小卖家来说，优秀店铺交叉复制法是最高效的选品方法。

任何一家优秀的店铺，其商品都是经过反复筛选和长期市场验证的，找到几家优秀的店铺，挑选其中优质的商品，快速复制，快速销售。站在"巨人"的肩膀上前行，选品的效率会大大提高，成功的概率也会增加。

当然，这里所说的"复制"不是纯粹的一模一样地"抄"，而是在市场调研中通过某家店铺发现一系列畅销的商品，这些商品有目标受众群体，属于刚需商品，有足够的市场容量，也有足够的利润空间，最好还是竞争热度低、易于打造的商品。在上述分析的基础上，返回到对具体商品的调研，发掘出同款的、同类的、相似的能够满足同样市场需求的商品，最终确定下来的商品未必和标杆店铺的商品一模一样，只要面对的市场方向和受众群体一样，商品类似或互补，都是可以的。说到底，我们复制的是"需求"，只是通过标杆店铺对消费者的需求进行挖掘而已。

4.11.3　类目纵深挖掘法

在使用前面两种选品方法对商品进行筛选和一段时间的运营后，我们开始有了热卖的商品，逐步地会对某些商品和类目有了更浓厚的兴趣。随着调研的深入，我们对商品、类目和行业的专业度越来越高，在和供应商接洽的过程中，对上游供应链资源也越来越熟悉，这时选品方向就可以聚焦于当下的类目，进行纵深挖掘，这就是笔者要讲的类目纵深挖掘法。

采用类目纵深挖掘法进行选品，卖家必须能够"耐得住寂寞、守得住心"，即确定了对某个类目进行深挖后，其他的类目就不要再理会了，无论平台上出现多么热卖的爆款商品，也要保持"弱水三千，只取一瓢饮"的态度，否则，总想追逐热点，就很难把类目做深入，也很难做好。

类目纵深挖掘法要求卖家相信自己所专注的类目，也许这个类目的市场容量不是太大，但也没关系，只要能守住，任何一个类目都足以让我们迈出成功的第一步，赚钱、积累经验，都可以通过经营一个类目来实现。

专注一个类目，不是要成为"小而美"的卖家，而是要成为"专而精"的卖家。只有拥有更高的专业度和对类目事无巨细的精通，才能更容易地发掘类目下有市场的商品和利润高的商品。我们看到别人成功，可能只看到了冰山一角。冰山仅有10%浮在水面上，类目纵深挖掘法就是为了让我们发掘藏在水平面下90%的冰山。

确定好在一个类目纵深挖掘作为自己的选品原则后，我们需要做到以下几点。

- 多向供应商咨询请教。不仅要向供应商请教专业知识，还要询问供应商当前出货量大的商品、质量好的商品、单价高的商品和新上市的商品，然后在平台上搜索这些商品，根据搜索结果和竞品的评价对这些商品进行评估和深度调研，如果销量好、利润高，就可以纳入自己的选品池长期跟进。

- 卖家还要围绕当前在售的商品进行辐射式搜索，比如竞争对手的商品和店铺、相关的商品、延伸的商品、互补的商品等，只有在类目下分析得足够深、足够广，才能在不经意间发现一些潜力大的商品。看似是偶然所得，其实都是呕心沥血的结果。

- 要沿着亚马逊类目节点深挖。这有点类似于站内类目热卖二阶选品法，其区别是，专注于一个类目，对其大类目、二级类目、三级类目下的类目热卖排行榜等 5 个维度进行逐个查看，遇到好的商品，就纳入自己的选品池。
- 参考 1688 网站上同类目下的畅销品目录。1688 网站可以从供应链端给我们提供有参考性的但和亚马逊平台上不完全相同的畅销品排行，在差异中也许就有机会，值得我们在选品时关注。

对于一名卖家来说，你永远无法做到在所有市场里通"吃"，真正让一名卖家"活"下来并且"活"得好的，可能仅仅是一个细分的类目。如果能够沿着一个类目纵深挖掘，做到"1 厘米宽、100 千米深"，在类目纵深挖掘法的驱动下，用时间和努力来积累，就有机会成长为独具优势的王者。

在线下课堂上，笔者把类目纵深挖掘法分享给学员，有的学员将其用到运营中，取得了不错的成绩，也有学员反馈用此方法选品的效果不尽如人意，笔者对学员所选效果不好的商品进行了分析，发现学员专注选品的思路偏了。

笔者强调要专注的是"类目"，沿着类目进行深挖，而选品失败的学员专注的却是"商品"，对一款商品创建了变体，发布了很多颜色、尺码、款式不同的商品。正是这种差别，造成了运营效果的天壤之别。

沿着类目深挖，可以发现很多彼此不同的商品，它们能够满足的需求也不尽相同，只要部分商品卖得好，选品就是成功的，但沿着商品深挖，说到底只是一款商品，如果这款商品打造不成功，结果就是失败的。

以鼠标为例，沿着类目深挖，我们可以发掘键盘、鼠标垫等商品，但如果沿着商品深挖，就会局限在红色鼠标、蓝色鼠标、有线鼠标、无线鼠标等范围内，选品范围被缩小了。如果鼠标刚好难以打造，那么选出来的一系列鼠标只会增加亏损。

因此，在类目纵深挖掘法下进行选品，一定要做到"类目专注，商品发散"，这也是提高选品成功率的重要因素。

谈及类目纵深挖掘法，就不得不提到原产地。卖家如果想通过类目纵深挖掘法增强自己在某个类目的优势，就必须在选品和评估的过程中关注商品的上游，即商品的原产地。只有追根溯源，掌握源头资源，才有可能获得更多的成本优势，利用更精良的工艺使改进升级更便利。

当前，就国内的生产集散度来说，大概有以下几个产业聚集区。

（1）服饰类

山东省青岛市、枣庄市，均是针织类服饰比较集中的产业带和集散地。另外，济宁市的嘉祥县是手套类目的集散地，海阳市是羊毛衫的集散地。

江苏省的江阴市、常熟市的古里镇和辛庄镇均是毛纺织品的故乡，主要生产的面料有各类帆布、纱卡、府绸、平绒等。

广东省的汕头市、佛山市、普宁市和中山市，是 T 恤、睡衣、衬衫、袜子的集散地。

（2）箱包类和鞋类

广东省的广州市花都区、番禺区和深圳市，是我国最大的箱包产业带。因毗邻香港，信息流通快，所以商品款式新、品种全。另外，箱包产业带附近的原辅材料市场规模非常大，为其发展提供了先天优势。优势：位置优越，产业链完整，品类丰富。

河北省高碑店市的白沟镇有着"世界箱包城"的美誉。很多世界知名品牌的箱包都是由本地的一些代工厂代工生产的。优势：价格低，商品种类丰富，质量优。

浙江省温州市是皮革制品产业带，占有我国十大"中国真皮鞋王"的半壁江山。世界著名的皮鞋品牌康奈、奥康、红蜻蜓、丹比奴等均出于此地。另外，该地的皮革制品产业链发展较为完整。

（3）3C 电子类

广东省深圳市的华强北商业区，是全世界 3C 电子类产品的集散地，以数码配件、平板电脑、手机等为代表的 3C 类产品，有很大一部分生产于此。同时，深圳及周边地区也聚集了大量的工厂资源，可以提供各种优质的 3C 电子产品。

（4）渔具

山东省威海市、福建省福州市都是著名渔具的原产地。

（5）纸尿裤

广东省东莞市、中山市和佛山市是纸尿裤的原产地。

（6）婚纱

江苏省苏州市的虎丘、广东省广州市、上海市、福建省厦门市均是婚纱的原产地。

（7）美妆

广东省广州市和深圳市、上海市是主要的化妆品、护肤品原产区。

（8）小商品

浙江省义乌市是我国最大的生活用品、饰品、玩偶等商品的原产地。

4.11.4　1688 跨境专供选品法

很多卖家都在通过各种渠道找供应链资源，不得不说的是，1688 网站已经成为全国最大的货源批发市场。现在的 1688 网站上聚集了全国最多的实体工厂和批发商，他们除为国内分销渠道的商家供货外，还有相当数量的货物是供给跨境电商卖家的，真可谓"源头厂，货通天下"。为了更好地服务跨境电商卖家，1688 网站还专门开通了"跨境专供"栏目，为跨境卖家选品提供了极大的便利。

那么，对于亚马逊卖家来说，怎样在 1688 网站上进行选品呢？我们接着来看一看。

打开 1688 网站首页，在导航栏中有专门的"跨境专供"菜单项，如图 4-9 所示。

图 4-9 1688 网站首页

单击"跨境专供"菜单项进入跨境专供页面，在页面的左边，1688 网站列出了各种跨境热卖的类目，如图 4-10 所示。

图 4-10 页面左边列出了跨境热卖的类目

单击对应的类目，页面会显示该类目下的细分类目，如图 4-11 所示。

单击自己感兴趣的细分类目，相关的商品就会被展示出来，如图 4-12 所示。在商品展示页面中，1688 网站按照默认顺序进行排序，卖家可以轻松地找到 1688 网站上该类目下卖得好的商品。

图 4-11　显示细分类目

图 4-12　商品展示页面

利用 1688 网站筛选出商品只是第一步，我们还要将选出的商品放到亚马逊平台上调研、论证，通过查看其在亚马逊平台上的搜索结果数量、价格、评价数量和星级等，评估选择该商品是否可行。

对于被纳入选品池的商品，卖家还要向 1688 网站上的供应商咨询，核实商品是否侵权、是否有现货、商品参数等信息。一款商品确定下来后，还要从多家供应商采购样品，对比商品质量、价格、包装、重量及供应商的服务等细节。

4.11.5 行业大卖家新品跟进法

选品几乎是贯穿卖家运营始终的工作，相对于小卖家资源有限、能力不足的状况，大卖家往往在人才、信息、资源、流程等各方面更有优势，还会利用各种工具进行辅助选品。相对来说，大卖家更容易把握市场方向。如何将大卖家的这些优势为我们所用，就是本节将要讲的"行业大卖家新品跟进法"。

在运营中，无论哪一个类目，都会有一些耀眼的明星卖家，如果只是把他们当作茶余饭后聊天的话题、羡慕的对象，那显然是有点浪费了。

没有谁天生就是成功的，一名优秀的卖家之所以优秀，必然有其内在的原因。对于中小卖家来说，无论是选品，还是运营，都要跟着行业大卖家，多观察他们的动向、研究他们的运营技巧、学习他们的商品打造方法、思考他们的操作思路，要尝试着多问几个为什么，要在分析和学习中发现大卖家的"厉害"之处，并尽可能地将观察到的东西应用到自己的运营实践中。

从选品的角度看，行业大卖家在选品时会做更多维度的市场调研，除立足于平台的分析外，他们甚至会借助行业数据对一款商品和市场做预判，经过全方位的调研之后，才会决定是否上架某款商品。如果我们能够经常浏览行业大卖家店铺的商品，观察其新品上架的情况，就可以在这些优秀卖家上架新品的第一时间获得信息。基于大卖家的上新信息，对这些商品进行市场调研，将市场前景好的商品快速跟进上架，这样操作可以让我们站在和大卖家几乎同样的起跑线上。

中小型卖家最大的特点就是灵活，发现机会后可以快速切入、快速跟进，我们要将这个特点充分地利用起来。

当然，要想做到快速跟进大卖家的新品，需要做到三步：（1）找出自己所关注类目下的多个行业的大卖家，并将其记录存档；（2）养成习惯，每周浏览一次这些大卖家店铺的商品；（3）如果发现有新品上架，就要快速地对这些新上架的商品做全面、深度的市场调研。只有这样，大卖家新品跟进法才能真正发挥作用。

在《爱丽丝梦游仙境》中，红桃皇后说过一句话：你只有努力奔跑，才能留在原地！要想在选品上不掉队并一步步稳步向前，就跟紧行业大卖家的步伐吧！

4.11.6 供应商新品推荐法

如果说卖家站在销售端可以知悉市场需求，那么供应商站在供应链的上游更容易知悉市场动向。

"春江水暖鸭先知"，一家有实力的供应商往往能够更精准地把握市场方向，并从研发和生产端快速切入。作为卖家，在选品的过程中要多和现有的供应商沟通，获取供应链端的商品和市场信息。

对于卖家来说，需要注意的一点是，虽然应该尽可能多地和供应商交流以获取信息，但绝不是供应商推荐的所有商品都要照单全收，而是要甄别和筛选，自己做决定。供应商推荐一款商品，我们要在第一时间在亚马逊平台上搜索，根据搜索结果评估其销量前景、利润、是否涉嫌侵权等，经过市场论证可行的商品，再纳入选品池。

另外，为了更高效地从供应商那里获得好商品的信息，日常在和供应商沟通时，要多询问诸如"你们当下卖得最好的商品是什么？""销量排名前5名的商品是什么？"的问题，从而快速了解供应商热卖的商品，把这些商品和自己当前所销售的商品做比对，将供应商的热卖商品在亚马逊平台上做调研论证，如果市场证明可行，就纳入自己的选品池。

因此，从一定意义上说，利用好供应商端的信息反馈，卖家同样可以抓住平台爆款商品崛起的机会，这正是供应商新品推荐法对卖家的重要作用。

4.11.7　价格区间选品法

选品的理想回到现实，有一个最重要的因素是任何卖家都回避不了的，那就是所选商品和可用资金的彼此影响。

如果缺少资金的支持，再好的商品也无法打造。因此，在选品时，必须结合自己的资金情况，有针对性地选择有能力打造的商品。也就是说，在选品时要根据资金情况确定商品对应的价格区间。

幸运的是，亚马逊平台门槛低，大资金和小资金都可以"玩"得转。笔者看到过不少案例，有些人投入几百万元，做出了让人羡慕的业绩；也有个人创业的，靠着三五万元的启动资金，同样一步步做起来了。对于他们来说，运营的区别不大，选品的差别却不小。

资金少的卖家，建议选择单价稍低、体积小、重量轻、易发货的刚需商品，这类商品可以快速地发货、补货，还能根据销售的节奏随时做出调整，退一万步讲，即便选品后发现打造不起来，亏损也不多。资金多的卖家，不妨选择那些单价高、体积大、重量重、需要海运的商品，这些商品本身就是屏障，将一部分卖家挡在门槛外，竞争相对不那么激烈。

注意，选品价格段也不是固定不变的。随着运营的推进和发展，小卖家在成长过程中也可以选择一些高单价的商品，而大卖家也可以切入低价商品的市场。笔者就接触过年销售额过亿元的卖家，其店铺商品的 80% 以上都是 10 美元以下的低单价商品，虽然单品利润微薄，但销量大，集约化的运营让他们实现了可观的利润。与此同时，也有小卖家团队，虽然运营的资金少，却坚守着商品单价不低于 200 美元的原则，经过精心的运营，虽然每天订单数量不多，但单品利润高，也实现了盈利。

所以，究竟该以怎样的价格区间作为自己的选品方向，只能自己决定，在此笔者也仅仅是抛砖引玉，希望给卖家带来些许运营上的思考。

4.11.8　国外社交媒体选品法

随着亚马逊平台上中国卖家数量的增长，同行竞争越来越激烈，一款商品从引爆市场到衰退，销售生命周期越来越短，而在亚马逊平台之外，总有一些商品出现于社交媒体，然后快速走红全世界，给拔得头筹的卖家带来丰厚的利润。

为了能够在潮流早期发掘流行的商品，有些卖家开始利用国外的社交媒体进行选品。他们会关注各个社交媒体，留意用户的讨论和热门话题，一旦发现有大众话题的商品出现，就会快速论证、快速切入，比如之前曾经火爆平台的指尖陀螺、抱指猴等商品，都是从社交媒体引爆的。虽然这样的爆款不常有，但如果我们能够长期关注社交媒体上的热门话题，还是能抓住一些机会的。

从选品的角度看，当前可以用来做参考的社交媒体有 Facebook、Twitter、YouTube、Pinterest、Instagram 和众筹网站 Kickstarter 等，感兴趣的卖家可以自行关注。

4.12　如何从分析一款商品到评估一家店铺

在打算对某款商品进行市场调研时，笔者会进行关键词搜索，查看搜索结果数量和搜索结果中 Top 100 的商品，并从 Top 100 中选择查看那些有代表性的商品，然后对其进行详细分析和深入调研。

比如，用关键词"Crochet Hooks"搜索钩针这个商品时，笔者看到的搜索结果数量是 9855 个，如图 4-13 所示。搜索结果数量不多，说明卖家数量少，竞争不太激烈，一个竞争热度低的商品更易于打造成功，所以值得调研。

图 4-13　搜索钩针商品

同时，在搜索结果页，笔者发现了几款比较有代表性的商品，如图 4-14 所示圈出来的两款商品。

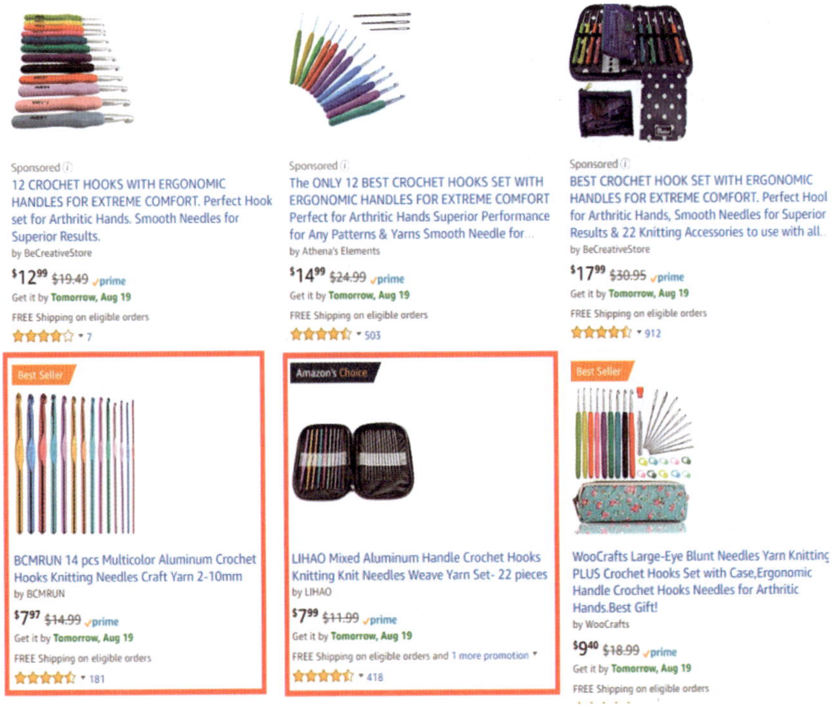

图 4-14 搜索结果页

图 4-14 中圈出来的这两款商品是相同的，但搭配不同，销售的方式也不一样。这两款商品分别是 Best Seller（类目热卖）和 Amazon's Choice（亚马逊最佳选择），说明都是对应类目中表现最好的。循着从热卖商品中发掘商品的思路，分别打开这两款商品的详情页，进行更深入的分析和评估。

以品牌为 LIHAO 的商品为例，打开其商品详情页可以看到如下信息：（1）商品图片一般，标题、商品描述等都没有特别出彩的地方，从商品优化的角度看，作为后来者，稍微用心优化好商品的详情细节，就很容易超越现有的商品；（2）该商品收到 419 个商品评价，而且评价星级达到 4.5 星，说明商品品质比较好（当然，看同类商品的普遍星级，也可以印证此结论）。该商品的详情页如图 4-15 所示。

结合对商品本身的理解，钩针类商品属于刚需商品，消费者并不会特别在意商品的颜色、款式等，而且该商品不存在特别明显的季节性波动，倒是秋冬季会成为一个相对的旺季。同时，该商品长期以来的设计都是如此，可以想象以后很多年其设计基本上还是如此，不存在明显的更新换代。如此分析下来，可以将该商品纳入选品池。

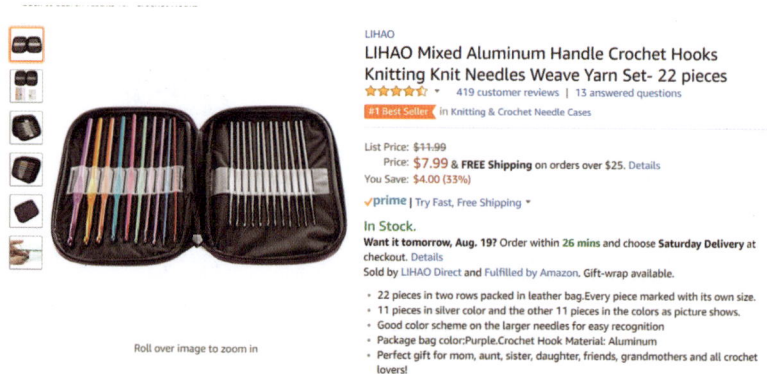

图 4-15 商品详情页

在调研一款商品的过程中，仅仅分析一名卖家的商品是远远不够的。作为选品的必要步骤，还需要对 Top 100 的商品进行同类分析和对比。单击商品详情页 Product information 下面 Best Sellers Rank 的细分类目节点，如图 4-16 所示。查看该类目下排在前 100 名的商品，如图 4-17 所示。

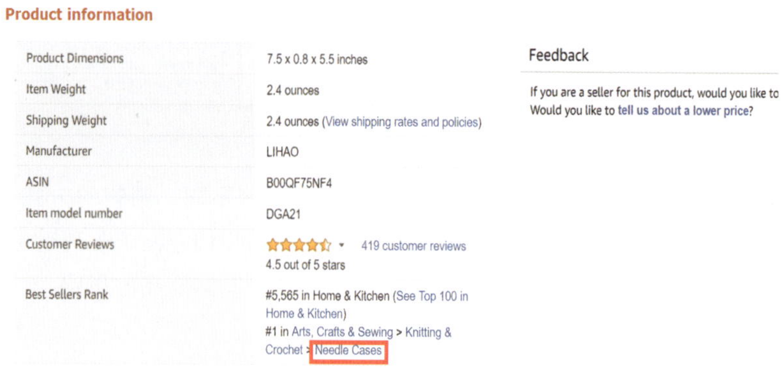

图 4-16 单击细分类目节点

在排名页面，可以看到该类目前 100 名的整体销售情况（一般可以通过评价数量乘以系数 130 来评估市场容量），同时还可以根据普遍的评价星级评估该商品的质量好坏。当然，在这个排名榜单中，我们兴许还会发现新的具有典型代表性的商品。如果有，一并关注。

如果时间充足、精力充沛，或者为了把调研做得更深入，卖家也可以关注新品热卖排行榜、最佳收藏排行榜、最佳礼品排行榜、销量飙升排行榜等榜单的前 100 名，以获得更多关于该类目热销商品的相关信息。

调研的深度要和自己对该类目的预判及个人兴趣偏好、资源优势、资金等情况结合，在此不一概而论。如果一款商品销量不错，质量也不错，又是自己的兴趣所在，那么调研自然是做得越全面越好。

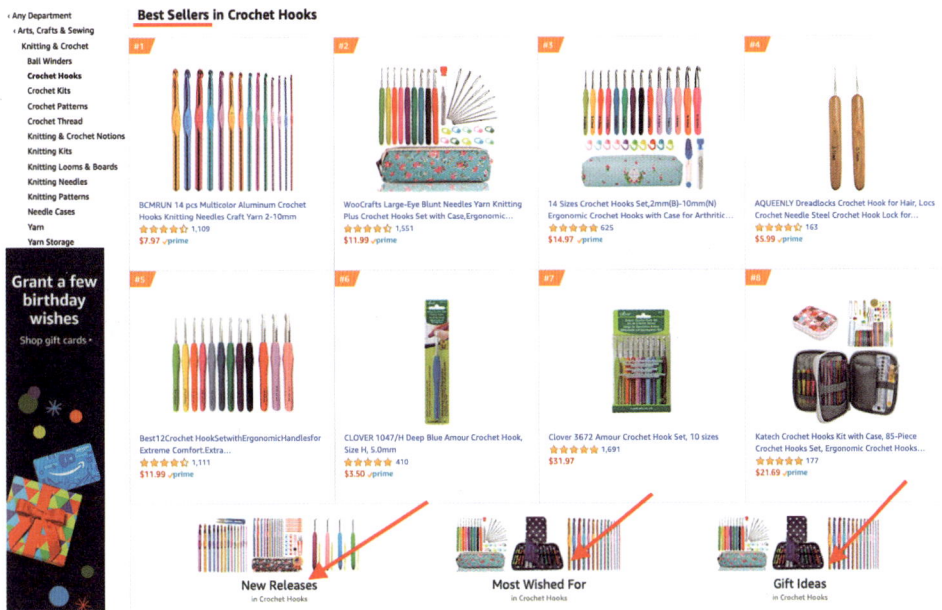

图 4-17　钩针类目排名前 100 名的商品

在调研的过程中，笔者一般会将一款商品作为入口进入店铺里面做评估。单个商品运营的好坏有一定的偶然性，但一家销量好的店铺一定包含着卖家完整的运营思路和手法。单击商品详情页的卖家店铺名称，进入卖家的店铺，如图 4-18 所示。

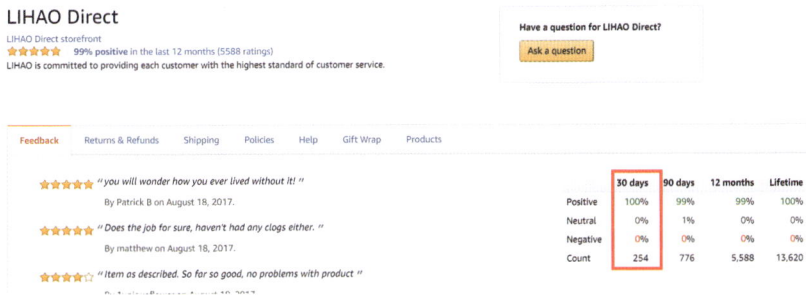

图 4-18　进入卖家店铺

在店铺页面中，我们可以看到该店铺最近 30 天的反馈数量是 254 个，而且好评率是 100%。反馈的好评率反映商品的质量和卖家运营的用心程度，而根据经验，30天反馈数量的 3 倍大概相当于该店铺每天的订单数量。所以，该店铺每天有 750 单左右的订单。

对于大部分刚起步的卖家来说，一家店铺能够日出七八百单应该算是一个不错的成绩了。如果能够达到这样的销量，就已经实现了亚马逊店铺运营成功的第一步。

进入该店铺的商品页面，我们可以看到该店铺里有 43 款商品，如图 4-19 所示。

其中有多款商品是类目热卖商品，具体分析各款商品会发现，该店铺绝大多数的商品都是不受季节影响的、更新换代慢的、不存在侵权要素的刚需商品，这正是我们一直强调的选品的重要因素。

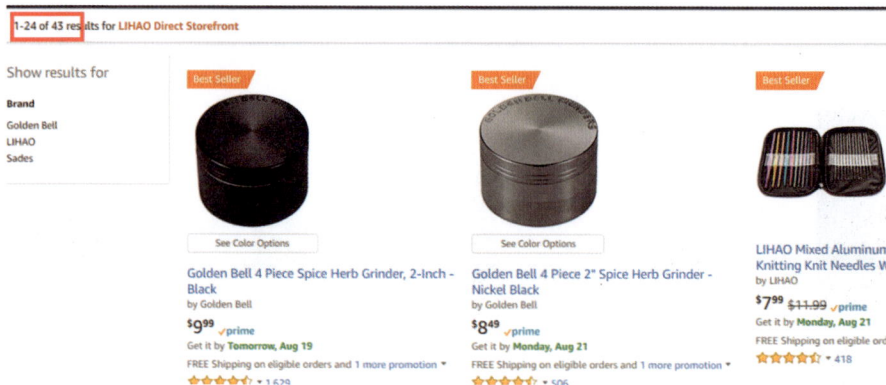

图 4-19 店铺的商品页面

试想一下，打造类似这样的一家店铺，三四十款商品，日出七八百单，每天的销售金额在 1 万美元左右，这不正是很多亚马逊卖家梦寐以求却始终不能达到的目标吗？

发现了这样的店铺，我们要做的就是，从选品、优化到运营打造进行全方位的学习、总结，并将好的运营技巧应用于自己的店铺运营中，能够做到这些，亚马逊店铺运营似乎也就不那么难了。

讲到这里，选品章节的内容就讲完了，读者可以下载"老魏读书"App 观看更多选品的视频课程。

第5章

完美的商品优化全解方案

本章要点：

◆ 商品优化的十大内容
◆ 商品优化的节奏和频率
◆ 商品优化就是给消费者讲故事

5.1 用消费者的视角制定完美的商品优化方案

作为网上购物平台，为了强调其平台属性，在消费者购买商品的过程中，亚马逊平台尽量淡化卖家店铺的概念，同时把买卖双方联系的通道后置，减少了买卖双方的直接沟通，减少沟通可以让消费者自由快速地决定是否购买某款商品，但也减少了卖家更直接地向消费者传递商品信息的渠道。

正是基于此，对于卖家来说，商品信息的传递就只能依靠自己所发布的商品详情页的内容了。

消费者在浏览商品详情页的过程中，通过商品详情页中的各个细节来决定是否下单购买，卖家必须赋予商品详情页详细的内容和具体的细节。对于卖家来说，商品详情页的内容肩负着说服消费者下单购买的重任。

卖家要让自己的商品详情页更具说服力，从而导入更多的流量，获得更高的转化率，产生更多的订单，这就是我们通常所说的商品优化所要达成的目的。

为了便于卖家更好地理解商品优化所涉及的内容和细节，下面模拟一名消费者购买商品的过程。

当一名消费者想要在亚马逊平台上购买移动电源时，他首先会打开亚马逊首页，然后用他所熟悉的商品名称（比如 Power Bank、Portable Charger、External Battery 等）进行搜索。消费者在搜索商品时使用的词语，我们称之为商品关键词。

不同的消费者对商品的需求不同，因此使用的商品关键词也不同。比如，有的消费者想要购买"大容量的移动电源"，他用来搜索的关键词可能就是"25000Mah Power Bank"，或者消费者希望购买的移动电源带有防水功能，他可能就会用关键词"Waterproof Power Bank"进行搜索。对于类似这样有特定指向的关键词，我们通常称之为长尾关键词。

一般来说，用商品关键词搜索出对应的结果往往是大部分消费者在网上购物的第一步。

亚马逊系统会根据消费者使用的关键词，在系统算法规则下，为消费者展示出类似图 5-1 所示的搜索结果页。

在搜索结果页中，商品主图占据着非常重要的位置，直接吸引了消费者的视线，消费者会点开哪一条商品信息，商品主图起着非常重要的作用。

除商品主图外，商品的标题、价格、评价的数量和星级，以及该商品是否采用 FBA 发货等也会从不同的方面影响消费者的选择。

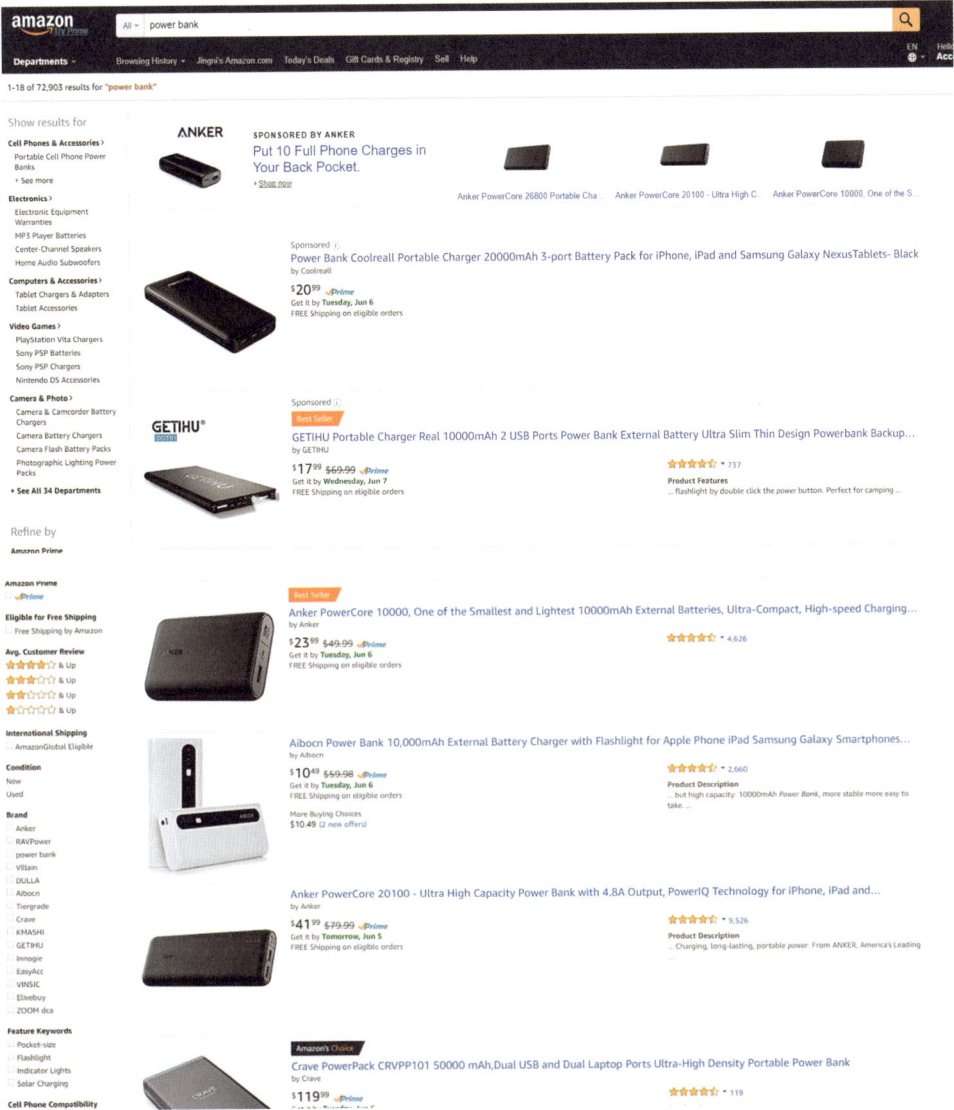

图 5-1　搜索结果页

　　通过以上分析，如果一条商品信息的主图清晰，商品看起来有质感，标题精准地反映了商品的卖点和特性，价格适中，且商品评价的数量较多、星级较高，此时消费者就对该商品有了初步的好感，进而点击该商品，这时呈现在消费者面前的是差不多电脑桌面两屏大小的完整商品信息页面，第一屏商品信息如图 5-2 所示，第二屏商品信息如图 5-3 所示。

图 5-2 第一屏商品信息

图 5-3 第二屏商品信息

在第一屏商品信息中，包含了商品的 7 张图片（视频）、完整的标题、价格、商品评价数量和星级、问答（Q&A），以及商品的五行特性（Bullet Point）等。在第二屏商品信息中，包含了详细的商品描述、商品的类目排名，以及商品属性方面的尺寸、重量等信息。

消费者之所以在众多搜索结果中点击某款商品，是对该款商品产生了初步的好感，而要把好感转变成购买行为，就需要卖家在商品详情页中的各个细节上下功夫。

商品图片包括主图和副图，共 7 张。卖家要尽量从不同的角度展示商品的特色，用最直观的图片，从感性层面上向消费者展示商品的功能、特性、细节和卖点等。

标题和五行特性要用精准和有吸引力的语言告诉消费者商品的特性、卖点和异于其他竞品的亮点。

商品价格要与消费者内心预期的价格匹配。

商品评价以其他消费者之口讲述该商品的优劣，商品评价足够好，口碑佐证就足够强，就有强大的感召力，可以有效化解消费者选择商品的过程中对商品品质的疑虑。

商品问答有点类似于商品评价，可以在商品描述之外，以不同的立场，针对商品的某些细节和售后服务等进行重点强调。

当消费者浏览到商品描述时，对商品信息已经了解得比较多了，此时消费者更希望能够寻求心理共鸣。如果你的商品描述刚好信息翔实准确、语言生动活泼，既精准地表达了商品特征，又触动了消费者的内心，那么你和消费者之间的链接就搭建成功了，消费者下单购买的可能性就大大增加了。

以上就是消费者在购买过程中的思考和行动要点。通过上述分析，我们可以知道，虽然最后购买的决定权在消费者手上，但作为卖家，如果能够充分考虑消费者的心理诉求和思考过程，有针对性地优化商品详情页中的各个细节，那么订单数量和转化率都可以得到一定程度的提升。

对于卖家来说，一个优秀的商品详情页包括以下几部分：商品关键词、商品图片、商品标题、五行特性、商品描述、价格、商品评价和问答等。

接下来对商品优化所需要关注的细节依次进行讲解。

5.1.1　商品优化之一——商品图片

亚马逊平台从规范卖家操作和优化消费者体验的角度，对商品图片的标准和细节提出了基本的要求。卖家在发布商品信息的过程中，如果图片不符合要求，就可能导致无法发布商品；对于已经在售的商品，如果商品图片不符合平台要求，则可能导致商品被下架、删除，甚至可能导致账号被移除销售权限。

亚马逊平台对图片的基本要求和标准有哪些？从实操的角度卖家应该注意图片的哪些细节呢？接下来一一讲解。

1. 图片像素

亚马逊平台对图片的要求是不小于 500 像素 ×500 像素，但是为了能够在展示时让图片呈现出放大的效果，向消费者展示清晰的细节，不少卖家采用了 1000 像素 ×1000 像素的图片。虽然像素越高，图片呈现得越清晰，但如果图片像素过大，页面打开速度就会变慢，消费者就可能因为没有耐心等待而关闭页面，卖家反而错失了潜在的客户。

另外，随着亚马逊移动端购物比例的上升，商品图片太大也会影响在移动端的打开速度。根据过往的运营经验，1000 像素 ×1000 像素是一个比较合适的展示尺寸。在发布商品时，1000 像素 ×1000 像素的图片刚刚好。

但对于不同类目的商品，1000 像素 ×1000 像素的图片有时可能达不到最佳展示效果，比如服装类目中的某些图片，可能因为图片是正方形而导致图片顶部不能全部展示出来。如果遇到这种情况，可以尝试把图片调整为 1000 像素 ×999 像素，图片靠上对齐，可以呈现出更好的展示效果。

在图片尺寸的选择上，我们可以参考行业大卖家的做法。比如，细心观察 Anker（亚马逊上最优秀的中国卖家）的商品详情页你会发现，在某些商品详情页上，他们的主图使用 500 像素 ×500 像素的图片，而副图使用 1000 像素 ×1000 像素的图片。

大卖家之所以这样做，原因大概有以下两点。

- 当主图是 1000 像素 ×1000 像素时，把鼠标指针放在主图上，因为图片有放大展示的效果，所以放大后的图片恰好挡住了商品标题和五行特性等内容，而这些内容正好是消费者在做购买决定时非常重要的参考；当主图是 500 像素 ×500 像素时，图片不会放大，便于消费者在浏览图片的同时兼顾阅读商品的标题、价格、评价、五行特性等内容，消费者可以充分了解商品信息和做出购买决定。在了解了商品详情之后，1000 像素 ×1000 像素的副图所展示出的放大效果又可以让消费者更清晰地浏览商品的细节，加深对商品的印象。
- 受移动端的屏幕所限，500 像素 ×500 像素的图片展示效果更佳，大卖家使用 500 像素 ×500 像素的主图，也是为了更多地获取移动端的消费者。

2．图片背景

按照亚马逊平台的要求，主图必须是纯白背景，即主图的 RGB 值为（255,255,255），亚马逊平台没有对副图的背景颜色做具体要求。

在实际运营中，有些商品因为自身颜色的原因，采用纯白背景可能导致图片不够吸引人，对于此类商品，建议卖家参照同行的图片拍摄方式。如果大部分卖家都采用某种底色拍摄，那么你也可以参考拍摄，展示效果和销量才是关键。

当然，如果因为商品图片问题收到了系统的提醒和警告，那么毫无疑问，必须改！

3．图片数量

在后台发布商品时，系统提示可以上传 1 张主图和 8 张副图，但是从前台浏览，一个商品详情页只能显示 1 张主图和最多 6 张副图。对于一款商品来说，有 7 张图片从不同的角度展示商品的卖点和细节已经足矣，所以卖家在发布商品时，上传 1 张主图和 6 张副图即可。

商品图片是商品最重要的三要素（类目、图片和标题）之一，卖家在图片上的每一份付出都是值得的。

为什么商品图片如此重要呢？因为在网络购物中，消费者"看图购物"的理念决定了图片在其购买过程中的重要作用。作为卖家，必须无条件地重视每张商品图片的质量及图片中的每个细节。

关于商品图片的重要性，值得我们谨记的一句话是，"对于消费者来说，图片就是商品本身"。

在一个商品详情页中，7 张商品图片展示的角度各不相同，但彼此关联，最终构成了一个商品的整体，也影响着消费者对该商品最直观的印象。在商品图片中，卖家要精准地向消费者传递如下信息。

- **要传递真实、准确的商品信息**。相信很多卖家都有过被买家投诉实物与商品描述不符的经历，很多卖家觉得冤枉，因为自己的实物和商品描述是一模一样、分毫不差的！可为什么买家会投诉实物与商品描述不符呢？很大程度上并不是卖家的商品描述中写了什么，而是卖家的商品图片让消费者理解成了什么。比如，有些卖家为了让自己的商品显得清晰，一个很小尺寸的商品故意拍出很夸张的效果，其结果就是，当买家收到商品后，发现实物太小，和自己的预期有偏差，自然会投诉，甚至留下差评。所以在拍摄图片时，卖家要尽量做到"有一说一"，不夸张，不过度。

- **要美观大气**。如果商品设计得好，品质也很好，但拍摄的图片很随意，虽然是真实展示，但是从图片中感受不到商品的设计感和品质细节，必然会影响商品的转化率。而如果图片美观大气、细节到位，就会让消费者看后不忘，从而留下来进一步了解。

- **要能产生画面感，要让消费者自发形成代入感**。网上购物中"看图购物"的理念不仅要求卖家的商品图片足够漂亮，更关键的是，从商品图片中还要传递出与消费者内在需求相吻合的内容，最好能够激发消费者自己之前都未曾感知的潜在需求，即消费者通过查看商品图片就能够想到自己使用该商品时的那种美好画面。很多卖家在进行图片处理时单纯地追求图片的美观，忽略了图片所应该传递的代入感。什么是代入感？就是在看到图片时，能够想象出把这个商品用在日常生活中的真实情景，并且迫不及待地想使用它。单纯美观的图片可能让消费者觉得高冷，有熟悉感才更容易让人接受。

- **要传递质感，更要传递超值感**。在处理图片时，必须传递质感，精心设计、精工细作的商品，一定要通过图片把最精美的细节展示出来，好的细节能够激发消费者购买的欲望。另外，一组优秀的商品图片，仅有质感还不够，还要向消费者传递超值感，就是能够让消费者产生"以这样的价格买到图中的商品是占了便宜"的感觉，只有让消费者感到超值，才能快速激发其购买意愿。要想传递出商品的超值感，图片细节、配件展示，甚至精心设计的包装盒图片都是很重要的内容。

- **图片名最好以商品关键词命名**。很多卖家在整理商品图片时忽视了图片名的重要性，随意用中文或数字命名，这样命名虽然不影响发布商品，但从运营的角度看，可能会错失不少潜在流量。在 SEO（搜索引擎优化）算法中，图片名同样有被搜索引擎抓取的可能，如果图片名是以非关键词的方式命名的，就会减少被搜索引擎抓取的可能。

作为卖家，只有把以上 5 点印刻在脑海里，对商品图片有要求、不凑合，才能让商品展示得更出色。

对于新手卖家来说，为了能够更好地理解上述 5 点，最好的方法就是多参考平台上同类商品的图片，多浏览销售排行榜中前 100 名的商品图片，思考优秀卖家的图片拍摄思路，参照热卖商品的图片，逐步形成自己的商品图片方案。

商品图片很重要，仅有粗线条式的拍摄思路还不够，卖家可以参考下文主图和副图的标准。

4．主图

- 主图必须是所售商品的真实图片，必须为白色背景（RGB:255,255,255），不带配件、水印、插图、标志等，图片上无相关文字。
- 为了能够清晰展示，商品图像面积须占图片面积的 85% 左右，1000 像素 ×1000 像素（亚马逊平台的要求是不小于 500 像素 ×500 像素），图片最好是 JPG 格式。
- 商品图片清晰，100% 展示，不要加边框。
- 主图须为立体三维图：按照实物长、宽、高的比例展示，要直观、清晰、大气，不能比例失调、效果失真。在拍摄图片时，商品摆放要呈一定的角度，要避免横平竖直式地拍摄。横平竖直拍摄出来的图片是死板的平面图，商品摆放呈一定角度拍摄出来的图片可以让商品"活"起来。图片后期处理中可以添加一定的 Photoshop 效果（比如灯光、倒影等），以此提升商品的美感，以达到激发消费者购买欲望的目的。卖家可以参考如图 5-4 所

图 5-4　Anker 的商品图片

示的 Anker 的商品图片。笔者将主图的最佳效果总结为**主图的三级"火箭"：立体、清晰、有质感**。

5. 副图

- 为了让消费者更清晰、直观地了解商品的卖点，副图最好使用"图片＋文字"的方式来展示。文字部分采用"标题＋简单描述"的格式，根据西方消费者的阅读习惯，文字字体可以采用 Arial 字体。从商业的角度考虑，文字颜色可以采用最常用的蓝色系或灰色系。卖家可以参考如图 5-5 所示的 Anker 商品副图。

图 5-5　Anker 商品副图

- 副图中要有多角度的卖点展示图，配合恰当的文字说明、插图、背景、品质细节等完美地解读商品的卖点和特点。
- 副图中要有实物对比图，通过商品与日常生活中熟悉的物品做比较，弥补网购中无实物体验的缺陷。需要提醒的是，为了避免侵权，用来做对比的实物不可带有品牌标志。
- 副图中最好包含商品的应用场景图，生活化的应用场景具有较强的代入感，可以提高消费者对商品的认知和接受度。
- 副图中可以有商品包装图，精心设计的包装和配件既可以体现卖家的用心和态度，又是企业形象的一部分，对品牌有加分的作用。
- 副图中可以有生产工艺流程图和商品内核拆解图，这都是体现商品品质很重要的一部分。
- 做了品牌备案的卖家在制作 A+ 页面图时，尽量采用和主图、副图不同的商品图片，以增加消费者对商品的了解。

关于商品图片，还有一个重要提醒就是，商品图片一定要自己真实拍摄，切勿盗用其他卖家的图片。盗图行为属于侵权行为，如果被原图卖家发现并投诉，轻则导致图片被删除、商品被屏蔽，情节严重的，还可能导致账号受限、销售权限被移除。

5.1.2　商品优化之二——商品标题

图片作为最直观传递信息的要素，在商品优化中占据第一重要的位置，而标题始终和图片在一起，用文字向消费者传递商品信息并担负着让消费者点击商品详情页的重任。在商品优化的各个要素中，标题具有举足轻重的作用。

一个好的标题可以为商品带来更多的曝光，为商品导入精准的流量，最大化地实现为商品导流的目标，甚至还能够激发消费者的购买欲望。

基于多年的运营经验，笔者认为一个好的标题应该体现 6 个方面的内容，笔者将其称之为"优秀标题 6 要素"，它们分别如下。

- **品牌名**：即商标名。在发布商品时，商标名属于必填项，除填写在对应的属性位置处外，还建议将商标名写入标题中。这样做既树立了店铺的形象，又可以在一定程度上起到防止被跟卖的作用。按照经验，如果商标名简明易懂，就写在标题开头或靠前的位置；如果商标名复杂，就写在标题的最后。

- **商品名称**：即核心关键词。因为消费者的搜索习惯不同，所以在一般情况下，一款商品往往有多个核心关键词，为了能够覆盖更多的搜索，建议在标题中使用 2~3 个核心关键词。

- **功能词、特性词、属性词**：每款商品都有自己独特的特性和属性，为了让消费者快速关注自己店铺里的商品，我们要将这些重要的特性、属性、差异化的亮点在标题中体现出来。

- **美感修饰词**：心理学上有一个"锚定效应"，指的是人的感觉和判断往往会受到情景的影响，进而将这些影响反映在决策中。对于卖家来说，希望能够用简洁的信息给消费者传达美好的感受，进而影响消费者做出购买商品的决定。要达到这样的效果，就需要使用美感修饰词，比如 Premium（优质的）、Upgrade（升级版）、Professional（专业的）、Elegant（高雅的）等。恰当地使用美感修饰词，可以在一定程度上提高转化率。

- **标点符号断句**：亚马逊平台对大部分类目下的商品标题的要求是不超过 200 个字符，200 个字符所组成的一句话，如果没有用标点符号进行适当断句，很多人读起来还是很费劲的。同时，在一个长长的不带标点符号的标题中，卖家想要表达的重点和消费者自己感受到的内容可能会有出入，导致双方理解不一致，进而影响转化率。作为卖家，撰写商品标题的目的就是促成消费者购买，所以在标题的设置上，一定要在合适的位置适当断句，通过几个标点符号，将一个标题拆分成几个小句子，每个句子中分别凸显不同的重点，便于消费者理解，也更有利于促使消费者下单。恰当的断句，可以提高标题的可读性、阅读的舒适度，从而让消费者心情愉悦，而一个冗长、烦琐的句

子是标题莫大的硬伤。当然，标点符号的写法要规范，具体可以参照下文中
的标题举例。

- **数量词**：在制定销售策略的过程中，我们为什么会选择对某些商品进行批量
销售呢？在很大程度上，就是为了让单品价格显得便宜。因此，对于批量销
售型的商品来说，最大的卖点就是便宜。那么，如何将"便宜"这个如此重
要的信息体现出来，让消费者快速感受到呢？将其写入标题中。很多消费者
在选择商品的过程中可能不会仔细阅读商品描述，但几乎每位消费者都会看
一眼商品标题。卖家把数量词写在标题开头，能够让消费者第一时间看到。
从某种意义上说，数量词就是"锚定效应"的一种。需要提醒的是，数量词
以类似"6PCS"的格式呈现即可。

以"优秀标题6要素"为框架来撰写标题，可以有的放矢，不容易写偏。为了
使读者对标题的作用有更全面的理解，下面还需要做一些细节补充。

标题是关键词的直接体现和搜索流量的直接来源，无论是站内自然流量，还是
广告付费流量，很大程度上都受标题的影响。

一个好的标题能够把商品最核心、最精准的关键词体现出来。标题中的关键词
承担着两个方面的重任：被搜索引擎抓取，出现在搜索结果中；消费者在浏览时可
以准确地了解商品信息。

一款商品往往有很多类型的关键词，包括精准关键词（核心关键词）、宽泛关键
词（大词）、长尾关键词（蓝海词）等，甚至还包含一些趋势性、流行性的热词。卖
家在撰写商品标题时，要巧妙搭配，既要精准有效地传达商品信息，又要避免过度
重复。

首先，标题中不要使用太多关键词，一般来说，一个标题中包含两三个核心关
键词即可，这些关键词可以和"优质标题6要素"中提到的标点符号相结合，分别
用于不同的小句子中。在字符空间够用的情况下，可以适当搭配一两个长尾关键词
或趋势热词。总之，最忌讳的就是把标题写成了完完全全的关键词堆砌。

其次，商品的独特性词、差异化的亮点词和卖点词，以及美感修饰词要直接触
及消费者的关切点，要让消费者眼前一亮，有内心触动的感觉。如果能够让消费者
忍不住想尖叫，那么距离成交也就不远了。

最后，标题撰写完成后，一定要认真地反复阅读，看语句是否通顺，读起来是
否朗朗上口，重点是否突出，卖点是否鲜明，语言是否生动，是否能够激起买家立
即下单购买的欲望，如果达不到，那就反复修改，实在不行，就推倒重来。

当然，标题撰写的能力不是一蹴而就的，我们一定要经常阅读行业大卖家的商
品标题，通过阅读类目热卖排行榜的商品标题，感受其他商品标题的美，然后逐渐
形成自己的撰写思路。

好标题就像一名出色的售货员，能够极大地提高转化率。一个好的商品标题要包含三个方面的内容：**关键词、卖点和美感**。只有这三点相辅成成，才算一个好标题。

如前文讲到的，关键词分为宽泛关键词、精准关键词和长尾关键词。有些时候，这三类词语相互独立、彼此不同，有些时候，这三类词语会彼此交叉重合。

关键词彼此独立的商品说明该商品在消费者的认知中有多种叫法。比如，我们非常熟悉的移动电源就有三个通用关键词：Power Bank、External Battery、Portable Charger。这三个词彼此独立，却指向同一款商品，而且都是精准关键词。

再延伸一步，为 Power Bank 加上容量属性词，比如 25000mAh Power Bank。添加容量属性词后，该关键词表达的是"大容量的移动电源"，成为部分有容量需求的消费者搜索时使用的关键词，我们将这类目标受众群体精准但搜索数量可能较少的关键词称为长尾关键词。

宽泛关键词含义广泛，覆盖的受众群体广，但不够精准。对于这类关键词，一般要酌情使用。以"手表"为例，Watch 是手表类目的宽泛关键词，其指向广泛，从表面上看，可以覆盖有意购买手表的整个群体，但从消费者的实际搜索需求来看，一名有意向购买手表的消费者，其内心早已明确了要购买的手表的范畴，真正被其用来搜索的词语往往是"男式手表""女式手表""儿童手表"等这些带有定语的精准关键词。此时，作为宽泛关键词的 Watch 只是以搜索词的词根存在。所以，在应用宽泛关键词时有必要为其搭配属性词，将其从宽泛关键词转化为精准关键词。

无论一款商品的关键词是如何构成的，对于卖家来说，首先需要做的就是理解自己的商品，然后收集和整理出相关的商品关键词，再将这些关键词进行筛选，选择最有效的关键词，进行适当的搭配，放在商品标题中。

当前亚马逊平台上卖家很多，每款商品的竞争都非常激烈，对于新发布的商品，为了更好地获取流量、产生销量，建议卖家多留意长尾关键词的使用。

在讲解了一个好的标题应该包含的要素和注意事项之后，还需要了解撰写商品标题时应该避免哪些情况。

- **标题中不要添加无谓的促销信息**。诸如 Free Shipping、New Arrival、Hot Sale、Promotion 等词语，eBay 的卖家经常使用，在速卖通上也经常出现，但在亚马逊平台上是禁止使用的。亚马逊的商品上架规则和促销工具足可以体现卖家想要表达的这些内容，所以在标题中不要添加类似词语。
- **标题中的单词不要全部用大写字母**。有些卖家习惯把标题中的每个单词都大写，这是亚马逊平台所禁止的。在亚马逊平台上发布商品的过程中，当标题所用字符不规范时，系统会自动提醒。在此，建议卖家尽可能按照规则规范地书写商品标题。通常情况下，每个单词的第一个字母大写，在遇到 for、with、and、of 之类没有实际意义的单词时，单词首字母通常使用小写字母。

- **标题中不要出现拼写上的错误**。这看似是废话，但确实有不少卖家因为粗心而出现如此低级的错误。也许拼写错误只是因为一时的不认真、不细心，但传递给消费者的信息可能就是卖家不认真，因此卖家要尽量避免拼写错误。
- **标题中禁止使用特殊符号**，比如 ®、!、*、£、?、%、引号、省略号等。
- **标题不要太短**。亚马逊官方的要求是标题不可以超过 200 个字符（部分类目是 80 个字符），如果超出了，商品就展示不出来。从实际运营的经验来看，160 ～ 170 个字符即可。这样的长度既可以清晰地表达商品信息，又易于消费者快速阅读和理解。

下面以 Anker 的商品标题为例，看看一个好的标题是如何构成的。Anker 的某个商品标题如图 5-6 所示。

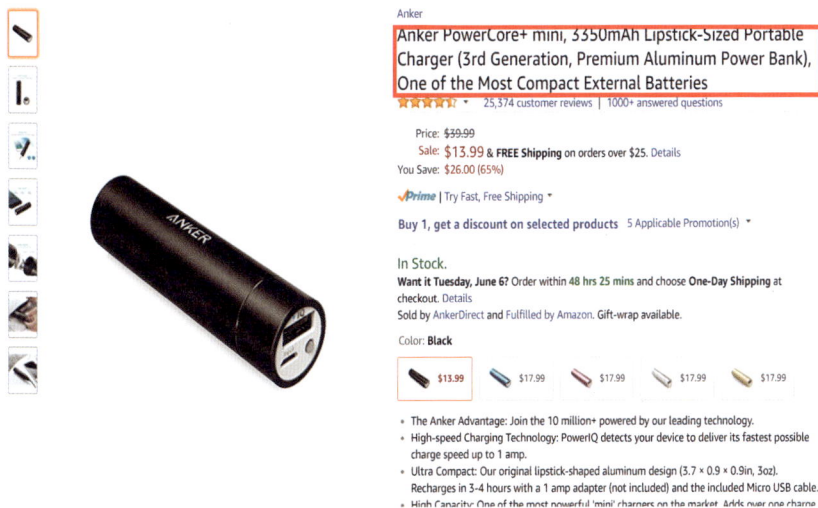

图 5-6 Anker 的某个商品标题

案例标题：Anker PowerCore+ mini, 3350mAh Lipstick-Sized Portable Charger (3rd Generation, Premium Aluminum Power Bank), One of the Most Compact External Batteries

结合 Anker 的商品标题，我们先来看"优秀标题 6 要素"的关键词。对移动电源稍微有了解的人都知道，移动电源包含三个核心关键词：Power Bank、Portable Charger、External Battery。在案例标题中，这几个核心关键词都被应用了，并且用在了恰当的位置。

那么卖点呢？在案例标题中，提炼出 PowerCore+（既是系列商标又强调了品质好）、Lipstick-Sized（强调了商品的迷你精致）、3rd Generation（第三代商品，突出了商品的传承和升级）等卖点，很好地体现了商品的独特性、与竞品的差异化和质感。站在消费者的角度看，这些足以让消费者心动。

我们再来看看案例标题是如何体现和传递美感的。Anker 的商品标题在使用商品精准关键词的同时，把各个卖点分别和不同的关键词搭配，利用逗号和括号断句，形成了一系列短小的句子。短小的句子可以让消费者在没有压力的状态下轻松读完，而恰到好处的停顿，还让消费者记住了商品的卖点。和很多卖家动辄 200 个字符中间不加任何间隔的长标题相比，短句子更能够牢牢抓住消费者的眼球，反复刺激消费者的神经，让消费者在不知不觉间就接受了这款商品，一个具有美感的标题起到了高效转化的作用。

Anker 是亚马逊平台上优秀的品牌，从其商品标题中我们可以学到很多，格局、布局、细节等一应俱全。Anker 店铺里的商品有很多，每款商品的展现方式也各不相同，但毫无疑问的是，每个标题（及详情）都被极其用心地打造和优化。对于亚马逊卖家来说，如果能够在日常运营中将 Anker 的商品标题作为参考，用心学习，悉心拆解，说不定就能琢磨出写标题的方法了。

结合上述分析和案例，这里提供**两种标题撰写格式**。

参考格式 1：品牌名 + 核心关键词 + （特性词 / 功能词 / 属性词）+ 其他（材质 / 尺码 / 颜色 / 适用范围等）

ABC NFC Bluetooth Speaker, 6W Deep Bass Portable Waterproof Speakers for Outdoor Activities

ABC Silicone Baby Pacifier – BPA Free – Comfortable for Baby – Easy for Parents – Set of 2 Premium Pacifiers by ABC Baby Gear, Blue

参考格式 2：核心关键词 + 品牌名 + （特性词 / 功能词 / 属性词）+ 其他（材质 / 尺码 / 颜色 / 适用范围等）

NFC Bluetooth Speaker, ABC 6W Deep Bass Portable Waterproof Speakers for Outdoor Activities

2PCS Premium Silicone Baby Pacifiers – BPA Free – Comfortable for Baby – Easy for Parents – by ABC Baby Gear, Blue

5.1.3　商品优化之三——五行特性

图片清晰，展示得体，恰当地展现商品的整体和细节；标题抓住重点，精准地体现商品的关键词、特性和卖点等，这些都是打造一款优秀的商品必须注意的，但仅仅有这些还不够。

在商品发布的过程中，五行特性（Bullet Point，又称五个卖点、商品短描述等）也是商品详情中必不可少的一项，如图 5-7 所示。

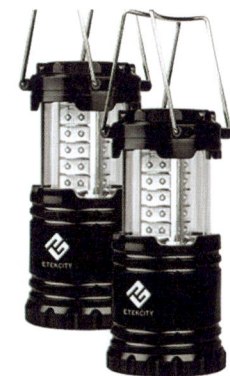

图 5-7　商品的五行特性

　　商品的五行特性位于商品标题的下面，和图片、标题紧密结合，形成了商品详情页的第一屏。

　　消费者阅读商品详情页时的一般顺序是从图片看起，经由标题，进而阅读五行特性，通过这三部分对商品形成初步的直观印象。消费者在购物过程中思考商品是否是自己真正需要的、是否要购买等问题时，都会受到这三部分内容的直接影响。也正是基于此，五行特性的内容对消费者的购买行为起着非常重要的作用。

　　五行特性的内容很重要，卖家必须用心撰写、精心提炼。为了吸引消费者，要根据商品的特性和卖点进行筛选，既不能泛泛而谈，又不能不分轻重，要从商品的众多细节中提炼出五条能够打动消费者内心的内容，只有这样才能将关注转化为订单。

　　没有经验的卖家，往往简单地从商品说明书中摘取五句话，复制和粘贴了事，这样表面上看不到直接的坏处，但也起不到提升转化的作用。

　　关于商品的打造和优化，笔者秉持的观点是：凡是无益的，都是有害的。最直接的坏处就是让你失去了一个在潜在买家面前表现的机会。

　　要想拥有优秀的五行特性，卖家要做好格式和内容两个方面的工作。

　　在格式上，建议在每个特性的开头，用两三个单词做概括性描述，同时使用大写字母使消费者一目了然；每个特性的长度不要太长，也不要太短，建议控制在两行半或三行半，每个特性以半行结束，可以形成五个精炼的小段落，开头和结尾都清清楚楚，既提升了五行特性结构上的美感，又迎合了消费者喜欢阅读小段落的习惯，如图5-8所示。

- ULTRA BRIGHT: Includes 30 individual low powered LED bulbs, designed for a longer lifespan. Carry 360° of luminous light while saving energy
- DEPENDABLE BUILD: Constructed with military grade; promising long-time durability, no matter where you go
- DESIGNED FOR CONVENIENCE: The extremely lightweight build allows you to take your lantern on the go with ease. When not in use collapse the lantern to a smaller size; store it effortlessly, taking little space
- LOW CONSUMPTION: Light up to 12 hours of regular, continuous use with enough battery capacity (AA battery included)
- BUY WITH CONFIDENCE: 90-day return refund guarantee, 2-year warranty and lifetime supported by Etekcity. FCC, ROHS certified.

图 5-8　五行特性案例

当然，卖家也可以在每个特性的开头加上序号（如 1、2、3 等）或其他能够显得美观大气的符号（如【】等），彰显和区分每个特性的内容。

在内容上，建议尽可能根据商品特性、卖点，结合消费者的需求，总结出能够打动消费者的文字。内容尽量浅显易懂，同时带有一定的感情，只有这样，才能获得消费者的认同。

为了使五行特性的文字更生动，我们在撰写时，不妨多参考同行卖家的商品评价和优秀店铺商品的五行特性的内容。

5.1.4　商品优化之四——商品描述

前文讲到五行特性也被称为商品短描述，相对于五行特性，商品描述可以写的内容更多，形式更灵活。一名消费者往往在对商品有充分的好感且又有疑惑时，才会阅读商品描述。从某种程度上说，商品描述就是助消费者下单前的临门一脚。

如何踢好这一脚呢？我们同样需要从格式和内容两个方面进行完善。

1．格式

在亚马逊平台上发布商品，其最终展示并不是所见即所得的，为了给消费者创造更好的阅读体验，提高转化率，我们要在编辑商品描述时使用 HTML 标签。

下面将没有使用 HTML 标签的页面和使用 HTML 标签的页面做对比。

未使用 HTML 标签的页面如图 5-9 所示。

恰当地使用了 HTML 标签的页面如图 5-10 所示。

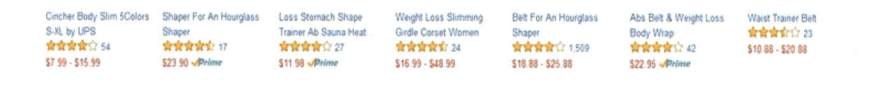

Cincher Body Slim 5Colors S-XL by UPS	Shaper For An Hourglass Shaper	Loss Stomach Shape Trainer Ab Sauna Heat...	Weight Loss Slimming Girdle Corset Women	Belt For An Hourglass Shaper	Abs Belt & Weight Loss Body Wrap	Waist Trainer Belt
54	17	27	24	1,509	42	23
$7.99 - $15.99	$23.90 Prime	$11.98 Prime	$16.99 - $48.99	$18.88 - $25.88	$22.95 Prime	$10.88 - $20.88

Product Description

Why Corsets & Waist Trainers / Trimmers: Everybody dreams to have a much trimmer and toned tummy but the mid-section flab has always been the hardest to go. Losing weight and a few inches in the waist is a struggle for both men and women. Waist trimmer belts are not just new concepts of fashion. Waist cincher corsets are specifically designed to shape the tummy & defines your waistline and maximize your curves to achieve an hourglass figure. Waist trainers are perfect for weight loss training, workout band, or even postpartum support girdles. Why This Waist Trimmer Belt: OUR BEST WAIST TRAINER BELT/BACK BRACE: Reduces & Shapes Your Waistline, Helps Define Curves, Corrects Posture, Increases Sweating, Flattens Abdomen, Accelerates Metabolism, Supports Lower back, Protects and Prevents Injury. COMPRESSION & LOWER BACK SUPPORT: 4 reinforced acrylic bones encased in heavy canvas at back provide extra support for lower back and instant abdominal compression & lumbar support; PROMOTES WEIGHT LOSS & PREVENTS INJURY: The stomach belt accelerates the belly fat burning process to shape and reduce the waist and abdomen. The ab belt provides unparalleled support with the proper core muscle protection required by your most vigorous workout. ADJUSTABLE TIGHTENESS & STRETCHY FABRIC: Double-adjustment Velcro straps and strong stretchy fabric offer accurate size for this girdle. BREATHABLE & COMFORTABLE: Mesh and pierced fabric at the back allows for breathability in your workout and makes this girdle comfortable to wear. Whether you want to wear it for yoga, running, weight loss, waist training or postpartum belly recover, this leading sports authority waist trimmer will cover all of your body slimming needs. With this shapewear and proper diet, you can now maximize your workout to get rid of the stubborn belly fat and get the curves you have always wanted. Want a sexy figure and smooth waistline like Kim Kardashian? BUY NOW!

Shipping Information: View shipping rates and policies
ASIN:
Date first available at Amazon.com: June 12, 2016
Amazon Best Sellers Rank: #171,757 in Clothing (See Top 100 in Clothing)
Average Customer Review: Be the first to review this item
Would you like to give feedback on images?

图 5-9　未使用 HTML 标签的页面

Product description

Color: **Black**

Anker PowerCore+ mini
The often copied but never equalled lipstick-shaped portable charger is now better than ever.

From ANKER, America's Leading USB Charging Brand
• Faster and safer charging with our advanced technology
• 10 million+ happy users and counting

Same Size, More Power, Unmatched Reliability
The original lipstick tube design. Now upgraded with premium quality battery cells to ensure superior performance and safety

PowerIQ
Intelligent high-speed charging for all your devices.

Convenient LED Indicator
Light lets you know how much juice is left.

MultiProtect Safety System
Surge protection, short circuit protection and more advanced safety features keep you and your devices safe.

World Famous Warranty
At Anker, we believe in our products. That's why we back them all with an 18-month warranty and provide friendly, easy-to-reach support.

For Optimal Use:
• Use the included cable, your original cable or a third-party certified one (such as MFi).
• Compatible with Apple and Android smartphones, tablets (including the Nexus 7) and other USB-charged devices except for the iPod nano, iPod Classic, HP TouchPad,

图 5-10　恰当地使用 HTML 标签的页面

对比两个页面，不难发现，恰当地使用 HTML 标签之后，商品详情页的内容更清晰，易于阅读，美观大气。所以，在发布商品时，一定要用好 HTML 标签。

具体的文字加粗、换行、空行（连用两个换行符）的 HTML 标签的使用方法如下。

- **换行符号**

第一行内容
第二行内容
第三行内容

- **加粗符号** <b> </b>

<b> 需要加粗的内容 </b>

2. 内容

商品描述的作用是化解消费者在浏览过程中的疑虑，激起消费者购买商品的欲望，鼓励消费者做出下单的决定。要想实现这些目的，商品描述除需要准确描述商品的重要参数外，语言的生动活泼和体现出的感情更容易赢得消费者的好感。

遵循"有信息、有温度、有热情"的原则，在商品描述内容的打造上，一定要避免将其写成商品说明书，枯燥的技术参数打动不了消费者，通俗易懂的语言才是商品描述的正确表达方式。

当然，对于很多卖家来说，他们可能熟悉自己的商品并能够正确、熟练地使用它，但要用精准恰当的语言，以通俗易懂的方式表述出来，还有一定的难度，再加上用非母语表达，那就更是难上加难了。

根据多年的运营经验，笔者总结了一套"**4段式商品描述布局法**"（根据实际需要，每部分可以包含多个段落），具体如下。

第1段：品牌故事/情怀故事

从自己的品牌背景出发，用简洁的语言讲述一个可以和消费者产生共鸣的品牌故事。品牌故事可以围绕品牌背景来传递自己的经验和实力，赢得消费者的信赖，也可以从梦想、情怀等感性立足点出发来讲述，表达自己的追求和努力，引起消费者的共鸣。信赖和共鸣是成交的催化剂。

第2段：简要商品描述

围绕商品本身，描述商品的参数、材质、工艺等各种和消费者使用紧密相关的细节，让消费者通过这部分内容，可以准确地了解商品信息，避免因为理解错误而购买，进而发生退货的情况。

第3段：品质保证与承诺

描述为消费者提供的各种保障，品质保证和售后服务是这部分要重点强调的内容，可以化解消费者购买前的疑虑，起到给消费者吃"定心丸"的作用，促使消费者放心下单。

第4段：商品包装信息

详细列举商品的包装信息，包括商品数量和套装中每款商品的型号、数量、配件、赠品等，详细地罗列出来，可以让消费者觉得物超所值。

关于4段式商品描述的详细举例，读者可以下载"老魏读书"App，收看笔者亲自讲解的相关教学视频。

了解了商品描述的结构，其细节内容该如何描述呢？如何才能确保自己的商品描述既精确，又可以触动消费者内心的真实诉求呢？我们不妨从以下几个方面来收集和整理细节素材。

- **参照多个竞品的商品描述**。很多卖家在撰写商品描述时都会参照竞品的商品描述，有的卖家甚至直接照抄竞品的描述内容。确实，竞品是最好的老师，一款已经成为爆款的商品，其商品描述必然经过了多次的规划和考虑，自有其参考价值。但是，完全复制竞品的商品描述显然不行，卖家在参考竞品的商品描述时，要综合多件竞品汇总、整理和提炼，综合各家店铺之长，形成自己独具吸引力的商品描述。复制一家店铺的商品描述叫抄袭，汇总多家店铺的商品描述就是创新了。

- **参照商品评价中消费者的反馈**。很多消费者在购买一款商品后，会把实际使用体验通过商品评价的方式分享出来，商品评价中有好评，也有差评，都是站在消费者立场上的反馈。卖家要学会从商品评价中提炼对自己有用的信息，找到消费者的关切点，通过对商品评价的整理和提炼，把有代表性的观点应用在商品描述中，更容易引起其他消费者的共鸣并促使消费者下单。

3．A+ 页面的设置

对拥有注册商标并且在亚马逊平台上做了品牌备案的卖家来说，商品描述里面还有一个可以为自己的商品大幅加分的重要内容——A+ 页面（图文描述），其展示效果如图 5-11 所示。

图 5-11　A+ 页面

相对于单调的亚马逊商品描述页面来说，A+ 页面用图片和文字相结合的方式更好地展示商品细节，让整个商品描述页面看起来更活泼。A+ 页面使用得当，图文并茂的页面可以在增加浏览量、延长访客停留时间、提高转化率、提升销量等方面起到明显的作用。有数据表明，使用 A+ 页面的商品可以带动销量增加 5% 左右。已经做了品牌备案的卖家一定要充分利用 A+ 页面的独特作用，推动自己的店铺运营向更高层面发展。

从实际运营的角度来看，做了品牌备案的卖家可以为自己店铺里的所有商品，尤其是投放了站内广告和准备参加秒杀活动的商品制作 A+ 页面。在 A+ 页面中，商品信息要清晰准确，突出商品卖点，再配合精美的应用场景和简要的文字补充，让消费者更深刻、全面地了解商品信息，激发消费者的购买欲望。

5.1.5　商品优化之五——关键词及 Search Term 关键词

本节所讲的关键词，既指用在标题中的关键词，又涵盖由于标题长度受限而不得不填写在 Search Term 中的关键词。

标题中的关键词展示在前台，在参与搜索的同时，还起着引导消费者购买的作用。Search Term 关键词隐藏在后台，在亚马逊前台不可见，但能够被用户搜索到，可以补充标题中没有覆盖的关键词，增加商品被搜索到的机会，从而最大程度上增加商品的曝光量。

商品关键词是消费者在购物过程中用来搜索某款商品时用到的词语或短语，在某种程度上，关键词等于商品名称，但由于不同的消费者对同一款商品的称谓有所差别，因此就造成了一款商品往往有多个关键词。

以移动电源为例，Power Bank（移动电源）是搜索量较大的关键词，但也有人将其称为 Power Pack（电源组）、External Battery（外挂电池）、Portable Charger（便携式电源）等，这些词语都已被消费者接受和认可，会被不同的消费者用来搜索该商品，所以这些词语都是移动电源的关键词。

在理解了商品关键词的定义后，在优化商品的过程中，应当从消费者的角度出发，收集尽可能多的商品关键词，并根据各个关键词与商品、消费者的相关性强弱，将其应用于商品标题、Search Term 关键词列表、五行特性和商品描述中。

按照相关性的强弱，商品关键词可以分为精准关键词、宽泛关键词和长尾关键词三种。精准关键词又被叫作核心关键词，和商品匹配度最高，是大部分消费者直接用来搜索的词语。宽泛关键词和商品之间是一种包括与被包括的关系，这类词语和商品有一定的相关性，但又不仅指这一类商品，在涵盖该商品的同时，也会涵盖其他类似或同类商品，相对来说精准度不够高。长尾关键词也被称为蓝海词，是指某个特定群体搜索一款商品时会使用的词语，指向精准但受众偏少，被用来搜索的次数也少。

举例来说，对于一位卖男装的卖家来说，"衣服"属于宽泛关键词，结合其商品，"男式夹克""男士衬衫"属于精准关键词，"×× 同款男士西装""明星同款夹克"则属于长尾关键词。

结合上面的例子，从消费者的角度考虑就会发现，有些词语虽然是宽泛关键词（比如"衣服"），代表着商品的属性，但几乎鲜有人搜索，所以卖家在优化商品信息时可以忽略此类关键词。

试想，当你打算购买一件衣服时，真的会用"衣服"这个词来搜索吗？几乎不会。这样的词语太宽泛，搜索出来的结果和消费者的真实需求相差太远，匹配不精准，消费者一般不会这样搜索，卖家也没必要这样设置。

还有一些关键词，既是宽泛关键词，又是精准关键词的一部分，这类关键词我们要重点使用。比如，"移动电源（Power Bank）"虽属宽泛关键词，但其商品属性本就如此，大部分消费者都会使用该词语来搜索，所以就有必要将其作为重点关键词来使用。

当然，在使用关键词的过程中，卖家还要根据自己商品的实际情况，搭配其他的词语，从而组合出更多的精准关键词。比如 Power Bank Fits For Apple（适用于苹果手机的移动电源）、Power Bank For iPhone 6S（适用于 iPhone 6S 的移动电源）、Power Bank with MFI by Apple（苹果认证工厂生产的移动电源）等。卖家一旦这样搭配，其实就已经跨度到长尾关键词了。

知道了什么是商品关键词及关键词的分类和区别后，我们接着来看看亚马逊平台对卖家商品发布中使用的 Search Term 关键词有什么具体的要求。

- 在最新的亚马逊规则中，Search Term 关键词的最大字符数要求不超过 250 个字符，如果超出此范围，要么系统提示出错，要么不会被收录。
- Search Term 关键词同样会被系统检索到，而亚马逊运营的大忌是侵权，一旦被系统判定侵权或被权利人举报侵权，轻则商品被删除，情节严重的，账号会被移除销售权限。因此，为了避免在 Search Term 中误用关键词而导致账号受限的情况发生，在 Search Term 关键词列表中，卖家一定要警惕，不要滥用或误用其他品牌名。
- 在 Search Term 关键词的排列顺序上，建议尽可能把精准关键词放在靠前的位置。如果一个关键词由多个词语组成，则尽量按照最符合逻辑的顺序和约定俗成的顺序排列。
- 在确保关键词与商品相关的前提下，在 250 个字符范围内，Search Term 关键词放置得越多越好，但为了效用最大化和避免被系统误判为关键词堆砌，建议卖家尽量不要过多地使用某个词语。
- 在 Search Term 关键词的书写上，各个关键词之间用空格分隔即可。

熟悉了规则，我们还要知道如何获取商品关键词。对于卖家来说，可以使用以下方法收集和整理尽可能多的商品关键词。

- **从常识出发收集**：站在消费者的角度思考，考虑消费者会使用什么样的词语来搜索该商品。
- **从平台竞品中收集**：在辅导学员的过程中，笔者经常强调的一句话是"竞争对手才是最好的老师"。从关键词收集的角度来看，排名靠前的竞品都是竞争对手精心打造的，我们可以拿来学习，认真分析竞品中用到的关键词，将与自己商品相关度高的关键词整理出来，就能够在很大程度上丰富自己的商品关键词词库。这些关键词主要分布在竞品的标题、五行特性和商品描述中。

- **从搜索框下拉列表中收集**：在搜索框中输入一个商品关键词时，其下拉列表中会显示多个相关关键词，这些都是平台上搜索量大且被系统记录下来的商品关键词，我们将其称为 Buying Keywords（购买关键词），如图 5-12 所示。这些购买关键词是值得我们分析和收集的对象。需要提醒的是，一个关键词所引出的购买关键词有限，如果在关键词后面分别添加 a、b、c 等 26 个字母，以及 1、2、3 等 10 个数字，就会获得更多的可供参考的购买关键词列表。

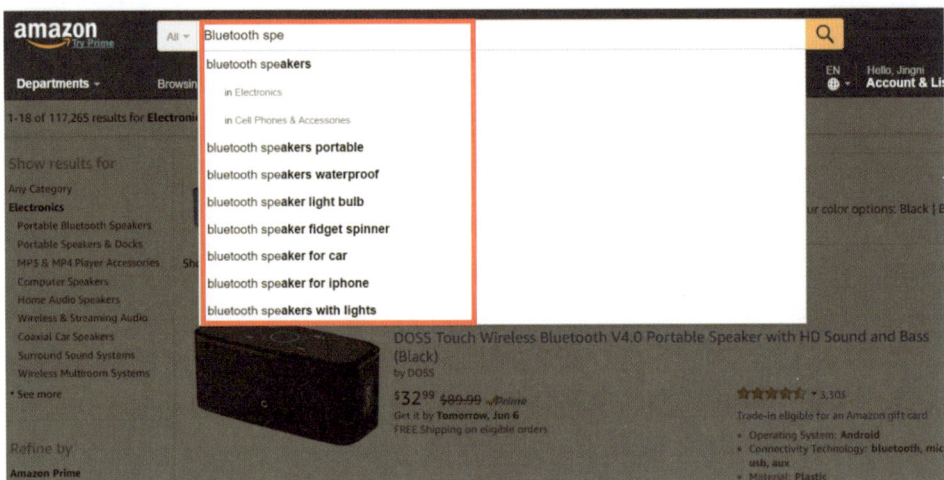

图 5-12　下拉列表中的购买关键词

- **从站内广告报表中获取**：卖家可以下载站内广告数据报表，分析并整理广告报表中的"三高"（高曝光、高点击、高转化）搜索词，然后将其补充到自己的关键词列表中。
- **从竞品评价中收集整理**：平台上现有的热卖商品中，在商品评价列表顶部，系统会根据评价内容自动展示一些高频词汇，如图 5-13 所示，其中就包含了不少商品关键词，卖家可以对其进行整理并使用。
- **利用站外的各种关键词工具收集**：除亚马逊网站外，很多第三方工具也为卖家提供了更多关键词，比如常用的 Google Adwords Keyword Planner（谷歌关键词规划师），以及卖家常用的亚马逊卖家导航 AMZ123（汇集了亚马逊卖家日常运营中的各种必备工具，如图 5-14 所示）等。

Read reviews that mention

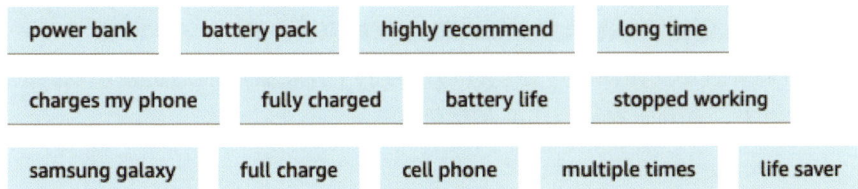

图 5-13　商品评价列表顶部的高频词汇

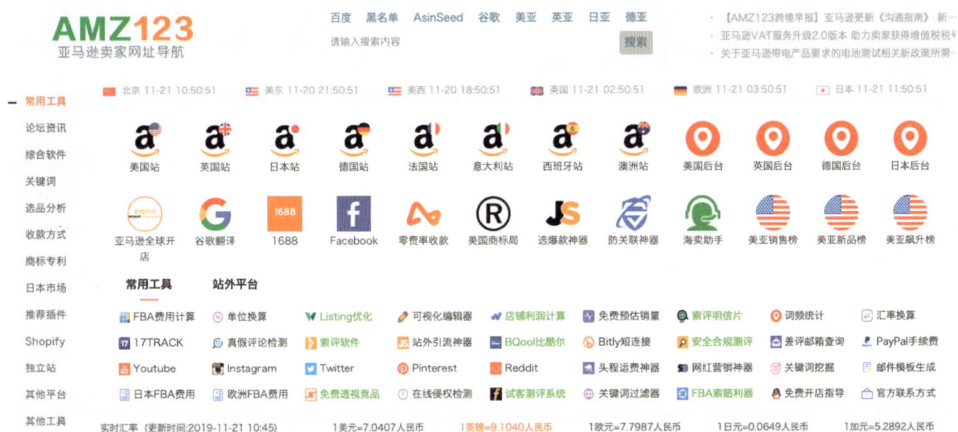

图 5-14　亚马逊卖家导航 AMZ123

卖家只要增加对商品的了解和对竞品的分析学习，再加上上述各种方法和工具的辅助，就可以准确地收集和把握自己商品的关键词，把这些词语恰当地用在商品标题、商品描述和 Search Term 中，就可以最大限度地为自己的商品争取更多的曝光，为自己亚马逊店铺的运营添砖加瓦。

5.1.6　商品优化之六——价格

对于价格和利润，我们应该动态地看待，既要保持合理的利润率，又要把自己商品的价格和同行卖家商品的价格进行横向对比，要尽量制定一个"有利润且有竞争力"的价格。要达到这个目标，需要卖家控制好前端的各种成本，从采购、人力、包装细节和头程物流费用等多个方面进行把控。

哪怕比别人贵一分钱就可能导致消费者流失，拼尽全力才发现赚一分钱其实都是很难的，与之对应的，想节省一块钱就显得要容易一些。所以，在对定价的思考上，我们一定要回归本源，成本把控是关键。

在价格的设置上，笔者建议把三个价格都设置出来，包括制造商建议零售价（Manufacturer's Suggested Retail Price, MSRP）、标准价（Standard Price）和折扣价（Sale Price）。价格的对比更能够刺激消费者做出购买的决定。

另外，如果商品是变体商品，建议针对不同的子体设置不同的价格，以区间价格的方式呈现出来，有利于提高点击率和转化率。

5.1.7　商品优化之七——库存数量

库存数量的多少既反映卖家运营的稳定性，又影响着商品的排名。根据亚马逊A9算法的逻辑，如果一款商品库存数量过少，考虑到系统展示的稳定性，其曝光机会就会减少，商品排名也会相对靠后。

所以，在资金允许的情况下，卖家应该结合销售预期、备货周期、发货时效等因素，尽可能充足备货，避免因为库存数量太少而导致排名下降和断货。

在库存数量的把握上，我们一定要记住，断货是导致商品权重大幅下降的最主要原因之一（另一个主要原因是差评），应当尽量避免。

5.1.8　商品优化之八——商品评价

商品评价是指消费者在购买商品之后，结合实际的购物和使用体验，对商品本身做出的评价（根据亚马逊平台的规则，即便没有购买此商品的消费者，只要用户资格符合留评标准，同样可以对商品做出评价，但此处的评价特指有真实购买行为的买家的评价）。

商品评价显示在商品详情页，影响着商品的权重和转化率。一款没有商品评价的商品，其转化率往往较低；如果一款商品突然收到差评，也会导致商品权重下降，进而造成销量和BSR排名的大幅下降；而如果一款商品差评太多、星级不高，消费者也会对其有疑虑，不愿下单。所以，从某种意义上说，商品评价的好坏决定着一款商品的"生死"。

和前面讲述的商品优化的其他要素不同，商品评价是由消费者直接留下的，其主导权并不在卖家手中。但即便如此，考虑到商品评价对商品的重要影响，作为卖家，在力所能及的情况下，还是应该尽量确保自己的商品有更好的评价——更多的商品评价和更高的星级。这是卖家应该贯穿运营始终的目标和方向。

关于商品评价，可以通过以下几种方式来优化。

- **早期评论人计划**：新品上架后，在没有评价或商品少于5个评价时，卖家可以申请加入早期评论人计划。对于申请了此计划的商品，亚马逊系统会自动向已购买的买家邀请评论并对留评买家给予一定的奖励。正是系统邀请和奖励的驱动，参加早期评论人计划的商品往往可以快速地收到买家的真实评价，这也是新品上架后应该重视的获评方式。

- **Vine 计划**：对于已经注册了商标并在亚马逊系统内做了品牌备案的卖家来说，可以为自己重点打造的商品申请参加 Vine 计划，Vine 计划下的评价权重更大，对爆款的打造有着重要的推动作用。

- **五星反馈的买家**：向留了五星反馈且反馈内容满意、详细的买家发送感谢邮件，并引导其留评价。

- **售后服务卡**：从宣传品牌和提高留评率出发，我们可以在商品包装中放置售后服务卡。一份表达得体到位的售后服务卡可以提高买家留评率，减少不满意买家未经沟通直接留差评的概率，起到防患于未然的作用。但需要注意的是，售后服务卡要符合亚马逊平台的规则，要避免添加联系方式，不要引导买家线下交易，不要用贿赂的方式诱惑买家留评等。

- **联系买家**：在每个订单页面，都有一个"请求评论"按钮，可以通过此按钮向买家发送邮件，邀请买家对所购买的商品进行评论，注意邮件内容的表述一定要得体。

- **Facebook 兴趣小组**：对于专精于某一类商品的卖家来说，可以通过 Facebook 等社交媒体，以打造个人 / 品牌 IP 的方式，通过持续的内容传递，聚集自己的"粉丝"群体，当有了足够多的"粉丝"时，想快速推动某款商品获得评论就易如反掌了。

- **与网红合作**：对于参加站外活动和特定促销的卖家来说，可以收集站外红人资源，有针对性地推出一些打折促销活动，以网络红人的背景，推动自己的商品快速销售并获取评价。

通过上述方法，我们既可以解决新品没有商品评价的问题，又可以提高商品销售过程中的留评率，为爆款打造加分。

在维持留评率的同时，我们还会遭遇买家留差评的情况，诚如前文所述，差评既会影响商品在系统中的权重，也会影响消费者的感受，进而导致转化率下降。所以，在收到差评后，一定要在第一时间想办法解决。

面对差评，我们可以从以下几个方面着手解决。

- **联系买家修改**：如果可以通过评论找到买家的联系方式，就要在第一时间联系买家，真诚地向买家道歉并提出合理的解决方案，争取获得买家的谅解，以达成请买家修改差评的目的。在和买家沟通时语言要真诚，不争辩，不愤怒。

- **联系平台客服申诉**：如果评论中有污言秽语、恶意中伤等表述，可以联系亚马逊客服申诉。在和平台客服沟通时，语言要诚恳，有理有据，讲清楚问题缘由及其中的利害关系，争取获得客服的支持，帮助移除差评。

- **适当增评**：如果有安全、可靠、真实的资源，就可以在收到差评后快速地为自己的商品增加几个评论，化解差评带来的不良影响。增评一定要坚持安全第一的原则，数量不要过多。

- **快速降价**：由于差评的影响有滞后性，一般在收到差评后三天左右才会体现出来，所以可以利用好这三天的时间。具体操作是，在收到差评后快速将该商品降价。按照正常的逻辑，降价后往往会带来更多的销量和更高的转化率，销量多可以推高 BSR 排名，转化率高又可以提高商品在系统中的权重，两者相结合，可以有效化解差评所带来的不良影响。实践证明，这是化解差评最快捷、最有效的方法。降价之后，观察一周左右，如果商品能够恢复到差评之前的销量、稳定排名区间，再逐渐把价格提起来。

虽然商品评价对一款商品的打造至关重要，但需要提醒的是，刷评是每个电商平台都禁止的，亚马逊平台也不例外。对于大批量的刷评行为，亚马逊平台从来不手软，卖家在运营的过程中一定要谨慎为之，以安全合规的方式获取评价，尽量避免有悖于平台规则的刷评操作。

有关获取商品评论的更多方法、技巧和细节，读者可以下载"老魏读书"App，关注视频和音频节目中更详细的讲解。

5.1.9 商品优化之九——商品问答（Q＆A）

商品问答（Question & Answer，Q&A）展示在商品详情页居中的位置，是消费者对该商品的一些问题与解答，商品问答可以在一定程度上回答和化解消费者购买前对商品的疑虑。正是基于此，我们将商品问答也归结为商品优化必须进行的工作。

和商品优化中其他部分"王婆卖瓜，自卖自夸"式的表述不同，商品问答的提问由消费者提出，由卖家或收到系统推送该提问的消费者来回答。但是这类提问较少，为了丰富商品详情页，增加商品的活跃度，很多卖家会使用多个账号来提问或邀请老客户协助提问，市面上也有一些服务商专门提供此类服务。

除真实的消费者提问外，从商品优化和提高商品详情页权重的角度出发，卖家在为商品设置商品问答时，尽量围绕商品品质细节、独特特性、差异化亮点、客户服务等内容展开，在回答每个提问时，内容一定要准确、细致。在商品问答中，要避免和同行卖家做对比，不要诽谤别人，也可以减少自己店铺遭别人攻击的可能。

在商品问答中，从提问到回答，都可以有意识地加入商品关键词、热词、长尾关键词等，为商品加分。

5.1.10　商品优化之十——面对移动端的优化思考

根据各电商平台的数据，移动端购物逐渐成为趋势，亚马逊平台也不例外。参照亚马逊公布的数据，移动端流量已经占到亚马逊平台总流量的 75% 左右。怎样才能更好地把握和利用移动端流量呢？

卖家要想精准地利用好移动端流量，就必须了解移动端展示和 PC 端展示的差异。结合实践经验和对比，移动端展示主要有以下特点。

- 商品标题展示短：PC 端最大 200 个字符的展示空间在移动端被缩减为 80 个字符的展示空间，这就要求卖家在优化标题时要充分考虑到这一点，把核心关键词等重要内容尽量放在标题中靠前的 80 个字符中。
- 五行特性只默认显示 3 个：在移动端，五行特性系统默认显示 3 个，另外 2 个需要再次点击才会显示，这就要求卖家在进行排序时，将核心卖点放到前 3 位。
- 商品描述默认显示大约 200 个字符：在商品描述的显示上，PC 端都是完整显示的，但移动端只显示大约 200 个字符，因此商品描述的第一段就显得格外重要，卖家一定要认真撰写，突出品牌和商品的重点，以达到更好地吸引移动端消费者的目的。

基于上述三点，再加上前文讲述的商品优化细节，我们就可以把 PC 端流量和移动端流量双双揽入囊中了。

写到这里，关于商品优化的内容和细节基本上就讲解完毕了。在实际运营过程中，建议卖家根据以上内容，结合自己的商品实际情况和市场竞争状况，有针对性地进行商品内容的撰写和调整，争取让自己的商品得到最佳展示，为后期运营推动和爆款打造做好铺垫。

在商品优化的过程中，我们一定要学会和竞争对手做横向对比，"竞争对手是最好的老师"，学习竞争对手的优点，规避竞争对手的缺点和不足，汇总多个同行卖家的特点并将其应用于自己的商品中，最终实现商品的精彩展示。

营销学里有句名言，"凡是你没有做到的和没有想到的，你的竞争对手都替你完成了"，商品优化也是如此。所以，在掌握了优化框架和细节之后，还要紧盯竞争对手的一举一动。

5.2　商品优化应该保持的节奏和频率

只要卖家在卖货，商品优化就是贯穿运营始终的一项工作。商品优化需要时时做、持续做，但又不能天天做。在商品优化上，一定要把握好节奏和频率。

虽然我们习惯于将商品的每一次调整都叫作"商品优化"，但必须说明的是，如果调整之后商品相关数据表现得更好，那自然可以称之为"优化"；如果调整之后商品相关数据表现还不如之前，那也只是"调整"而已。

我们期望每次调整都能够让商品相关数据表现得更好，但现实是每次调整都可能有两种结果：商品相关数据表现好了，销量排名上升了，或者商品相关数据表现变得更糟了，销量排名下降了。

为了避免商品相关数据表现变差，对于商品上架之后的优化，我们要坚持"二不动三动"原则。

- 二不动：在销量稳定时，商品内容不做调整；在销量稳定增长的过程中，商品内容不做调整。

- 三动：若商品详情参数错误，则立刻调整；在销量大幅下降时，分析并进行调整；在长期没有销量时，适时调整。

对"二不动三动"原则做详细解释，即运营过程中的商品优化可以参考以下建议。

- 当一款商品势头正猛、销量增长时，意味着其发展趋势很好，此时任何的调整都可能破坏商品的原有权重，导致销量增长停滞，甚至销量下滑。所以，建议卖家在此阶段不要对商品做任何调整，即便商品详情中有小瑕疵，比如标点符号不规范、大小写不一致等，也不要改，可以暂时记录下来，以后优化时再修改。

- 当一款商品的销量和排名都相对稳定且符合卖家的运营期望时，建议不要对商品做任何调整。

- 在销售过程中，如果一款商品的销量大幅下降，通过和同行卖家的商品对比，发现自己的商品有一些不足之处，此时应该对商品进行相应的调整。在调整过程中，卖家需要边调整、边记录、边查看效果，将商品内容和细节调整为自己认为更优的内容。记录调整前后变动的内容，同时观察调整后的商品曝光量、流量、销量和排名的变化。

- 对于一款长期处于沉寂状态、没有或只有很少销量的商品来说，随时都是调整的时机。因为长期的沉寂，商品权重已经被系统降到很低，进行一次调整有可能激活商品的各项权重指标，让商品重新进入排序上升状态。从这个意义上说，沉寂商品的每一次调整都是优化。

- 一款商品上架之后，如果商品描述中出现商品参数错误、材质与实物不符等硬伤，无论是卖家自己发现的，还是买家反馈的，卖家都应该立即行动，对商品的相应内容进行修改。

在商品优化上，除上述必须改动的情况外，大多时候商品都应该处在相对稳定的状态下。每次听到有卖家讲自己日常运营中的核心工作就是优化商品时，笔者都有点哭笑不得。对于卖家来说，商品优化固然重要，但不需要天天进行。原因在于，一款商品的好坏没有绝对的标准，很大程度上需要根据销售数据来判断。没有完美的商品，只要一款商品的详情符合平台的要求，销量能够达到卖家的期望，我们就可以认为它是一款出色的商品了。合适的就是最好的，要避免盲目追求"最好"和"完美"。

商品要尽量保持在"优秀"状态下不动，因为对于亚马逊 A9 算法来说，每次商品调整都意味着算法的重新抓取、运行和排序，A9 算法会根据最新的商品页面信息进行一次新的运算。简单的理解就是，如果卖家的调整正好契合平台的算法，则商品排名提升；如果新的调整与平台的算法相悖，商品就可能被计入重新排序状态，权重和排名都可能下降。

我们也可以这么理解，一群人在排队，队列中的每个人按顺序依次向前，排队的规则是"过期不候"，如果你从队列中走出去，再回来时，只能从队尾排队。

商品的排序有点类似于此，在其他所有条件不变的情况下，商品的权重逐步累加，排序依次向前，而每次无端的调整都可能导致商品被 A9 算法重新从最后排序。这就是很多卖家在"优化"商品之后，商品相关数据表现变差、排名不升反降的原因。"优化"破坏了原有的平衡，导致商品权重下降了。

当然，A9 算法肯定不是单纯的"过期不候"这么简单，亚马逊将更多的要素纳入对商品排序的考量，包括商品详情与类目的一致性、关键词的匹配度、转化率等，这就要求卖家在进行商品优化时必须具备全局思维，全方位衡量每个相关要素。

在日常辅导学员的过程中，笔者经常建议，在每次商品优化之后，最好能够适当降低商品价格，增加站内广告的竞价和预算，以"广告导入流量，低价带来转化"的双驱动化解商品调整可能导致的权重下降所带来的不良影响。

另外，由于商品优化之后的效果反馈有一定的滞后性，所以卖家在每次优化之后，都要留出一定的时间来观察优化的效果。笔者的建议是，每次优化之后，要留出 3~7 天的观察期，如果在此期间，商品销量、排名保持稳定或上升，那么自然是好的；如果略有下降后继而回升，也是可以接受的；如果在观察期及之后，商品数据的整体表现都不如优化之前，那就需要再次对商品进行优化。

这就涉及另一个话题，商品文案的存档。卖家最好能够为每款商品单独创建一个文档，从最初的商品内容，到后续的每次调整前后的内容，都详细记录并存档，以便后期核对和重复使用。

5.3　商品优化就是给用户讲故事

谈及商品优化，很多卖家往往会把它等同于利用好商品图片和更多的关键词。卖家的逻辑是用关键词让商品展示在搜索结果中，用图片吸引消费者点击。

这的确是亚马逊平台商品优化时应该做的工作。可是，这只是其中的一部分，仅仅做这些显然不够。

在当前这个物质极其丰富、需求得到极大满足的时代，让消费者满意不再是一件值得炫耀的事情，在很多营销人的眼中，让消费者满意只是最低的标准，让消费者尖叫才是我们应该追求的目标。

只有带给消费者足够惊喜的商品和服务，才能够打动他们；只有提供超预期的增值内容，才能让消费者帮你分享和传播。口碑传播会带来二次营销和更长久的客户关系，这才是营销要达到的境界。

虽然这样的要求对尚处在关键词思维阶段的亚马逊卖家来说有点高了，但只有做到"升维思考"，才能具备"降维打击"的能力，才能让你稳站风口，立于不败之地。

随着社交媒体的兴盛，亚马逊也在对平台展示的各个细节进行调整，以便能够和消费者建立更好的链接，形成黏性。

对于亚马逊卖家来说，在商品优化时，尤其是在商品详情页的打造上，要与时俱进，升级自己的思维系统，要努力从"以关键词导流"的思维模式升级到"以消费者体验"为核心的客户导向模式。

在运营的过程中，商品是客观存在的，要让消费者通过商品详情页的信息感知到你的优质的商品，这是当前运营环境下对每个卖家的要求。在前文中，通过"优秀标题6要素"等内容为读者做了详细的讲解，但所有的技巧和方法都只是"术"，我们应该培养的是把"客户视角"发展成为自己的底层思维系统，只有这样，我们的销售才能更持久。

最后，用一个小故事来结束商品优化这一章的内容。

一位盲人乞丐坐在一栋大厦旁的台阶上乞讨，用来乞讨的纸板上写着："我是盲人，请帮帮我。"很多路人经过，几乎无人停留，甚至都不曾注意到盲人的存在。一位好心的女孩从他旁边走过，突然回身，在盲人的纸板上重新写下了一句话。奇迹发生了，经过这里的路人纷纷停下来，把零钱放在盲人跟前。女孩写下的话是："多么美好的一天，我却看不见。"

同样的话，不同的表达方式可以达成不同的效果，对于亚马逊卖家来说，也是如此。

当你在进行商品优化时，希望能够记得这个故事，并尝试着为消费者讲述一个属于你自己品牌和商品的故事。

第6章

亚马逊站内PPC
广告的高阶玩法

本章要点：

- ◆ 站内广告投放的意义与前提
- ◆ 站内广告的设置方式
- ◆ 站内广告的优化技巧
- ◆ 广告关键词的用法

6.1 投放亚马逊站内PPC广告的意义

PPC 是 Pay Per Click 的缩写，也有人把它称为 CPC（Cost Per Click），都是按点击付费的一种网络广告形式。站内 PPC 广告的最大特点在于曝光不扣费，广告主只需要按照实际点击产生的广告费用支付即可。也就是说，只有当消费者实际点击了广告主的广告链接后，才会产生广告费用。

亚马逊作为网上购物平台，也为卖家提供了按点击付费的站内广告选择。在亚马逊平台上，站内广告以商品推广的形式展现出来，卖家基于运营的需要，如果想让自己的商品展示在亚马逊搜索结果靠前的位置，就可以借助商品推广的形式来实现。

在当前的亚马逊平台上，站内广告对于一家店铺或一款商品的打造具有举足轻重的作用，可以说"无广告，不运营"。

对于亚马逊卖家来说，投放站内 PPC 广告有 4 个方面的意义。

- 在当前平台上卖家之间竞争激烈、平台内流量有限的情况下，站内广告可以让商品展示在搜索结果靠前的位置，以获取更多的流量和关注。
- 站内广告是为商品增加曝光量、浏览量（点击量）的重要工具，是提高商品销量的重要手段，是爆款打造中冲击排名的重要基石，是爆款打造的必备工具，离开广告就没有爆款。
- 按照总量均衡的原则，通过站内广告的投放，一款商品可以获得更多的流量和转化，其所占的市场份额会增加，BSR 自然排名也会上升，还可以获得更多的自然流量，而竞争对手往往会因为没有投放站内广告而错失流量和订单机会。投放站内广告的商品，其竞争优势会越来越明显。
- 通过投放站内广告，卖家的销量更多，为亚马逊平台创造的价值也更大，随着店铺整体业绩的增长，卖家可以获得更多的平台扶持。

6.2 站内PPC广告投放的前提条件

站内 PPC 广告的投放对于一家店铺的运营具有举足轻重的作用，在广告投放之前，卖家一定要确认是否具备投放广告的条件。

- **自建的商品**。对以跟卖为主要运营方式的卖家来说，一款商品下面会有多个卖家销售，大家彼此竞争，即便投放广告，其转化也可能流向别的卖家，所以非自建的商品投放广告的意义不大。
- **商品拥有 Buy Box（购物车）**。按照亚马逊站内广告的投放规则，只有拥有购物车的商品才可以投放站内广告。也就是说，如果商品没有购物车，就无法投放广告。

- **商品优化到位**。投放站内 PPC 广告可以为商品带来更多的曝光，但要想把曝光变成消费者真实的点击，进而转化为订单，做好商品优化是非常必要的。如果一款商品优化没有做到位，商品展示效果很差，即便可以通过站内广告为商品带来一定量的曝光，其转化率也未必能够达到预期，最终可能导致投入产出比不划算，甚至会因为投放广告而亏损。所以，卖家在投放广告前，一定要做好商品的优化，具体包括商品图片、商品标题、五行特性、商品描述、关键词等细节，卖家可以参考本书商品优化章节的内容。
- **投放广告的商品最好是采用 FBA 发货的商品**。在亚马逊平台上，一半以上的订单是由 FBA 发货的。在平台内部，无论是曝光展示、流量扶持，还是消费者的选择偏好，都倾向于优先采用 FBA 发货的商品。在此背景下，一款自发货的商品投放广告，其转化率会相对较低。
- **投放广告的商品最好有一定数量的商品评价，商品评价数量越多、星级越高，广告的效果往往也会越好**。投放站内 PPC 广告可以达到的直接效果是增加商品的曝光量和点击量，但 PPC 广告的终极目的是增加销量和销售额。从曝光到点击再到订单，转化率是我们要关注的重要指标。为了提高转化率，商品的优化是基本工作，在做好商品优化的前提下，商品是否拥有一定量和高星级的商品评价是影响消费者购买的重要因素。消费者购物时的趋同心理决定了具有一定数量的高星级评价的商品往往比没有评价的商品有更高的转化率。所以，在投放站内 PPC 广告前，卖家要尽量想办法为商品增加一定数量且高星级的商品评价。

6.3　PPC广告的设置方式

亚马逊站内 PPC 广告有两种设置方式：自动型广告和手动型广告。

自动型广告的设置相对简单，只要选择投放的商品即可。在广告设置的过程中，卖家不需要设置关键词，系统会根据商品详情页的内容、用户的搜索关键词和购买意向等，把匹配一致的商品展示在潜在消费者面前。

自动型广告的设置步骤如下。

（1）单击"广告"下拉菜单中的"广告活动管理"选项，如图 6-1 所示。

（2）在打开的页面中单击"创建广告活动"按钮，如图 6-2 所示，开始创建广告计划。

（3）在打开的"选择您的广告活动类型"页面中，单击"商品推广"下方的"继续"按钮，如图 6-3 所示。

图 6-1　单击"广告"下拉菜单中的"广告活动管理"选项

图 6-2　单击"创建广告活动"按钮

选择您的广告活动类型

图 6-3　单击"商品推广"下方的"继续"按钮

　　（4）打开"创建广告活动"页面，根据页面提示，分别设置广告活动名称、广告起止时间、每日预算等，将广告定位设置为"自动投放"，如图 6-4 所示。

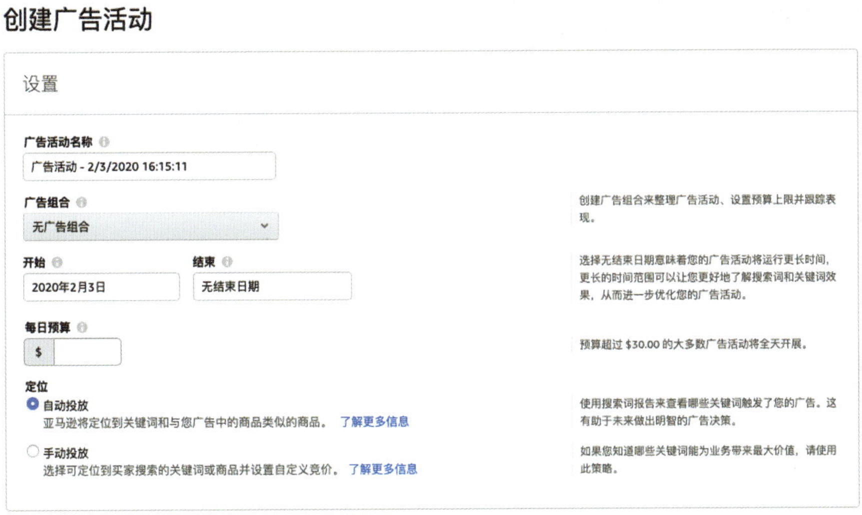

创建广告活动

图 6-4　"创建广告活动"页面

（5）在"广告活动的竞价策略"栏中，系统提供了三种竞价策略并默认为"动态竞价—只降低"，卖家可以根据自己的运营策略和经验来选择竞价形式。根据笔者的实际运营经验，"固定竞价"的广告效果较另外两种方式的效果更好一些，将在后文中对三种策略进行分析。除广告活动的竞价策略外，卖家还可以结合"根据广告位调整竞价"为不同页面的广告设置不同的竞价，如图 6-5 所示。

图 6-5　为不同页面的广告设置不同的竞价

（6）广告组是一组共享相同关键词和商品的广告，卖家可以根据商品的实际情况，把同类商品创建在一个广告组中，此操作需要在广告活动创建之后，在"广告活动管理"中创建额外的广告组。在"商品"栏中，卖家可以选择计划投放广告的商品，单击"添加"按钮，将商品添加到广告活动中，如图 6-6 所示。

图 6-6　添加投放广告的商品

（7）对于自动型广告，系统提供了两种出价模式，即默认出价和通过投放组设置出价。卖家可以根据商品利润、竞争情况等设置广告竞价。在广告运行的过程中，可以根据实际的广告数据，将高曝光、高点击，但低转化、零转化且和商品不相关的关键词添加到"否定关键词定位"栏中，以节省广告成本。设置完成后，单击"启动广告活动"按钮，如图 6-7 所示，自动型广告就设置完成了。

图 6-7　设置自动型广告

手动型广告分为两种：关键词投放和商品投放。手动型广告的设置步骤如下。

（1）在"创建广告活动"页面中，选择"手动投放"单选按钮，如图6-8所示。

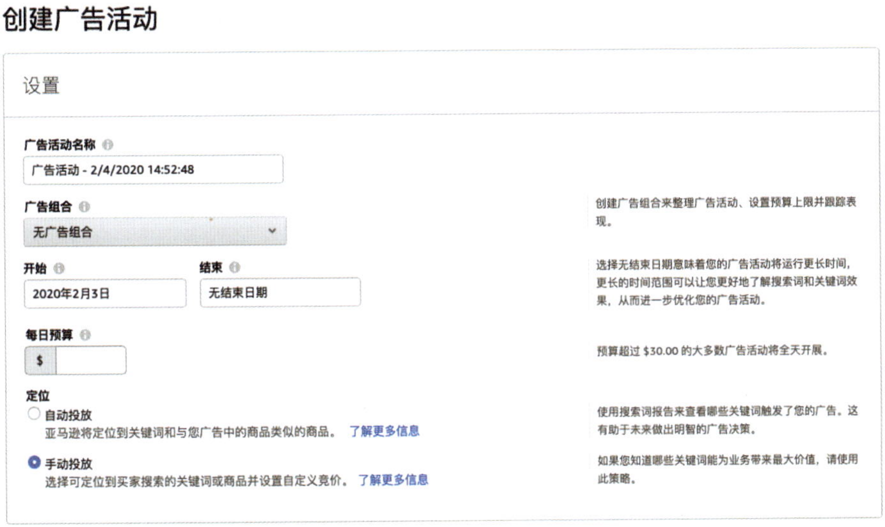

图 6-8　选择"手动投放"单选按钮

（2）如果想创建"关键词投放"手动型广告，需要在"投放"栏中选择"关键词投放"单选按钮，然后在"关键词定位"栏中添加和自己的商品相关的关键词，如图6-9所示。

图 6-9　创建"关键词投放"手动型广告

如果想创建"商品投放"手动型广告，需要在"投放"栏中选择"商品投放"单选按钮，然后在"商品投放"栏的"分类"选项卡中选择想要投放的类目节点，如图 6-10 所示，或者在"各个商品"选项卡中选择想要投放的具体商品。

图 6-10　创建"商品投放"手动型广告

对于手动型广告来说，因为关键词和商品都是卖家自己精心挑选出来的，所以在设置过程中，不建议做任何否定设置，可以直接跳过"否定关键词定位"栏，单击"启动广告活动"按钮，如图 6-11 所示，手动型广告就设置完成了。

图 6-11　单击"启动广告活动"按钮

6.4 站内广告设置中的细节提醒

为了使卖家对广告数据的理解更清晰，让广告效用最大化，在站内广告的设置过程中，卖家要注意以下几点。

- 广告活动名称建议设置为"中文商品品名+备注"，活动结束时间用页面默认的"无结束日期"。
- 为了更好地为商品导入流量，单个广告活动的每日预算建议不要太少，根据经验，最好能够设置为广告竞价的 30 倍以上，即如果广告竞价为 1.00 美元，广告预算最好高于 30.00 美元。
- 为了后期查看广告数据时更清晰，建议在创建广告活动时能够按商品投放，单独的商品创建单独的广告活动。
- 对于一家店铺有多款同类型 / 相似款式商品的情况，建议在投放广告时选择当前阶段重点打造的商品，而对于一款拥有多个子体的变体商品，建议选择热卖的或最符合大众审美的款式（颜色等）进行集中投放。在广告的投放上，聚焦优于分散。
- 在商品定位型广告中，分类定位要从当前匹配类目和当前未匹配但和商品高度相关类目两个方向选择，单个商品定位要从 5 个方面考虑：Best Sellers（类目热卖）榜单 Top 100 的商品、New Releases（新品热卖）榜单 Top 100 的商品、当下没有卖家定位的同类畅销商品、自动广告数据报表中的"三高"（高曝光、高点击、高转化）ASIN（亚马逊标准识别号，由系统自动为商品分配，类似于我们的身份证号码）的商品、核心关键词搜索结果前 5 页的自然排名商品和广告位商品。
- 无论广告总预算是多少，站内广告的投放都应该集中在最有利于转化的商品上，这也符合亚马逊平台爆款运营的特点。

6.5 站内广告的展示位置及原理

广告投放之后，卖家最关心的可能就是自己的广告展示在哪里，以及是如何展示出来的，这个问题需要从消费者习惯和亚马逊 A9 算法运行的原理两个方面来解答。

从消费者的角度看，当消费者想购买某款商品时，他按照自己的需求，在搜索框中输入想要购买的商品的关键词，亚马逊 A9 算法接到指令开始运行，把与消费者搜索词相匹配的结果展示出来。而投放了站内广告的商品也在这些搜索结果中，一起被展示在消费者面前。

按照当前亚马逊的页面布局，在搜索结果页，一般包含 6、9 或 12 条站内广告，分布在搜索结果页的顶部、中部和底部。对于广告位，亚马逊会用"Sponsored"（商品推广）标识来提示，如图 6-12 所示。

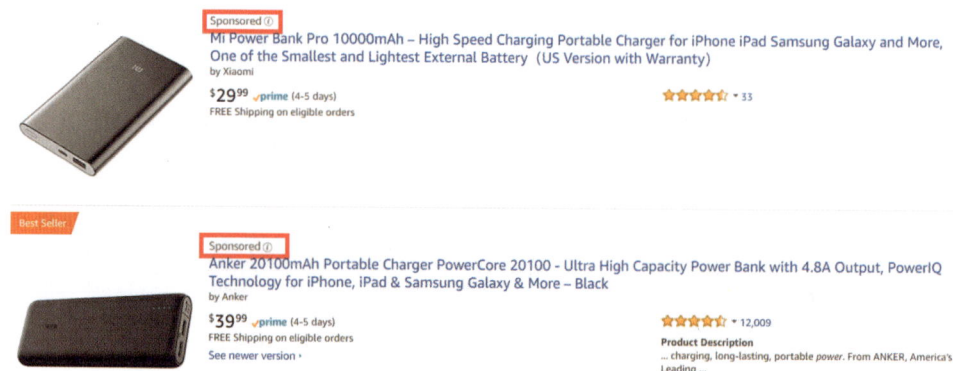

图 6-12 带标识的广告位商品

除搜索结果页的站内广告位外，在商品详情页也有广告位，该处广告位分两栏，即 "4 stars and above（四星及以上）" 和 "Sponsored products related to this item（相关的广告）"，如图 6-13 所示。

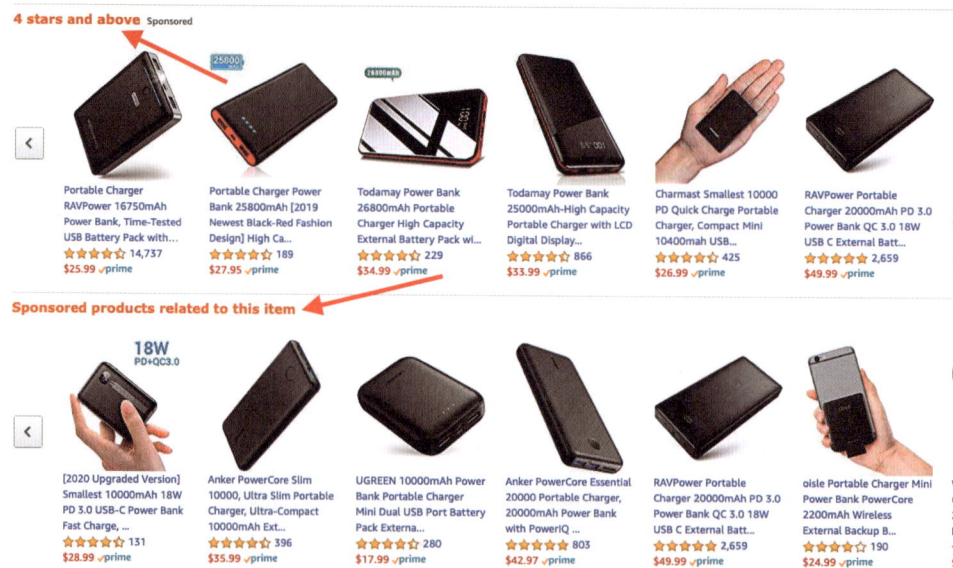

图 6-13 商品详情页的广告位

回顾站内广告的设置过程，在自动型广告中，我们没有添加任何的广告关键词，自动型广告的曝光主要靠系统对商品详情内容的辨识和匹配。按照亚马逊 A9 算法的逻辑，对于一款投放了站内自动型广告的商品，系统会抓取和识别其详情内容，并和平台内的其他商品做对比，如果两款商品一致，则广告商品就可能被关联和展示在对应商品的详情页面的广告位中。

而在手动型广告的设置过程中，我们要么添加广告关键词，要么添加广告定位的类目或商品，体现在亚马逊系统内就是，当一名消费者搜索某款商品的关键词时，系统会匹配卖家设置的广告关键词，并将匹配一致的结果展示在搜索结果页的广告位上。

虽然自动型广告和手动型广告的展示原理略有差别，但不能将它们截然分开。亚马逊系统在识别商品详情时同样会抓取关键词，对于投放了自动型广告的商品来说，同样有被展示在搜索结果页广告位的可能。而除关键词外，广告商品被展示的具体位置还会受到广告竞价、商品权重、广告关键词质量得分等因素的影响。所以，对于某个具体的广告位，我们并不能肯定其是自动型广告还是手动型广告。

但是，不管黑猫还是白猫，能捉住老鼠就是好猫。在广告的投放上，如果卖家的广告预算足够多，就不妨把自动型广告和手动型广告都开启，以便为商品获取更多的站内流量。

6.6　与广告竞价相关的几点解释

在图6-5所示的"广告活动的竞价策略"栏中，系统提供了三种竞价选项："动态竞价—只降低""动态竞价—提高和降低""固定竞价"，我们把它们做一下对比。

1. 动态竞价—只降低

"动态竞价—只降低"是系统默认设置，当选择"动态竞价—只降低"策略时，亚马逊系统会自动判断，对于不太可能转化为订单的点击，系统实时降低竞价。

举例来说，假设卖家正在推广手表，且关键词为"运动手表"，卖家的竞价为1.00美元。如果亚马逊系统预测此广告关键词相关度低、展示位置不佳等，导致能够转化为订单的可能性较小，就可能自动将卖家的竞价降低至0.20美元。

此策略相对保守，可以更好地控制广告成本，但在转化率方面可能会偏低，同时也不能实现通过广告获取尽可能多的流量的目的。

2. 动态竞价—提高和降低

当卖家选择"动态竞价—提高和降低"策略时，对于更有可能转化为订单的点击，亚马逊系统将实时提高卖家的竞价，而对于不太可能转化为订单的点击，亚马逊系统将降低竞价。对于搜索结果首页顶部的展示位置，系统会将竞价提高不超过100%，而对于其他展示位置，系统会将竞价提高不超过50%。

还以手表为例，针对关键词"运动手表"的竞价为1.00美元。如果亚马逊系统评估卖家的广告相关度高、展示位置好等，更有可能转化为订单，就可能将竞价自动设置为 1.40 美元；如果亚马逊系统预测卖家的广告不太可能转化为订单，就可能将相应的竞价降低至 0.20 美元。对于能够展示在搜索结果首页顶部的广告，亚马逊系统最大的自动调整幅度为卖家竞价的 2 倍，其他展示位置上的广告竞价，亚马逊系统的最大调整幅度为卖家竞价的 1.5 倍。

在此策略下，系统会根据对转化率的预判自动向上或向下调整广告竞价，卖家可以根据自己的广告投放情况，在广告预算花不完时选用此策略。需要提醒的是，对于竞争比较激烈的商品，选用此策略有可能导致广告成本上升、支出增加，所以选用此策略要谨慎。

3. 固定竞价

选择"固定竞价"策略后，亚马逊系统将对所有广告机会使用卖家的确切竞价，不会再根据转化率调整卖家的广告竞价。

根据亚马逊官方的数据，采用"固定竞价"策略，在同样的竞价条件下，广告曝光量可以提升 45%，点击量可以提升 29%。如果卖家的商品是消费者必备的刚需商品、商品优化出色、售价有竞争力，则选用此策略投放广告，效果（投入产出比）往往更好。

关于图 6-5 中的"根据广告位调整竞价"设置，笔者建议在初次创建广告活动时无须设置，在广告运行的过程中，可以参考广告运行的实际数据表现，并结合广告竞价，对其进行适当调整。

例如，对于一个竞价为 1.00 美元的广告活动来说，如果广告数据显示搜索结果首页顶部的广告曝光量和点击量都很多，但转化率很差，与此同时，在商品页面的曝光量和点击量比较少，但转化率很好，这种情况可以通过设置"根据广告位调整竞价"来调节广告展示，把广告竞价从 1.00 美元降低到 0.20 美元，把"搜索结果顶部（首页）"设置为 200%，把"商品页面"设置为 800%，这样一来，在"搜索结果顶部（首页）"的广告竞价就只有 0.60 美元，而在"商品页面"的广告竞价就变为 1.80 美元，更有利于把预算花在转化率高的广告位上。

关于广告竞价，笔者的建议是不要盲目设置。在当前亚马逊系统中，大部分类目的商品广告默认竞价都是 0.75 美元，需要提醒的是，这个价格只是系统内的默认设置，对于卖家来说几乎没有任何参考价值，反而像心理学上的"锚定效应"，成为很多卖家设置广告竞价的一个"锚"，我们要做的就是打破这个"锚"，自己做主。

笔者建议从以下 4 个方面考虑广告竞价。

- 以"毛利润的十分之一"为参考。这是从投入产出比的角度考虑的。假设卖家的商品转化率大于 10%，以毛利润的十分之一作为广告竞价，广告的直接投入产出比应该是划算的。

- 以"建议竞价"为参考。不同的商品有不同的建议竞价（和建议竞价区间），如图6-14所示，可以以此作为参考。

图 6-14　不同的商品有不同的建议竞价

- 以"手动型广告的核心关键词的建议竞价"为参考。在设置手动型广告的过程中，因为核心关键词和商品匹配度高，系统给出的竞价也更真实可靠，所以自动型广告的竞价可以参考此价格。
- 以"实际广告经验"为参考。如果有同类商品的广告投放经验，可以拿来做参考。

6.7　广告关键词的筛选和关键词匹配类型选择

在手动型广告的设置过程中，如果选择"关键词投放"类型，则需要添加相应的广告关键词。关于关键词的收集和筛选，有以下几点建议。

- 从系统推荐的关键词列表中筛选。选择了要投放广告的商品后，系统会自动推荐很多关键词供卖家选择。需要注意的是，推荐列表中的大多数关键词是和商品一致、可以为卖家导入精准流量的词语，但也有不少关键词与商品本身及目标消费群体匹配度不高，甚至毫不相干，所以必须对这些关键词逐个进行筛选，挑选出真正能够为卖家带来转化率的关键词。
- 从生活常识的角度选关键词。作为卖家，既要有商品视角，还要有消费者视角，双向搜集关键词，找到消费者用来搜索该商品时使用的词语。
- 通过搜索框下拉列表（如图6-15所示）收集和整理关键词。可以用核心关键词、26个字母和数字（比如Bluetooth Speaker A、Bluetooth Speaker B、Bluetooth Speaker C或Bluetooth Speaker 1、Bluetooth Speaker 2等），从搜索框下拉列表中筛选和自己的商品相关度高的精准关键词和长尾关键词。

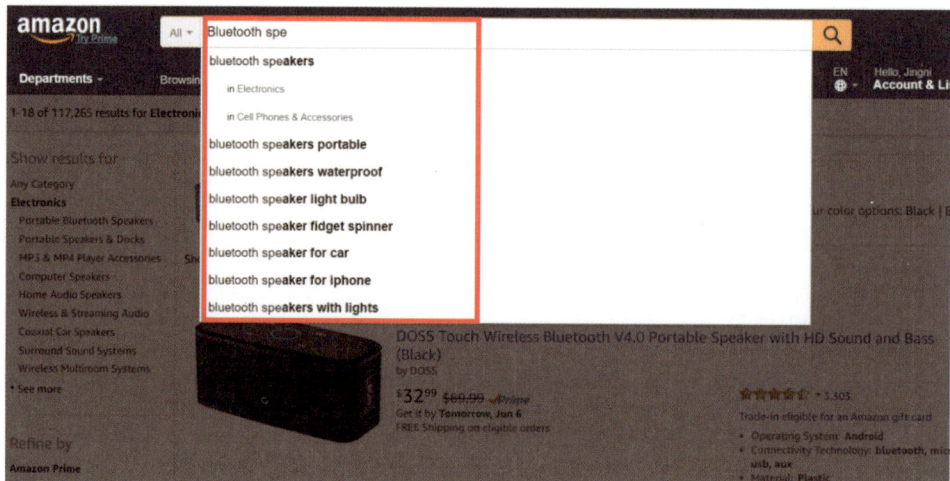

图 6-15 搜索框下拉列表

- 结合自动型广告一起投放，从自动型广告数据报表中筛选高效关键词。卖家可以下载自动型广告的数据报表，把报表中的"三高"（高曝光、高点击、高转化）关键词筛选出来，添加到手动型广告中。
- 利用第三方工具收集和整理相关关键词。可以通过 Junglescout（桨歌）、Merchantwords（魔词）和 Google Adwords Keywords Planner（谷歌关键词规划师）等第三方工具，通过大数据分析，整理出更多的广告关键词。

通过上述方法，可以为广告收集和整理足够多的精准关键词，但只有合适的关键词匹配类型才能让站内广告发挥出最大作用。所以，在手动型广告的设置过程中，还需要注意关键词匹配类型的选择。

在亚马逊系统中，有三种关键词匹配类型：广泛匹配（又叫宽泛匹配）、短语匹配（又叫词组匹配）和精准匹配（又叫完全匹配），如图 6-16 所示。

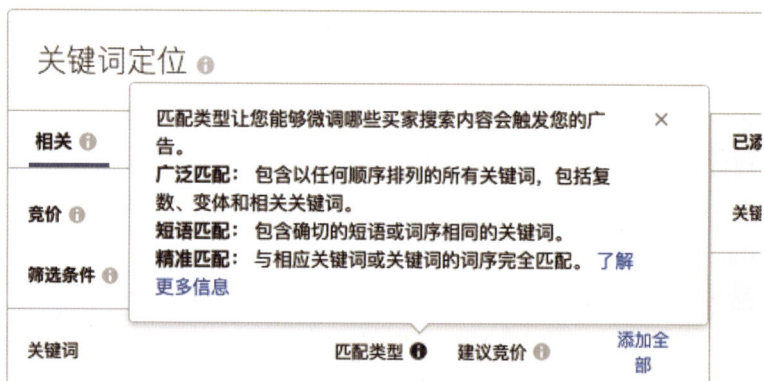

图 6-16 亚马逊系统中的三种关键词匹配类型

结合亚马逊官方给出的解释，下面对三种匹配类型进行分析。

使用广泛匹配类型，关键词**支持无序匹配、单复数匹配、近义词匹配**等，用口诀概括就是"涉及重合就弹出，曝光积极门槛低"。比如，卖家设置的广告关键词是Cat Bowl，使用广泛匹配类型，当消费者搜索 Bowl Cat（顺序颠倒）、Large Cat Bowl（词前加词）、Cat Food Bowl（词中加词）、Cat Bowl 200ml（词后加词）、Kitty Bowl（近义词）、Cute Cat Bowls（词前加词且原词变复数）等关键词时，系统都会匹配到，该广告都会被展示在搜索结果中。

选择广泛匹配类型，广告可以展示给更广泛的消费群体，商品可以获得最大程度的曝光。同时，使用这种匹配类型便于在广告运行的过程中发掘新词，适合在新品推广期使用。

使用短语匹配类型，关键词**支持匹配单复数、在原关键词的前面和后面添加修饰词，但不支持无序匹配，也不支持在词中加词**，口诀可以总结为"短语前后可加料，绝不任性中间拆"。比如，卖家设置的广告关键词是 Cat Bowl，使用短语匹配类型，当消费者搜索 Large Cat Bowl（词前加词）、Cat Bowl 200ml（词后加词）、Cat Bowls（复数）等关键词时，系统可以匹配到，将该广告展示在搜索结果中；当消费者搜索 Bowl Cat（顺序颠倒）、200ml Cat Bowls（词前加词且原词变复数）、Cat Food Bowl（词中加词）等关键词时，系统匹配不到，而这些都是使用广泛匹配类型可以匹配到的。

相对于广泛匹配，短语匹配缩小了触发广告的搜索词范围，限制了一定量的曝光，在一定程度上可以节省广告成本，并实现更有针对性的广告投放。在此阶段，卖家仍可以通过广告数据报表的反馈获得新词。

精准匹配类型只**支持完全一致的词语或单复数变形**，其他词语都无法匹配，可以总结为"完全相同才放行，严格把关守大门"。还以关键词 Cat Bowl 为例，使用精准匹配类型，当消费者搜索 Cat Bowl 时，仅能够匹配到 Cat Bowl、Cat Bowls、Cat's Bowl、Cat's Bowls 4 个关键词。

精准匹配的针对性更强，只有在消费者输入的搜索词和广告中的关键词完全一致和仅有微小差别时才会展示广告。精准匹配最大程度地限制了广告曝光，广告的受众范围小，曝光量和点击量也少。

通过上述分析不难发现，使用广泛匹配类型可以匹配到更多的消费者搜索，有利于商品获得更多的曝光和流量，但是，如果关键词设置得不精准，也会带来很多无效的曝光和流量，而使用短语匹配类型和精准匹配类型，虽然可以匹配到更精确的搜索，但也限制了广告的展示，会错过一些有真实购买意向的搜索。

结合多年来的运营经验，笔者的建议是，在投放手动型广告时，精准关键词应作为首选，而在匹配类型上，推荐广泛匹配类型，简而言之就是"精准关键词＋广泛匹配"是手动型广告的最佳组合，这样既可以获得尽可能多的曝光，又可以在一定程度上减少无效的曝光。

另外，不同于商品详情中写入其他商标就会侵权的约束，在广告活动中，可以把竞品的商标名作为广告关键词加入其中，以实现通过竞品为自己引流的目的。这样设置，既不违反亚马逊平台规则，也不涉及侵权。

在运营的过程中，根据预算的多少和运营策略的不同，不同的卖家在广告活动的创建上也不尽相同。

如果是新卖家、小卖家，在资金少、运营技能差、广告预算有限的情况下，可以利用自动型广告覆盖面大的特点，在商品优化到位的基础上，投放一个自动型广告。

如果在自动型广告之外，预算还有剩余，就可以根据自己对商品的了解，再结合自动广告报表反馈的数据，将精准关键词进行筛选，增加一个手动型"关键词投放"广告，投放的方式优先考虑上文讲的"精准关键词＋广泛匹配"。

如果这款商品是卖家重点打造的爆款，广告预算也够多，为了获取更多的流量和转化，还可以对该商品同步或先后创建多个广告计划。

比如，在投放自动型广告的同时，开启手动型广泛匹配、手动型短语匹配、手动型精准匹配三个广告活动，然后在广告运行的过程中，根据各个广告活动的实际表现，分别对它们进行优化。对转化效果好的广告，可以加大投入，以获得更多的订单，而对于经过优化仍然无法达到预期转化率的广告活动，可以暂停或停止。

这种根据广告曝光量和点击量多少，从大到小形成更精准匹配的广告投放方式，被称为广告漏斗模型，如图 6-17 所示。

图 6-17　广告漏斗模型

同一款商品的多个广告活动是否会相互冲突呢？这是很多卖家的疑问，其实大可不必担心，原因有以下三点。

- 为了让流量相对公平地分配，亚马逊系统基本上不会让同一款商品的广告在同一个页面中多次出现。
- 卖家可以对不同的广告活动设置差异化的竞价，用价格因素调节广告在不同页面的曝光。

- 广告的好坏是看效果说话的，如果为同一款商品创建了多个广告活动，每个广告活动的投入产出比都很好，也就无所谓冲突了。

6.8　广告节省策略：设置否定关键词和分时竞价

在站内广告设置过程中有一个"否定关键词定位"栏（如图 6-18 所示），很多卖家在进行广告投放时没有注意到此栏，也有卖家知道它的存在却不知道该如何恰当地利用。否定关键词对广告投放和优化来说究竟意味着什么？我们该如何用好它，让它对我们的运营起到加分的作用？接下来详细讲一下。

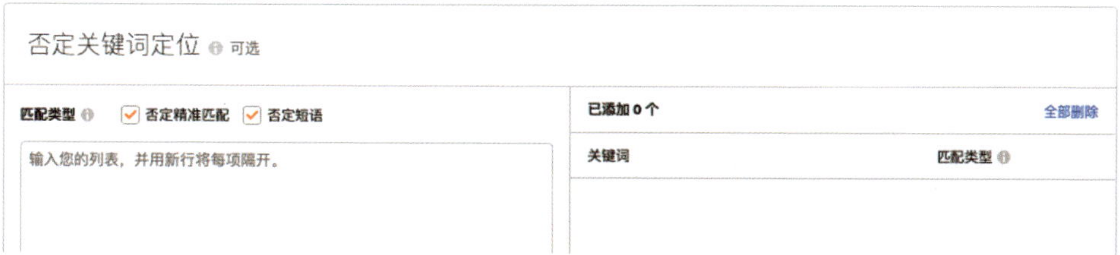

图 6-18　"否定关键词定位"栏

"否定关键词定位"栏是亚马逊系统提供的让卖家可以为减少广告中的某些关键词所带来的无效流量而进行的设置。具体来说就是，在一个广告活动中，某个关键词的曝光量多、点击次数也多，但经由该关键词转化的订单却很少甚至没有，这时就可以通过设置否定关键词的方式屏蔽此广告在该关键词搜索中的曝光，以达到节省成本的目的。

比如，一个手表卖家在广告运行的过程中，通过广告报表发现有一个关键词 Cool Watch 的曝光量和点击次数都很多，但没有带来任何订单，卖家觉得虽然 Cool Watch 流行度高，但和自己的商品 Men's Watch 匹配度不高，所以卖家决定把 Cool Watch 添加到否定关键词列表中进行否定。而关键词 Cool Watch 被否定后，再有消费者搜索该词语时，此卖家的广告就不会被展示，此卖家因此减少了效能低的曝光和点击，节省了广告成本，广告的整体转化率也得到一定程度的提升。

因此，在广告运行的过程中，根据广告报表对"二高一低"（高曝光、高点击、低转化 / 零转化）关键词进行否定，既可以节省广告成本，又有利于优化商品定位，提高广告转化率。用好否定关键词，是站内广告优化的重要工作。

和关键词的匹配类型不同，否定关键词只有两种匹配类型：否定短语匹配和否定精准匹配。因为否定短语覆盖的词语较多，可能会"伤及"某些可转化为订单的关键词，所以在否定匹配类型的选择上，建议用否定精准匹配，有点类似我们日常所说的"对事不对人"的处事原则。

在前文的举例中，可以看到，卖家是通过广告报表的数据觉得有必要对某些关键词进行否定的，而在否定之前，卖家曾经思考过关键词和自己的商品不相关。所以，在做否定决策的过程中，要考虑以下两点：根据广告报表的数据，以单个关键词的点击次数大于 20 次为参考，才考虑进行否定；关键词和商品的相关性，只有关键词和商品不相关或相关性差，才考虑进行否定。

除否定外，还可以通过分时段设置广告竞价的方式来节省广告成本。

时差导致我们上班时消费者在休息，而每天广告的运行是从站点当地时间零时开始的，所以很多时候卖家遭遇的局面就是，消费者在休息，广告在运行并被点击，而销售高峰到来时，广告已经被"点爆"，超出预算上线了。

为了节省时差造成的广告花费，可以采取分时段设置广告竞价的方式调整广告在不同时段的竞价，用竞价改变广告位，节省成本，减少浪费。比如，在一个广告活动中，可以在太平洋时间 10:00PM—8:00AM 将竞价设置为低竞价，而在其他时段将竞价调整为正常竞价，以此来减少广告在非销售高峰时段的曝光和点击，将广告费用花在可以带来销量的高峰时段。

由于亚马逊广告系统当前没有按时段设置广告竞价的模式，因此调整广告竞价需要卖家每天手工设置，或者借助第三方工具如 Asinking 等来设置。

6.9　正确解读广告数据，提升广告效用

投放广告只是第一步，要想让广告的效用最大化，就要在广告运行过程中根据广告数据报表对其进行优化。因此，对于一个运行中的广告活动，我们要做到两点：解读广告数据、根据广告数据进行优化。本节将讲解正确解读广告数据的方法。

为了精准地解读广告数据，我们需要进行三项设置："筛选条件"、"列"和日期范围，如图 6-19 所示。

图 6-19　设置广告选项

"筛选条件"选项建议选择"活跃状态"下的"已启用"，如图 6-20 所示，即广告列表只显示运行中的广告活动。"列"建议选择"自定义列"中的"全选"，如图 6-21所示，即把所有广告数据都显示出来。日期范围建议选择"最近 7 天"（如图 6-22 所示）或"最近 30 天"，即以最近 7 天或最近 30 天作为查看的周期，相对日期范围中的"今天"和"昨天"所反映数据的不完整或偶发性，"最近 7 天"才是最小的周期循环，即以周为周期的数据更有参考价值。

图 6-20　选择"活跃状态"下的"已启用"

图 6-21　选择"全选"

图 6-22　选择"最近 7 天"

设置以上三个选项之后，在广告列表中，我们就可以看到广告中最重要的几个数据了，它们分别是**曝光量**、**点击次数**、**点击率（CTR）**、**花费**、**每次点击费用（CPC）**、**订单**、**销售额**和 ACOS，如图 6-23 所示。

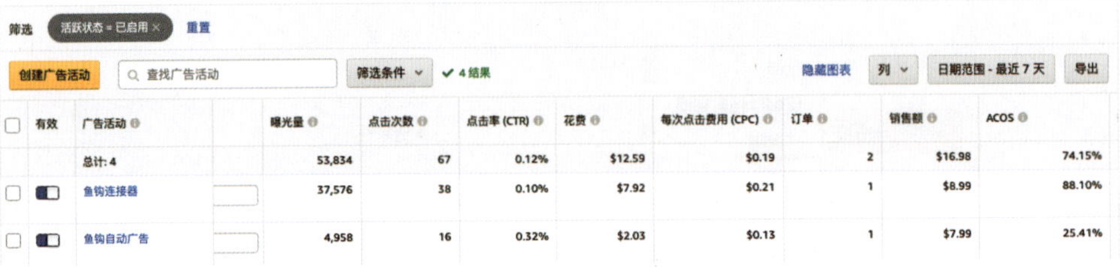

有效	广告活动	曝光量	点击次数	点击率 (CTR)	花费	每次点击费用 (CPC)	订单	销售额	ACOS
	总计：4	53,834	67	0.12%	$12.59	$0.19	2	$16.98	74.15%
	鱼钩连接器	37,576	38	0.10%	$7.92	$0.21	1	$8.99	88.10%
	鱼钩自动广告	4,958	16	0.32%	$2.03	$0.13	1	$7.99	25.41%

图 6-23　显示广告中的重要数据

接下来分别对这些数据进行讲解。

曝光量是指广告展示在搜索结果页和商品详情页的总次数。由于每次曝光都是多条商品信息同时展示，而消费者未必会点击卖家的商品，所以曝光量并不直接对卖家的广告产生重大影响。但是，曝光量是点击率和订单的基础，没有足够多的曝光量，点击率和订单就无从谈起。从这个意义上说，曝光量是广告运行中需要关注的第一个重要数据。曝光量的多少是一个广告活动成败的基础，很少或没有曝光量，就等于投放广告失败。另外，由于站内广告是按点击付费的广告类型，所以曝光量并不产生费用。

在一定曝光量的基础上，我们需要关注的第二个数据是点击次数。和曝光量不同，点击就会产生花费，但也只有点击才有可能为卖家带来订单。所以，点击次数的多少在一定程度上反映广告效果的好坏，必须有足够多的点击次数才能带来期望的订单。

点击率（CTR, Click Through Rate）是点击次数和曝光量的百分比。虽然点击率没有可衡量其好坏的具体指标，不同类目商品的点击率也会有差异，但参考笔者多年的运营经验，大部分类目下的广告，点击率在 0.5% 左右是比较合适的。点击率越高，广告关键词质量得分就会越高，广告的效果就会越好，反之亦然。所以，在广告运行过程中，点击率的高低同样值得关注。

花费是选定时段的广告花费，由于统计口径和最终的核算口径不完全一致，因此此处显示的花费有时会和实际需支付给亚马逊的广告费有所出入，建议以付款报表中的花费为准。

每次点击费用（CPC, Cost Per Click）是广告花费除以点击次数的比值，一般会低于卖家的竞价，原因在后文广告扣费公式中详解。

订单是指消费者通过点击广告进店之后，7 天内在该商品及该店铺其他商品上产生的订单的总和，销售额也是同样计算的。

在广告列表中没有显示订单转化率（CR, Conversion Rate），它同样是一个需要我们在运营中评估的重要数据。订单转化率是订单数量和点击次数的百分比。订单转化率越高，说明广告的效果越好，相应地，商品权重和关键词质量得分也都会得到提升。订单转化率为多少才是合适的呢？我们可以借助一个指标来衡量。在卖家中心后台的"业务报告"中，可以看到每款商品的转化率，把广告订单转化率和商品转化率做对比，如果两个转化率基本持平，就说明广告订单转化率是合适的；如果广告订单转化率太低，则可以从广告优化、分时段竞价等方面对广告进行调整；当然，如果两个转化率都很低，那就需要从选品和竞争的角度全方位权衡了。

　　ACOS（Advertising Cost Of Sale）是一个百分比数值，也是广告中最值得关注的数据，ACOS 数值的高低直接反映该广告的投入产出比是否划算。ACOS 的计算公式如图 6-24 所示。

$$ACOS = \frac{广告投入的花费（ads\ spending）}{广告带来的销售额（ads\ attributed\ GMS）} \times 100\%$$

$$= \frac{每次点击费用 \times 点击次数}{商品单价 \times 销量} \times 100\%$$

图 6-24　ACOS 的计算公式

　　通过 ACOS 的计算公式可知，影响 ACOS 数值的变量有 4 个：每次点击费用、点击次数、商品单价和销量。如果一款商品的竞争激烈，每次点击费用就可能高，公式的分子就比较大，假设商品单价即公式的分母固定不变，ACOS 数值就会比较大。另外，对于单价低的商品，其 ACOS 数值一般也比较大。

　　ACOS 数值是广告的投入产出比，反映广告投入所带来的盈亏。例如，假设一则广告的 ACOS 数值是 20%，从逻辑上来说，意味着投入 20 美元的广告费可以带来 100 美元的销售额，如果该商品的毛利率高于 20%，则意味着此广告投入产出比划算，是盈利的，但如果该商品的毛利率低于 20%，则意味着广告投入是亏损的。

　　从这个意义上讲，ACOS 数值越小，广告的投入产出比就越高，以至于很多卖家投放广告时的理想就是"ACOS 数值越小越好"。但是，"理想很丰满,现实很骨感"，ACOS 数值不会无限小，所以应该理性看待。

　　那么，究竟 ACOS 数值是多少才是合理的呢？下面进行分析。

情况一：ACOS 数值小于毛利率

　　在这种情况下，毋庸置疑投放广告是盈利的，所以值得持续投放广告。如果此种情况下广告费较少，带来的订单在总订单中占比不多，则建议适当提高广告预算和竞价来增加广告带来订单的比例。

情况二：ACOS 数值等于毛利率

　　在这种情况下，从表面数据看，投放广告正好是盈亏平衡的。需要注意的是，除直接的广告订单外，广告还会为店铺带来一部分隐性订单。

　　假设某款商品在投放广告前每天稳定地产生 10 个订单，在投放广告后，通过广告数据看到广告为商品带来了 10 个订单，那么此时该商品的总订单量是多少呢？很多卖家认为是 20 个，但真实的答案可能是 30 个。为什么呢？原因是在没有为该商品投放广告时，每天稳定地有 10 个订单，假设其 BSR 排名是 100 名，在投放广告带来 10 个订单后，其每天总订单量变成 20 个，对应的 BSR 排名可能上升到 50 名，按照亚马逊的流量分配原则，排名越靠前，能够分配到的自然流量就越多，排名 50 分配到的自然流量会高于排名 100 分配到的自然流量，假设转化率固定不变，自然流量增多，那么订单量也会随之增加。另外，广告数据中只统计了广告被点击 7 天内所产生的订单，有一部分消费者在点击广告 7 天之后才进行购买，这些数据并没有被计入广告数据，但却真实发生并被计入总订单量中了，也正是因为这些情况的存在，才有了类似"10+10=30"的效果。

即便 ACOS 数值等于毛利率，表面上广告没有带来盈利，但广告带来的订单可以让我们获得更大的市场份额，让我们在和同行卖家的竞争中更有优势。

基于上述分析，当 ACOS 数值等于毛利率时，广告还是值得持续投放的。

情况三：ACOS 数值大于毛利率，比毛利率高出 10%~20%

在这种情况下，广告的直接投入产出比是亏损的，但我们不应该停留于此。

假设现在把广告停止，广告带来的订单量减少，商品的 BSR 排名下降，导致自然流量减少，进而总订单量减少。由此可见，广告停止减少的不仅仅是广告部分的订单，还包括因为广告订单推高 BSR 排名所获得的额外自然流量带来的订单。当然，如果再考虑广告停止导致的商品权重下降，错失的订单就更多了。所以，ACOS 数值高于毛利率并不意味着就要把广告关闭。

此时广告关闭与否，还需要考虑另外一个因素，即广告所带来的订单量在总订单量中的占比。如果广告订单量占比较少，广告总花费和销售额的百分比远小于该商品的毛利率，此时商品的总销量还保持着不错的利润，那么广告依然值得持续投放。

情况四：ACOS 数值很高，远高于毛利率，甚至超出 100%

在这种情况下，投放广告必然是亏损的，此时需要通盘考虑。

有经验的卖家都知道，广告转化率既和商品权重有关（体现在广告层面即关键词质量得分），又和广告是否持续有关。一般来说，一个广告活动在投放初期转化率往往偏低，此时的 ACOS 数值偏高，甚至会出现数值大于 100% 的情况。所以，如果广告刚开始投放不久，在 ACOS 数值高但实际广告花费并不多的情况下，应该持续投放一段时间，观察 ACOS 数值是否有降低的趋势，不要在此阶段就因为暂时的亏损而匆忙停掉广告活动。

如果商品还处在爆款打造初期或上升期，商品整体的表现正在越来越好，而广告的花费还在总预算之内，此时，广告应该持续投放。

如果 ACOS 数值一直很高，采用各种方法都无法降低 ACOS 数值，而且商品的销量呈现颓势，卖家已经无心打造，此时可以将广告停止，同时准备舍弃该商品，清货离场，转战下一款商品。

关于 ACOS 数值的情况肯定不止上述 4 种，建议卖家以上面的情况为例，根据商品广告的效果，全面分析并解决。

结合上述分析和 ACOS 公式，下面对基于 ACOS 公式进行广告优化的策略做一下简单总结。

- 点击率高，点击次数多，每次点击费用（CPC）高，可以从以下三个方面进行调整：首先，优化商品详情页，增加商品详情页中的关键词的相关性，停用点击率高、转化率低的不相干词语；其次，在手动型广告中，适当降低 ACOS 数值过高的关键词竞价；再次，设法提高关键词质量得分，包括历史销量、历史转化率、评价星级、账号绩效等，因为自然排名越高，广告成本往往越低，所以要设法提高核心关键词的自然排名。

- 点击次数多，每次点击费用（CPC）合适，但销量偏少，这种情况商品优化是关键。我们可以横向对比同行卖家的商品，包括类目热卖榜单中的商品、搜索结果前几页的热卖商品，以及热卖商品详情页广告位的商品等，然后对自己的商品内容进行优化。

- 商品销量很好，但由于单价低导致 ACOS 数值偏高，这种情况可以使用以下三种方法来降低 ACOS 数值，包括调整商品组合，把单件销售改为批量销售，提高商品单价；升级商品，提高商品售价；选择相关度高的商品做组合套装，提高组合套装的商品售价。

总之，无论当前的广告效果如何，数据太少、观察周期太短都难以做出正确的判断。对于重点打造的商品，应该用不少于一个月的时间在广告运行的过程中进行测试和优化。在广告总预算内，以月为观察周期，以周为评估单元，只要 ACOS 数值逐步降低，广告整体效果逐渐向好，此广告活动就值得持续投放。

6.10　关键词质量得分和广告扣费算法

在站内广告投放和优化的过程中，卖家还需要关注关键词竞价和扣费、关键词质量得分、广告商品排位原理等。

在当前亚马逊广告位排序算法下，广告商品的展示排位不单纯以关键词竞价为唯一衡量指标，在竞价之外，关键词质量得分的高低也是影响广告排位的重要因素，简而言之就是"自身竞价是参考，关键词质量得分是重要因素"。

关键词质量得分是关键词在广告活动中的权重，但该分值仅存在于亚马逊系统内部，并没有向卖家公开，所以在很大程度上，我们只能通过推测来判定关键词质量得分。

根据多年的运营经验，笔者认为关键词质量得分的变化有两个阶段：广告开启时和广告运行中。

在广告开启时，影响关键词质量得分的因素主要包括关键词与商品的一致性、商品详情与所在类目的匹配度、系统检索到的消费者意向与商品详情的一致性等。如果上述内容高度一致，关键词质量得分就高。从这个角度看，为了提高关键词质量得分，商品优化是关键。

在广告运行中，影响关键词质量得分的因素包括点击率、订单转化率、评价星级和广告持续性（广告中断会影响商品权重，进而导致关键词质量得分下降）等。如果上述因素情况较好，关键词质量得分就会上升，反之就会下降。

将广告竞价和关键词质量得分结合，就是广告排位高低的基础。

例如，有 A、B、C 三个卖家，对于同一个广告关键词，他们的竞价分别是 1.8 美元、2 美元、3 美元，同时三个卖家的关键词质量得分分别是 10 分、7 分、4 分，用竞价乘以关键词质量得分，得出他们在该关键词上的广告排位分数分别是 18 分、14 分和 12 分，结果是，虽然卖家 A 的关键词竞价低，但因为其关键词质量得分高而得到了最高的广告排位，卖家 B、C 依次排后。

接着我们再来看看站内广告是怎么扣费的。

从广告数据报表中可以看到，广告的实际扣费往往低于自己的竞价，而且再深入分析会发现，每次的扣费都不一样，时高时低，站内广告的扣费是和亚马逊站内广告扣费公式直接相关的。

为了让运营环境更公平，让广告扣费更合理，互联网行业按点击付费的广告类型的实际扣费都会参考同一个广告位竞争对象的竞价，亚马逊平台也不例外。在亚马逊系统中，站内广告的实际扣费公式如下。

广告实际扣费 =（下一名的出价 × 下一名的质量得分）/ 自己的质量得分 +0.01

以上文举例来说，A、B、C 三个卖家的实际扣费是 A 卖家 (2×7) /10+0.01=1.41 美元，B 卖家 (3×4) /7+0.01=1.72 美元，而 C 卖家的实际扣费也同样会参考比 C 卖家排序低一名的广告出价。

由于自己的关键词质量得分、竞争对手的关键词质量得分、竞争对手的出价等都是随时变化的，所以即便在卖家自己的关键词出价不变的情况下，单次点击所产生的实际扣费也会有波动。

我们该怎样做才能够在不影响广告效果的情况下，提高关键词质量得分和降低广告扣费呢？

笔者有以下三点建议。

- 优化商品详情，让商品详情内容尽可能和类目节点一致，同时符合消费者的搜索习惯。

- 提高点击率和转化率，用有质感的主图、有竞争力的价格、高星级的评价吸引消费者点击。同时，还可以引导自媒体"粉丝"等精准群体通过点击广告来购买商品，以此提高转化率。

- 除分时段竞价外，如果广告竞价和实际扣费均价差额较大，就可以通过降低竞价的方式来节省广告成本。具体操作是，以最近 7 天的扣费均价为参考，后一次的竞价可以设置为最近 7 天扣费均价加 3~5 美分，这样调整既可以节省广告成本，又不会对广告排位有大的影响。

6.11 广告之痛：广告运行中的4种情况及应对方法

在广告运行的过程中，会遇到各种情况，接下来对这些经常出现的典型情况进行讲解。

情况一：有投放，没展示（有投放，曝光少）

出现这种情况的原因有 3 个：广告竞价低；商品类目放错；关键词权重太低，或者手动型广告中添加的关键词太少，或者自动型广告中的否定关键词太多。

针对这种情况，可以从以下几个方面来解决：（1）提高广告竞价；（2）参考竞品的类目节点，将商品调整到精准匹配的类目节点；（3）优化商品详情，包含更多关键词，尤其在标题中应该恰当地应用核心关键词；（4）检查手动型广告中的关键词列表，如果太少，就适当增加，可以把关键词匹配方式从精准匹配调整为短语匹配或广泛匹配；（5）检查自动型广告中的否定关键词，如果否定关键词太多，就要适当减少。

情况二：有展示，没点击（曝光多，点击少）

出现这种情况的原因可能有 3 个：商品优化不到位（尤其是主图）；广告位置不利，在搜索页面靠后的位置或在页面底部；价格高于竞品价格，评价星级低于竞品的评价星级。

针对这种情况，可以从以下几个方面来解决：（1）对商品详情进行全方位优化，包括主图（是不是主图不够出色？和竞品进行对比，优化主图）、关键词（是不是不相关的关键词太多？删除不相关的词语）、标题（标题中的关键词、特性词、美感词等是否搭配适宜）、评价的星级和数量、价格等；（2）调整竞价，通过提高或降低广告竞价来改变广告位置；（3）想办法降低成本和售价，同时提升主图质感，增加评价数量并提高星级。

情况三：有点击，没订单（点击多，转化低）

出现这种情况的原因可能有 3 个：商品详情优化不到位；评价星级太低，差评靠前；缺少折扣价和优惠券的推动。

针对这种情况，可以从以下几个方面来解决：（1）全面优化商品详情的各个细节，包括图片、视频、A+页面、五行特性、商品描述等；（2）优化评价，通过人工干预的方式，把描述详细的好评和带图片、视频的好评推到前面；（3）重新编辑价格组合，把制造商建议零售价（MSRP）、标准价（Your Price/Standard Price）和折扣价（Sale Price）全部进行设置，以便在搜索结果页和商品详情页形成折扣的效果，同时为商品设置优惠券，从而达到更加吸引消费者眼球的目的；（4）设置分时竞价，让广告集中展示在销售高峰期。

情况四：花费多，订单少（投入多，产出少）

当投放一则广告出现花费多、订单少的情况时，其典型特征就是投入产出比不划算，投放广告是亏损的。遇到这种情况，可以从以下几个方面来解决：（1）全面优化商品详情；（2）想办法提高BSR排名并逐步降低广告竞价。在提高BSR排名方面，可以通过螺旋式低价的方式，低价激活销量，推动订单增长和BSR排名上升，用排名换流量，减少对广告的依赖，同时要注意，随着BSR排名的上升，要逐步把商品价格提高到合理的利润水平。在站内广告方面，根据广告运行的实际数据，本着量入为出的原则，对广告进行优化，如果投放广告长期不划算且优化后依然得不到改善，可考虑终止投放广告。

6.12 广告报表中ASIN码的解析与应对

在查看站内广告报表（尤其是自动广告报表）时，如图6-25所示，会看到很多以"b00"开头的字符串，即ASIN码，不少ASIN码的展现量很大，转化率各不相同，转化率高自然让人开心，而点击次数（点击量）很多、广告花费很大、订单却很少甚至没有的ASIN着实让人心碎。本节就来讲解站内广告报表中ASIN的由来，以及该如何优化。

H		J	K	L	
匹配类型	客户搜索词	展现量	点击量	点击率(CTR)	
BROAD	fishing snap rings	4	1	25.0000%	
BROAD	b0009v0uci	1	1	100.0000%	
BROAD	b0009v2r2e	62	3	4.8387%	
BROAD	b0009v5qea	22	1	4.5455%	
BROAD	b000algfp8	4	1	25.0000%	
BROAD	b000aljbrm	2	1	50.0000%	
BROAD	b000e3c3lc	28	1	3.5714%	
BROAD	b003cubanq	4	1	25.0000%	

图 6-25 站内广告报表

自动型广告报表中出现大量的 ASIN 码，首先是和自动型广告的展示原理密切相关的。在广告设置的章节里讲过，自动型广告在设置的过程中不需要卖家添加任何关键词，系统会自动抓取商品详情中的关键词，将商品展示在同类商品详情页的广告位上和相关商品详情页的广告位上。

这样的结果就是，消费者在浏览某个商品页面的过程中，如果点击了广告栏中的商品链接，这种点击就会被系统记录下来，体现在广告数据报表中，就是刚刚所讲的商品的 ASIN 码。

细心的卖家会发现，如果商品优化出色，投放自动型广告的效果往往也是不错的，这同样和上述的展示和点击原理有关。

与手动型广告会依据广告关键词优先被展示在搜索结果页不同，自动型广告会优先被展示在相关商品和同类商品的详情页中。需要提醒的是，这里是"优先"而不是"绝对"，手动型广告也会被展示在商品详情页中，如果在手动型广告的设置过程中选择"商品定位型"，那么还可以增加商品被展示在商品详情页广告位的概率。

按照通常的逻辑，在搜索结果页，消费者可能只是有了初步的购买意向，而当一位消费者打开一条商品信息，甚至进行了多条商品信息的反复切换和浏览后，其购买的意向也更加强烈，在这种情况下点击卖家的广告，消费者下单的概率也会更高。

心理学上将这种现象叫作"付出要有回报原理"，相对于搜索结果页的查看，在商品详情页的多次切换和浏览中，消费者对该商品投入了更多的情感，购买意向强烈，购买的概率更大。当然，这是原因，也是结果。正是因为消费者购买意向强烈，才会反复切换和浏览更多的商品页面，遇到心仪的商品才更容易做出购买的决定。而对于自动型广告来说，其展示正好契合了这个原理。

理解了广告数据报表中 ASIN 的由来，我们在运营中该如何根据这些 ASIN 数据对广告进行有针对性地优化呢？

基于 ASIN 数据的优化包括以下几个方面。

- 对于高曝光量、高点击率、高转化率的 ASIN，卖家要搜索该 ASIN，查看对应的商品，将自己的商品与其做对比，找出自己商品的优势，并尽可能维持这种优势。

- 对于高曝光量、高点击率、低转化率（零转化率）的 ASIN，卖家同样要搜索该 ASIN，查看对应的商品，分析自己的商品是否和该 ASIN 商品相关。如果两款商品不相关，就要思考系统将两款商品关联的原因，如果是自己的商品中关键词使用不精准或误用不相关关键词所致，则要及时对自己的商品详情进行优化，将不相干的关键词删除或修改；如果两款商品相关，则要思考为什么自己的商品没有订单，要对商品的细节进行进一步的优化，优化的标准就是，比关联的 ASIN 商品更出色。

除上述方法外，我们还需要知道，按照亚马逊官方的说法，ASIN 码是不能被否定的，所以，面对广告数据中的 ASIN 码，我们只能优化，不能否定。

有些卖家询问，如果把自动型广告报表中效果好的关键词添加到手动型广告中，是否有必要将其在自动型广告中否定呢？

笔者的答案是否定的。

原因很简单。广告投放的目的在于转化率和投入产出比都高，既然在自动型广告中效果好，投入产出比高，又何必将其否定呢？把这些关键词添加到手动型广告中，如果两个广告活动效果都不错，岂不更好！

6.13　站内广告的必要性及广告的三重追求

关于亚马逊站内广告，经常会有卖家这样询问：运营中必须要投放站内广告吗？不投放可以吗？如果投放，应该给哪些商品投放广告呢？投入产出比不划算怎么办？询问这些问题的卖家往往都刚刚在亚马逊上开店，还没有将站内广告应用于运营。

与此同时，还有一些卖家询问：为什么我的广告没有曝光量和浏览量呢？广告投放几天了，为什么有点击量却没有订单呢？商品排名很好，是否有必要持续投放站内广告？询问此类问题的卖家，虽然把站内广告纳入运营，但对广告的理解还不够深刻，把握得还不够全面，所以遇到了很多困惑。

对于第一种卖家，笔者想说的是，站内广告是亚马逊店铺运营中一个必要的补充工具，使用得当，运营绩效会有很大的提升。对于第二种卖家，笔者想提醒的是，投放站内广告需要具备全局思维，要有长远的眼光，要掌握必要的技巧，春天播种、秋天收获，投放站内广告不是一蹴而就的事，需要留出时间来观察，根据数据进行优化。可以这么说，广告投放是基础，只有持续优化才能让广告效果越来越好。

无论是哪种卖家，在投放站内广告之前，都必须明白的一点是，站内广告只是主动获得曝光和流量的起点，至于是否能够带来订单，即订单转化率如何，要看商品优化是否到位、图片是否吸引人、价格是否合理、商品描述是否清晰、用户口碑（通过评价数量和星级体现出来）是否足够好等，这些都是影响转化率的核心因素。投放站内广告可以增加获得订单的机会，但投放站内广告不等于拥有订单。

关于站内广告投放的必要性，笔者想强调的是，一款商品如果权重低、曝光少、没有排名，就很难展现在搜索结果页靠前的位置。在这种情况下，投放站内广告可以帮助卖家把商品推送到搜索结果前几页甚至第一页，或者推送到同类热卖商品的详情页面中关联展示，是商品获得更多曝光和流量的重要工具。与其坐等，不如主动出击，站内广告在运营中具有举足轻重的作用。

虽然投放站内广告对运营很重要，但并不意味着卖家就要一股脑地对所有商品都投放广告。除非只有区区几款商品，否则对所有商品同步投放广告只会让卖家处于另一种被动局面，即广告费花了不少，转化的订单却未必能够达到预期。广告的效果在于聚焦和优化，分散式和不做后期优化的广告，其效果往往很差。

亚马逊店铺运营讲究爆款的打造，一个热销爆款抵得上十个甚至更多普通款，为了打造出爆款，卖家要学会阶段性聚焦。运营中要选择质量好、利润空间大、市场容量大、消费者接受度高的商品作为主推款，重点投放广告。一个爆款可以带动整个店铺运营逆势飞扬。

对于站内广告，我们要有三重追求。

追求一：获得曝光和流量。

追求二：获得更多的订单，推高商品的 BSR 排名和关键词排名，让自己的商品表现优于同行的商品表现。

追求三：在订单增长的同时，达到和维持合理的（可接受的）投入产出比。

为了达到获得曝光和流量的目的，可以把自动型广告、手动型关键词定位广告和手动型商品定位广告三者结合投放，笔者建议：（1）开启自动型广告，在广告运行的过程中，观察广告的曝光量、点击量、销量和转化率；（2）利用从自动型广告报表中提取的表现最好的 ASIN 码、关键词等，开启手动型关键词定位广告和手动型商品定位广告。在关键词的选择上，要覆盖商品搜索词、核心品牌搜索词、竞品搜索词、促销相关搜索词和小语种商品搜索词等，关键词匹配要优先考虑广泛匹配，适当配合短语匹配和精准匹配。商品定位中的 ASIN 码要选择同类商品和关联商品。这样投放广告，能够在最大程度上为商品带来曝光。

为了获得更多的订单、推高商品排名和关键词排名，我们需要基于建议（1）的设置，紧扣转化率和订单量，根据广告数据，适时地对商品进行优化，包括商品详情细节、价格、评价等。

为了在订单增长的同时达到合理的投入产出比，需要采取如下策略：基于建议（1）和建议（2）的设置及广告实际效果，结合商品的 BSR 排名等，将广告目标转变为紧扣投入产出比；如果 ACOS 数值不合理，可以通过调整竞价和预算使其逐步趋于合理；对于一直巨大亏损的广告活动，可以选择关闭；逐步提高自然流量订单比例，减少广告订单比例，减少对广告的依赖。

6.14　减少广告费的精准调整思路

在亚马逊平台最新的版本中，亚马逊平台对商品详情页的布局做了调整，最大的变化就是把"看了又看"和"买了又买"两栏改为"4 stars and above"（四星及以上）广告位，这种调整意味着自然流量入口减少，要想做好运营、打造出爆款，站内广告的作用更加重要，同时也会有更多的卖家投放更多的广告来争抢订单，这必然导致站内广告的竞争越来越激烈。如果不进行精细化的管理，不针对性地进行广告优化，最后的结果可能是"投着投着就没钱了"。

要想减少广告费，在广告投放的过程中，一定要具备自我修正能力，避免以下误区，并能够针对广告中的问题进行优化。

1. 误区一：店铺里的所有商品全部投放广告

广告投放一定要关注投入产出比。在一家店铺里，有热卖的爆款，也有冷门的滞销品；有高利润的商品，也有低利润的商品。不同的商品应该用不同的打造方法，一刀切地全部投放广告，只会造成浪费，让广告效能下降。所以，在投放广告前，要进行全面分析，选出利润绝对值高、市场空间大的商品重点投放广告，而对于单价低、利润低的商品，要谨慎对待。

2. 误区二：自动型广告和手动型广告同时投放会造成店铺内部竞争

从理论上来说，对多款同类商品同时投放广告确实会造成彼此竞争，对同一款商品同时投放多个不同形式的广告也可能存在类似的情况。但不要忘了，自动型广告的曝光路径和手动型广告的曝光路径是不完全相同的，再加上不同的广告中关键词质量得分有区别，如此一来，即便是同一位卖家的多个高度类似的广告，也未必会展示在同一个页面，也就不会产生彼此的竞争。另外，我们还可以对不同的广告设置不同的竞价，用竞价差别使商品展示在不同的页面中。

换个角度看，即便自己的多个广告并列在一起，表面上彼此竞争，但如果每个广告活动的投入产出比都是划算的，这也是好的结果。

3. 误区三：广告设置完成后，就可以坐等销量增加了

需要注意的是，投放广告虽然能够带来曝光和流量，但并不能直接带来订单，之所以销量增加，很大程度上还要靠商品自身的表现。在广告转化上，"内功"起着非常重要的作用，而"内功"就是商品优化，即商品详情页的完美展现。

除商品本身的表现外，卖家还要注意对广告计划进行优化。一般而言，广告投放初期转化率较差，ACOS 数值往往会比较高，这就需要卖家多观察、多总结，将转化率低、曝光量少、没有点击率的词语果断舍弃，将新发掘的针对性强、匹配更精准的词语及时补充到广告中。

通过持续的广告优化，让转化率逐步提升，让 ACOS 数值降低，广告的效果会随着广告的优化变得越来越好。卖家慢慢地就会发现，可以用更低的投入带来更多的销量，良性循环形成"强者恒强、强者更强"的局面，这才是广告要达成的效果。

　　在亚马逊站内广告的投放上，散养式的放羊心态万万要不得，用心、努力追求每次广告投放都精准且有效才是正确的。

　　通过以上分析，不难发现，站内广告对卖家在运营中主动引流、提升销量等都可以起到非常重要的作用，但要想获得更好的运营效率，还需要我们基于数据对广告进行长期持续的优化。在下一节里，就来谈谈广告运营中的优化策略。

6.15　站内广告的优化策略和优化节奏

　　对于站内广告来说，"投放是基础，优化是保障"。随着卖家数量的增加，越来越多的卖家发现，投放站内广告的成本越来越高，效果越来越差，很多卖家甚至陷入非常窘迫的境地：投放广告，转化率很低，ACOS 数值居高不下，投入产出比不合理，不赚钱甚至亏本；不投放广告，店铺没有流量，也没有订单，更让人焦虑。

　　我们需要明白，竞争是客观存在的，没有人可以靠逃避竞争来取得成功。站内广告只是工具，任何工具都有便捷的方法，任何技能都有优化和提升的空间，站内广告的使用也是如此。"工欲善其事，必先利其器"，要想用好站内广告这个工具，就必须熟悉它的基本功能，掌握操作技巧。只有这样，才能让工具发挥最大的作用。

　　在站内广告的优化上，要做好以下几个方面的工作。

　　（1）**在投放广告前，要做好商品优化**。投放广告是为了让商品展示在搜索结果页靠前的位置，以获取更多的曝光和流量。如果商品详情没写好，就可能因为和类目匹配度不够、和消费者搜索不匹配等导致亚马逊系统抓取不到或抓取不准，广告没有曝光，也可能因为商品描述不够出色，对消费者没有吸引力，导致点击次数少、转化率低。所以，在选定一款商品投放广告前，这款商品的详情必须是完整的、详细的，商品优化的细节包括图片、标题、五行特性、商品描述、Search Term 关键词、商品评价。在商品发布过程中相关属性的选择也要准确无误。关于优化的细节，读者可以到商品优化章节查看。

　　（2）**价格适中，售价要有竞争力**。投放站内广告可以让商品展示在搜索结果页靠前的位置，但消费者在购买时往往会横向对比价格，如果商品价格比同行卖家的商品价格高，即便商品展示在首页、图片精美、描述细致，消费者也可能会因为价格因素而选择其他卖家的商品。价格是成交过程中最敏感的因素，我们应该从供应链上游入手，做好成本把控，确保在维持合理利润的同时价格依然有竞争力，这是提高转化率的重要因素。

　　（3）**商品评价数量越多、星级越高，广告效果就越好**。很大程度上，评价代表着口碑，消费者受从众心理的影响，评价的多少和星级的高低会影响广告的效果。所以，在投放站内广告前，卖家应该尽量通过早期评论人计划、Vine 计划、粉丝测评等方式，为商品增加一些好的评论。

（4）**自动型广告和手动型广告相互结合，互促优化**。在商品优化到位的基础上，优先开启自动型广告，从自动型广告报表中提取"三高"（高曝光量、高点击率、高转化率）关键词，用来创建手动型广告，对自动型广告中的"二高一低"关键词进行否定。

（5）**广告预算要根据打造目标和投放效果适时调整**。一个广告活动的日预算不要太少，一般建议竞价的 30 倍以上为宜。在广告运行的过程中，如果广告活动的转化率高，投入产出比划算，但预算超出导致广告暂停，这时可以适当提高广告预算。当商品排名进入榜单靠前的位置后，可以适当降低广告竞价和预算，提高自然订单的占比。

掌握了站内广告需要优化的内容，还要把握好优化的节奏。一个广告活动开启之后，不太建议对一天的数据做过度评判，原因有 3 点：（1）任意一天的数据都具有偶然性，而偶然的表现不具有参考意义；（2）一天的数据太少，太少的数据分析不出准确的逻辑；（3）亚马逊后台数据更新有滞后性，查看当天数据或前一天的数据都可能存在误差。因此，建议卖家在查看广告数据时，最起码以周为单位来考察。

也就是说，在广告数据中，最少也要使用"最近 7 天"的数据，当然，也可以选择"最近一个月"的数据来参考和评估。查看数据如此，优化节奏同样如此。

一个广告活动开启之后，首先要观察不少于一周的时间，然后调取"最近 7 天"的数据报表，从中提取有用的数据，包括曝光量、点击次数、点击率、订单数量、转化率和 ACOS 数值等，对这些数据进行分析，看是否达到了广告投放的预期效果、是否有优化的空间。如果广告效果好，投入产出比划算，那么自然是可喜可贺的；如果这些数据有不理想的地方，就结合本书前面讲解的内容，对相应的数据进行调整，比如提高或降低关键词竞价、增加或删除广告关键词、参考竞品来反向优化商品等，调整之后，再用不少于一周的时间继续观察调整后的广告效果，并且把优化前后的广告数据进行对比。

另外，还要对完整周期的广告效果进行评估和考量，看是否随着广告的优化，广告效果越来越好了。如果广告整体效果一步步向好，这时候，即便阶段性地出现了广告投入产出比没达到预期的情况，只要广告费在总体预算之内，都是值得持续投放的。

简而言之，在广告优化节奏的把握上，卖家一定要有足够的耐心，既要分析广告数据，又要给每次调整留出足够的时间，观察其变化。在广告优化的过程中，一定要做到戒骄戒躁！

6.16　投放广告的目标：做到"三个30%"是关键

投放广告的终极目标是创造更多的利润，为此，笔者把对投放广告的目标总结为"三个30%"，即商品毛利率≥30%、广告直接销售额占总销售额的比例≤30%、ACOS数值≤30%。将它们作为微调系数，三个数据的占比可以略微变动，如图6-26所示。

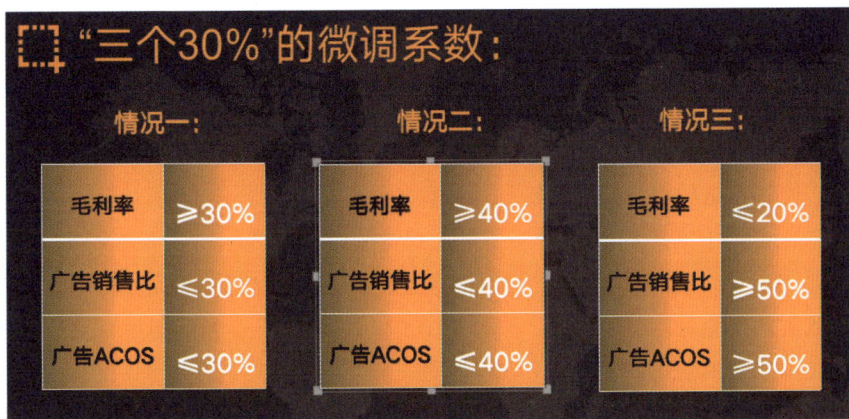

图6-26　"三个30%"微调系数的变动情况

在图6-26的"情况一"中，广告直接销售额占总销售额的比例≤30%、ACOS数值≤30%，此时广告费用低于总销售额的9%，又因为其毛利率高于30%，所以总体是盈利的，同时广告直接销售额占总销售额的比例很小，销量对广告的依赖性不是很强，这是良性的。

在图6-26的"情况二"中，广告直接销售额占总销售额的比例≤40%、ACOS数值≤40%，而毛利率≥40%，此时广告费用低于总销售额的16%，也是合理的。

在图6-26的"情况三"中，广告直接销售额占总销售额的比例≥50%，ACOS数值≥50%，而毛利率不足20%，投放广告是亏损的，投入越多，亏损越多。

如果我们能够以"三个30%"为参考系数，根据自己的毛利率和销售占比进行微调，就可以避免广告"只带销量不赚钱"的尴尬局面。

要想实现这个目标，就要对广告数据进行精准解读和优化。广告投放后，没有曝光量，该调整哪些？要进行商品优化、关键词竞价。高曝光量、低点击率，该怎么办？要进行商品优化，将竞价提高或降低等。高点击率、低转化率，又该怎么办？还是进行商品优化，同时考虑分时段竞价等。参考前几节的内容进行调整，这些都可以实现。

仅仅做这些还不够，上述调整只能解决流量、订单量和转化率，但是ACOS数值居高不下。要想降低ACOS数值，达成"三个30%"的目标，还必须做好以下两点：

否定关键词的恰当使用、关键词竞价设置和调整的模式及节奏。

先来看否定关键词。当一个广告活动中出现高曝光量、高点击率、低转化率 / 无转化率的关键词时，我们一般会考虑将其否定，通过否定来减少广告花费。花费减少后，ACOS 公式中的分子变小，假设分母不变，ACOS 数值必然变小，向 30% 靠近。

但是，也有卖家在实际运营中发现，原本是为了节省成本、提高转化率而进行的否定，但否定之后广告整体效果居然变得更差了，原因是什么呢？

第一，错误地否定了表现好的关键词。有些卖家把自动型广告中表现最好的关键词摘出来创建手动型广告，然后在自动型广告里把这些关键词否定掉，原因是担心两个广告活动相互竞争造成浪费。其实在任何一个广告活动中，表现好的关键词一定要保留和维护，哪怕创建 100 个广告计划，只要每个广告效果都很好，又有什么可担心的呢？这种把最好的关键词否定掉的做法，绝对是错误的。

第二，否定了太多的关键词。在否定关键词时一定要慎重，要本着宁可漏掉也不可错杀的态度，原因是如果被否定的关键词太多，很容易破坏原来的广告结构，进而导致效果更差。当打算否定一些关键词时，请记住广告界那句很有名的话，"我的广告有一半被浪费了，但是我不知道是哪一半"，既然广告注定有浪费，我们不妨就以"适度浪费"的原则来对待吧！

第三，用错了否定的匹配方式。有些卖家在设置否定时，直接选择了短语否定的匹配类型，这样虽然可以把转化差的关键词否定掉，但同时也可能涉及一些转化比较好的关键词，广告效果就会变得越来越差。所以，在设置否定关键词时，其匹配类型一定要选择精准否定。

讲完否定关键词可能造成的不利影响，再来看看关键词竞价设置和调整的模式及节奏。

对于大部分卖家来说，在设置广告竞价时，有三种情况：（1）设置一个竞价，不再变动；（2）初期设置的竞价低，后期看广告效果差，就逐步提高竞价；（3）初期设置的竞价高，后期随着商品的表现和 BSR 排名的上升，策略性地开始降低广告竞价。

在第一种情况中，竞价固定不变，如果竞价偏低，则可能导致广告的曝光量、转化率等指标都比较差，体现在权重上就是广告关键词质量得分低，进而广告效果越来越差。

在第二种情况中，前期广告竞价低，广告的效果可能不尽如人意，在这种情况下提价，虽然能够在一定程度上逐步提升关键词质量得分，但往往也需要付出更多的努力。

在第三种情况中，前期广告竞价高，商品很容易冲到排名靠前的位置，如果商品详情页优化得好，其转化率就会比较高，带动关键词质量得分快速提升，高于同行的关键词质量得分，可以在一定程度上节省广告成本，而随着订单数量的增加，BSR 排名上升，高转化率和高排名都会进一步提高商品权重，从而让关键词质量得分更高，广告效果就会持续变好。如此一来，当 BSR 排名进入前列，即便把关键词竞价降低，也可以维持广告靠前的状态。

所以，在广告投放的过程中，围绕"三个30%"，为了达成通过广告创造利润的目的，用第三种广告竞价设置方式效果会更好。

6.17　广告成本变高、转化率变差的原因

很多卖家在站内广告投放的过程中会遇到这样的情况：在广告投放初期，出价和点击扣费很低，却有着不错的曝光量、流量和转化率，中间出现一些情况后，同样的广告活动，出价更高了，转化率却低了许多。出现这种情况的原因主要有以下几种。

- 广告暂停。站内广告的投放讲究连续性，广告活动暂停再重启，会导致关键词质量得分下降，广告效果往往就没有之前那么好了。
- 商品优化频繁。有些卖家误以为只要对商品进行调整就是商品优化，需要注意的是，商品的调整可能使商品的整体表现变好，也有可能因为调整不当而使商品的整体表现变差。另外，每次商品调整之后系统都会重新排序，如果调整后的商品没有被系统抓取到，其权重就会下降。这些不良影响都会直接导致广告效果变差。
- 合并变体或在变体中增加子体。有些卖家在运营中习惯合并变体或为现有变体增加子体，这类调整都会破坏原商品在系统中的权重，如果这些调整导致权重下降，即便广告没有变动，其效果也会变差。
- 商品涨价。在整个运营中，价格是影响销量最敏感的因素。如果卖家在运营过程中涨价，就会导致商品的转化率下降，体现在广告上就是关键词质量得分下降，广告效果变差。
- 遭遇断货。断货在运营中几乎不可避免，其对商品权重的影响是非常大的。断货之后，商品排名和权重都会下降，广告的关键词质量得分也会下降，广告成本上升，广告效果变差。
- 收到差评。相信很多卖家都感受过差评对商品的影响，收到差评会导致商品销量大幅下降，排名也下降，体现在站内广告上，会导致广告成本上涨，广告效果变差。

上述这些都是导致广告效果变差的原因，在运营中卖家一定要尽量避免。

6.18 从几个问题看广告投放策略

站内广告的效果是立竿见影的。一款表现优秀的商品，只要投放了站内广告，其订单数量必然会增加，而一款正在投放广告的商品，如果将广告停止，订单数量就会大幅减少，排名也会大幅下降。广告的作用有目共睹，但效果如何却会因不同卖家的不同策略而千差万别。

下面汇总了一些经常被卖家询问的问题。

问题一：低价商品如何进行广告投放？

在当前亚马逊平台竞争越来越激烈的情况下，广告的竞价普遍上涨，低价商品的利润少，从投入产出比的角度看，低价商品投放广告很难带来利润，不适合投放广告。

有时投放站内广告的目的不完全是为了获得利润，在运营的不同阶段，会有不同的需求，比如需要获得更多的订单以便推高商品的 BSR 排名，那么投放一定量的站内广告就是必要的。

因此，对于低价商品的广告投放策略，我们要注意两个方面。

- 如果是为了获取订单，推高商品的 BSR 排名，则可以适量投放广告，此种投放可以暂时不关注投入产出比，只关注广告所产生的订单数量和订单转化率。本书后文讲到的螺旋式爆款打造法第一阶段的广告投放目的就在于此。
- 随着商品排名的上升，自然流量达到一定的量，但是自然流量有限，而商品的 BSR 排名尚未达到自己期望的名次，此时就可以投放广告。这时投放广告要把握其在总流量中的占比，不能太高，如果广告流量大于自然流量，订单依赖广告流量，成本高是一方面，另一方面会破坏流量平衡，一旦广告暂停，就会导致商品流量大幅减少、权重大幅下降，破坏正常的运营节奏。

问题二：在广告投放的过程中，理想的 ACOS 数值应该是多少呢？

关于 ACOS 数值，很多人总是希望越小越好，但脱离实际运营，希望 ACOS 数值越小越好不过是海市蜃楼的幻觉。

从实际运营的角度来说，ACOS 数值有几个参照值。

- ACOS 数值小于商品毛利率。如果不考虑可能发生的退货，此时的广告投入产出比是划算的，投放广告是赚钱的，值得持续投放。
- ACOS 数值等于商品毛利率。在这种情况下，表面上看投放广告没有为运营带来利润，但如果将广告订单、自然订单和总订单数量进行对比，可能会发现，在广告投放前后的订单数量对比中，总订单数量减去广告订单数量所得出的结果极有可能大于广告投放之前的自然订单数量，即随着广告的投放产生了一部分订单之后，自然流量的订单数量也增加了，这是广告所带来的加持作用。所以，如果广告ACOS数值正好等于毛利率，在笔者看来，这个广告也是值得持续投放的。

- ACOS数值大于商品毛利率。如果高出的数值不大，总金额在可接受范围之内，那么这样的广告自然也是不需要担忧的。但如果ACOS数值太高，且经过一段时间的广告优化，ACOS数值没有得到有效降低，此时就有必要将广告暂停，从商品优化、市场分析等角度去找原因，然后制定出有针对性的投放策略。

问题三：什么样的商品有必要投放站内广告？

站内广告是运营的一部分，但不是所有的商品都应该投放广告，也不是所有的商品都值得投放广告，在商品的选择上，要参考以下几点。

- 商品单价太低，要谨慎投放广告。
- 广告投放要聚焦，避免平均投放，要把广告预算放在重点打造的商品上。
- 如果同一系列有多款商品，要精选最符合大众审美的那一款进行投放；如果一个变体商品中有多个子体，也要选择最符合大众审美的子体进行投放。
- 对于长期投入产出比不划算、经过各种优化依然达不到预期销量的商品，要暂停广告投放。在判定不了造成损失的原因时，不盲目行动就是正确的运营策略。

问题四：我的商品投放了站内广告，但是不出单，是什么原因呢？

广告投放的效果是为商品带来独立于自然流量之外的订单，如果商品投放了站内广告，却依然不出单，就需要从以下几个方面进行思考。

- 广告数据太少，投放时间太短。如果广告刚开启不久，点击次数很少，在这种情况下，即便没有产生订单，也不应该焦躁，数据量足够多是产生订单的基础。所以，要么耐心观察，要么提高竞价来获取更多点击，再观察效果。
- 商品优化不到位，导致系统识别不到、系统判定不精准、匹配不到合适的展示位置等。在这种情况下，广告效果必然较差，此时需要对商品进行调整，包括优化商品的类目、标题中的关键词、主图等细节。
- 商品售价高、评价数量少、星级差。运营中要注意培养横向对比思维，要把自己的商品和竞品做对比，在商品表现出色的基础上，商品售价有竞争力、商品评价足够好，广告的转化率才会高。

问题五：在广告投放的过程中应该如何进行广告优化呢？

只有在广告投放的过程中对广告进行优化，广告的效果才可能日趋更好。广告投放过程中基于广告数据分析的优化包括3个方面。

- 通过广告数据反向调整广告竞价和预算。围绕曝光量、点击量、订单量和ACOS数值4个核心变量进行广告调整。如果曝光量少，就适当提高广告竞价；如果曝光量足够多而点击量不多，就进行商品优化；如果点击量多而订单数量少，就要思考是否因为单价高而没有竞争力，或者商品页面展示得不够出色，没有激发消费者的购买欲望等。最后，卖家还需要基于前面 3 个变量的梳理和优化，让 ACOS 数值尽可能回归到合理区间。

- 基于广告数据报表基础上的关键词筛选和新广告计划。在广告运行的过程中，卖家要通过广告数据分析，将高曝光量、高点击率、高转化率的"三高"关键词进行汇总，将其添加到手动型广告计划中，或者单独创建新的广告计划，以便将这些关键词的广告功效最大化。

- 基于广告数据的反向商品优化。对于前面提到的"三高"关键词，卖家有必要将其和自己的商品详情内容做对比，对于没有在商品详情中体现出来的关键词，有必要在后期优化时添加到商品详情中，以此来增加这些关键词的质量得分，从而增加曝光量、降低广告成本。

问题六：在广告投放的过程中如何防范恶意点击？

一般来说，亚马逊系统有自己的纠错机制，如果系统检测到大批量的恶意点击，平台就会将这些点击所产生的费用返还给卖家。有时，也会有一些恶意点击不能被系统识别到，最典型的就是竞争同行做市场调研时非恶意的但不能带来转化的点击，如何预防这部分点击呢？最有效的方式就是分时段调整广告竞价。

具体来说，就是在非销售高峰时段将广告竞价降低，这样一来，广告位置会随着竞价的降低而排在后面，可以减少广告被竞争对手点击的次数；在消费高峰来临前，将广告竞价调高至预期出价，这样可以让广告展示在靠前的位置，增加商品在真实消费者面前的曝光量，以此来获得更多的订单。

至此，广告章节的内容就讲完了，卖家需要注意的是，广告的运营技巧还有很多，需要在运营中不断归纳总结，然后在下一次操作中实践验证。

平台的规则在变化，运营的技巧也需要不断提升。更多的运营技巧，读者可以关注"老魏读书"App 里面的视频内容。

第7章

跟卖的防范策略及应用技巧

本章要点：

◆ 跟卖的概念
◆ 跟卖的后果
◆ 如何驱赶跟卖
◆ 自我跟卖在运营中的应用

7.1　跟卖的概念

亚马逊平台是从网上书店转型而来的电商平台，延续着图书销售中不同卖家同时销售同一款商品（同一个版本的书可能有多个卖家销售）的模式。为了避免同一款商品被多个不同卖家重复发布而造成消费者购物体验下降，亚马逊平台允许在符合平台规则的前提下将自己的商品直接挂接在别人的商品详情页上，这就是我们通常所说的"跟卖"。

跟卖的基本规则是商品信息所有权属于亚马逊，跟卖的所有卖家公用商品详情页的信息，包括图片、标题、描述、五行特性、EAN/UPC 码等，不同卖家的相同商品被汇总为同一款商品，所有卖家共享商品详情页的曝光和流量，跟卖者只能设置自己的价格、物品新旧状况和库存数量。

一般情况下，有多个卖家跟卖的商品，占有 Buy Box（购物车）的卖家的成交概率更高。因此，拥有购物车很重要，购物车意味着销量。对于跟卖的商品，所有卖家都会争抢购物车。按照亚马逊 A9 算法的逻辑，购物车由平台根据卖家的表现进行分配，其参考依据包括商品价格、发货方式、销量和账号表现等。

跟卖别人的商品可以共享别人的曝光和流量，在其他卖家前期积累的基础上，很容易快速地产生订单。正是由于以上原因，很多卖家把跟卖别人的商品作为自己运营的手段。

对于被跟卖的卖家（原卖家）来说，自己辛苦打造的商品被别人跟卖，会导致销量下滑、利润减少，甚至还可能因为跟卖者的商品品质差而导致商品收到差评，进而影响商品的权重和排名。

7.2　商品被跟卖的后果

商品被跟卖后，可能出现以下几种情况。

- **购物车被抢占，原卖家自己的销量减少。**

对于亚马逊卖家来说，购物车的意义不言而喻，根据亚马逊官方的统计，约有87% 的消费者通过添加购物车完成购买。如果自己的商品被别人跟卖，那么购物车就不再固定为自己独家所有，系统会根据各个卖家的表现进行分配，如果跟卖者恶意降价争抢，就可能在更多时段占有购物车，原卖家的购物车占有率下降，销量必然受影响。

- **卖家之间相互竞争，打价格战，商品利润率下降，利润被稀释。**

亚马逊平台上的竞争一直存在，对于一款有多个卖家跟卖的商品来说，其竞争更加激烈。

一款商品的打造需要原卖家投入大量的时间、精力和资金，而跟卖者投入少、成本低、获利心切，往往会以较低的价格抢购物车、争销量。对于商品的原卖家来说，如果不降价跟进，购物车就会被抢走，销量就会减少；如果跟进降价，又会引起价格战，利润率下降，利润被稀释。我们经常可以看到一款跟卖者众多的商品甚至会出现价格低到亏本的情况。跟卖者可以随时撤离，而创建这条商品信息并倾注心血打造这款商品的原卖家，在和跟卖者的激战中损失惨重。

- **被跟卖的商品的编辑权可能被抢走，原卖家丧失了对商品的控制权**。

根据亚马逊平台的规则，在亚马逊平台上销售的商品，商品信息所有权都是属于亚马逊的。基于这个规则，系统会根据不同卖家的销售情况把商品的编辑权分配给该商品下面卖得最好的卖家。

因此，当商品被跟卖且跟卖者的销量比商品原卖家的销量更好时，系统就有可能把该商品的编辑权暂时分配给卖得最好的卖家。拥有编辑权的跟卖者一旦对商品页面做修改和编辑，甚至恶意篡改成完全不同的商品信息，商品原卖家的运营计划就可能被打乱，甚至会出现买家投诉实物与商品描述不符的情况，严重影响运营的节奏和效率。

- **跟卖者的低价会影响原卖家参加秒杀时的价格**。

如果跟卖者的价格过低，原卖家在参加秒杀活动时，系统会要求以该商品最近三个月的最低价为基础设置秒杀折扣，这会导致秒杀价格过低，使原卖家错失参加秒杀活动的机会，破坏其运营计划。

- **商品被跟卖，容易导致商品整体表现变差**。

当商品被跟卖时，跟卖者的商品质量差、货不对版、客服表现差、发货时效慢等，都可能导致商品收到差评，影响商品的整体表现。如果收到的差评过多，对该商品将是摧毁性的打击。

跟卖者像梦魇一样，当他们发现一款没有有效保护的商品时，就会鬼鬼祟祟地跟卖，和商品的原卖家玩起"猫捉老鼠"的游戏。晚上原卖家休息时，他们开始跟卖；白天原卖家上班时，他们下架商品躲开原卖家的视线。如果被原卖家发现了，被警告驱赶，他们装模作样地撤退，稍微松一口气，他们又悄然而至。更有甚者，直接和商品的原卖家纠缠，故意破坏商品的表现，让人深恶痛绝。

针对跟卖所带来的风险和危害，卖家在运营过程中一定要做好防范，防止自己的商品被跟卖，而一旦被跟卖，就要果断行动，尽快将跟卖者赶走，将危害降到最小。

7.3　防止被跟卖的方法

为了防止自己的商品被跟卖，卖家可以参考以下几个方法。

7.3.1　尽早注册站点当地的商标

为了防止自己创建的商品被跟卖，尽早注册所售站点当地的商标是最重要也是最基本的工作。

一款商品如果没有商标，就意味着是通用的商品，得不到平台的保护，就会给跟卖者留下跟卖的机会和空间。另外，从长远来看，卖家要想长期稳定地运营，同时让运营更顺畅，减少后期运营中不必要的干扰和麻烦，在运营起步时就要注册属于自己的商标。

商标具有地域属性，在中国注册的商标在美国市场上并不受保护。抛开创立品牌的远大理想，为了更好地在亚马逊平台上销售，卖家有必要注册一个当地的商标。如果是在亚马逊美国站经营，那就注册美国商标；如果是在亚马逊欧洲站经营，那自然要注册欧盟商标。

商标注册是分品类的，在注册商标时，一定要选择自己经营或将要经营的商品品类，避免后期因为注册品类和经营品类不一致而无法发挥最大的保护效果。

另外，在给商标取名时，要充分考虑品类特点、目标市场和消费者习惯，为自己的商标取一个易读、易懂、易记，并且目标市场的消费者不易产生歧义的名字。商标读起来要朗朗上口，让消费者过目不忘，好的商标名可以对销售起到推动作用。

以美国市场为例，取商标名时尽量不要用中文全拼，也不要以"x""z"等字母开头，这些字母消费者连如何准确地念出来都困难，就更不要提传播这个品牌了。

需要提醒的是，虽然可以在网上找到注册各国商标的教程，但一个商标从注册到拿到商标证书，通常需要 10 个月左右的时间，而在拿到商标证书之前，还可能会出现各种变数，当地商标局可能会要求注册人补充提交材料，也可能会因为第三方异议而出现商标注册被驳回等情况。为了减少在注册商标过程中出现各种不确定因素，建议卖家在注册商标时尽量选择专业的代理机构来处理相关事宜。

把专业的事交给专业的人去做，作为卖家，我们要做的是努力积累运营经验，增加自己的运营优势。

7.3.2　进行 GCID 商标备案

商标注册只是第一步，在拿到商标注册证书之后，还要在亚马逊平台上进行商标备案，做了平台商标备案才能够得到平台的认可和保护。

亚马逊商标备案是平台针对已持有注册商标或拥有商标授权的卖家在亚马逊系统内所进行的商标登记。

一个商标在卖家中心后台备案成功后，亚马逊系统会自动为其分配独一无二的GCID（Global Catalog Identifier，全球目录编码）。GCID 是一串由字母和数字组成的16 位字符。进行了 GCID 商标备案的卖家，在随后发布商品时无须使用 UPC 码，直接使用 GCID 发布即可。

同时，做了商标备案，有了 GCID 之后，当商品被跟卖时，卖家可以用 GCID 和相应的商标资料向平台投诉，平台会对这类投诉做出快速回应和处理。

完成了 GCID 商标备案的卖家在运营中可以享有诸多优势。首先，可以保护自己商标下的商品，防止商品被跟卖。其次，拥有更完善的商品编辑权限，可以申请商品加锁，防止商品信息被别人篡改。再次，有了商标的商品，卖家会在品质上更用心，消费者也更满意，有利于维护店铺的长期稳定发展。

那么，GCID 商标备案需要提交哪些资料呢？

- 拥有平台对应站点当地的带 ® 的商标，即注册并拿到商标证书的商标。
- 已注册商标的官网（官网是英文版网站，网站上有注册商标品类的商品）。
- 以官网域名为后缀的企业邮箱。
- 清晰的带有商标标志的商品图片。
- 清晰的带有商标标志的商品包装图片。

准备好上述资料后，卖家就可以按照以下流程来进行 GCID 备案了。

（1）登录卖家中心后台，在右上角的搜索框中输入 Amazon Brand Registry 并搜索。

（2）单击 Applying for the Registry（申请注册）按钮，开始备案。

（3）单击 Online Application（在线申请）按钮，按照平台要求，提交商标资料和其他相关文件。

（4）受理成功后，系统会在 48 小时内自动生成 GCID。

完成备案后，卖家可以通过以下途径查询自己的 GCID：登录卖家中心后台，在"库存"下拉菜单中选择"库存报告"选项，打开库存报告页面，选择列表中的"可售商品报告"选项，进行下载，下载完成后，把下载的可售库存报告用 Excel 表格打开，表格中 W 栏（Product Id 栏）的 16 位字符就是商品的 GCID。

7.3.3 发邮件警告跟卖者

为了防止被跟卖，卖家注册了商标，又在平台做了 GCID 备案，但就亚马逊平台的现状来说，要想防止被跟卖，仅靠这些是远远不够的。注册商标和做 GCID 备案只是防止被跟卖的基本保障。

在实际运营的过程中，总有一些卖家或是新手无知，不熟悉平台规则，或是害群之马，有意抢掠，会在原卖家把商品打造得初有成效时进行跟卖。遇到这种情况，一定要在第一时间采取行动，驱赶跟卖者。

驱赶跟卖者的第一步行动就是给跟卖者发警告邮件。在驱赶邮件中，要有理有据地讲述情况并发出警告。下面的邮件模板可供卖家参考。

Dear "B",

It has come to our attention that "B" is using the "A" trademark without license or prior written authorization from "A ".

"A" holds federal trademark registrations in the United States. So "B" listings violate "A" trademark and intellectual property rights. You are also in breach of Amazon′s Participation Agreement.

Therefore, we demand you remove all listings on Amazon.com in which "B" utilizes our trademarks and images protected by copy right immediately.

"B" currently has at least one listing on Amazon.com for products that utilize "A" trademarks and/or copyrights without authorization. See the following ASIN: XXXXXXX.

While "A" has many options available under this state. But we would prefer to resolve this matter amicably. Please confirm to us in writing within 24 hours, that you have:

(1) Removed all of "A's" trademarks and copyright material from your Amazon.com listings and any other website or public display you operate;

(2) Removed all of "A's" listings of products it claims to be associated with "A's", including but not limited to the ASIN listed above.

Failure to take action within 24 hours will force us to report this serious violation to the Amazon seller performance team. This is licensed products to Amazon.com as well, Amazon seller performance team will take such violations very seriously, possibly resulting in removal of your selling privileges on Amazon.com.

Thank you for your attention to this matter. Please contact us if you have any questions.

Legal on behalf of "A".

在上面的邮件模板中，强调了作为商标持有人的权利，并指出了跟卖者的不当行为，同时对这些行为予以警告，要求跟卖者立即停止跟卖以避免由此造成的不良影响。

除用英文邮件警告外，考虑到大部分跟卖者是中国卖家，我们还可以用中文邮件进行警告。

7.3.4　下测试单，然后向亚马逊平台投诉

在做了 GCID 商标备案的基础上，如果跟卖者对警告邮件置之不理，我们还可以通过下测试单，然后向亚马逊平台投诉的方式，请求平台协助赶走跟卖者。

具体的操作步骤如下：用卖家账号自带的买家账号（卖家账号同时也是买家账号）在跟卖者的店铺里下测试单，等收到跟卖者的发货后，针对跟卖者的商品和自己商品的差异向平台投诉实物与描述不符。平台核实投诉内容后，会删除跟卖者的商品，跟卖者就被赶走了。

为了让投诉的处理进度更快，把损失降到最低，卖家在下测试单和投诉之前要做到以下几点。

- 需要用自己卖家账号自带的买家账号购买跟卖者的商品。
- 测试单的收件地址要设置为站点当地的地址，否则跟卖者可能会出于警惕而不发货，收件人可以是能够协助收件的朋友或熟人。
- 测试单要悄悄地下，要在跟卖者没有警惕的时候下单，避免引起对方怀疑。
- 在跟卖者发货后，要跟进发货状态，一旦显示货物投递成功，即用订单单号（Order ID）向亚马逊平台投诉。

为了得到亚马逊客服的快速回应，投诉邮件中要包含 ASIN 码、Seller ID、侵权状况简述、订单号码、商品图片、差异说明等，要说清楚自己所售商品（商品描述中的商品）与跟卖者商品的不同，要把最明显的差别在图片中呈现出来，以证明实物与描述不符。

下测试单并投诉成功，跟卖者的商品被删除后，卖家可以对测试单申请退款。

如果投诉被亚马逊平台驳回，即投诉没有成功，跟卖者依然在，还可以通过下面的方法继续驱赶跟卖者。

7.3.5　以权利人的身份向亚马逊平台投诉

通过下测试单的方式投诉无效，被亚马逊平台驳回后，还可以以权利人的身份向亚马逊平台投诉。投诉的参考邮件如下：

"我是 XXX 商标的持有人，我发现亚马逊平台上有卖家在销售我的品牌下的商品，经过我方核实，在目前在售的卖家中，除卖家 A 是经由我方授权的合法销售方外，其他卖家销售的我方品牌的商品均为非法销售，建议亚马逊平台能够下架非授权卖家的商品，保护我方权利……"

邮件中所谓的被授权的"卖家 A"自然是卖家自己了。

作为平台，亚马逊在对知识产权的保护上还是很给力的。注册了商标的卖家，只要有理有据地投诉，一般是可以得到平台的支持和保护的。

7.3.6 以法律手段来威慑和驱赶跟卖者

通过委派当地律师向跟卖者和亚马逊平台知识产权团队发送律师函，同样可以达到赶走跟卖者的目的。

欧美律师费昂贵，对于一般卖家而言，真实地发律师函或进行法律诉讼成本太高，那么我们不妨换一种思路。

跟卖者之所以选择跟卖，就是为了蹭别人的流量，快速地赚取利润，但跟卖者也有软肋，从跟卖那一刻起，他们就会担心账号受限或因为跟卖被投诉而导致账号中的资金被冻结，更害怕在未曾预知的情况下惹上法律官司，我们可以利用跟卖者的这种心理，用心理战赶走跟卖者。

怎么操作呢？在用其他方式驱赶跟卖者无效的情况下，我们可以用另外的买家账号悄悄地在跟卖者的店铺下单，把收货地址填写成某个当地律师事务所的地址，要有板有眼、一本正经地写。等跟卖者把货物发出后，直接发邮件告知对方：鉴于无视我方的警告，我们已经委托当地的律师对你进行测试购买取证，并将在拿到证据之后对你进行法律诉讼，订单号是XXX。相信收到这样的警告，大部分的跟卖者都会选择不再恋战、快速撤离。毕竟，谁又真的愿意拿着账号被冻结和货款被截留的风险去跟卖一款商品呢！

7.3.7 委托服务商协助驱赶

除上述这些需要卖家自己行动的方案外，还可以委托服务商驱赶跟卖者。找一家靠谱的服务商，直接委托他们处理，是一种快捷高效的驱赶跟卖的方法。

7.3.8 独特的商品才是防跟卖的根本

商品之所以被跟卖，首要原因是市场上存在一模一样或高度相似的商品。要想从根本上避免自己的商品被跟卖，商品就必须是独一无二的。如果别的卖家在市场上找不到同样的商品，自然也就失去了跟卖的基础，就不会跟卖了。

要想让商品唯一，笔者的建议是，随着运营的往前推进，卖家在成长的过程中应该有意识地和供应商建立深度合作的关系，通过包销、约定时间内独家承销、独家私模等方式，一步步地打造自己的商品体系，让自己的商品成为市场上独一无二的具有品牌属性的商品。

在这个过程中，也可以通过以下几个方面加强自己的商品的差异化。

- 为商品设计商标，把标志丝印在商品上。
- 制作独家的包装，在包装上印制自己的标志，并把包装图添加在商品副图中。
- 为商品搭配个性化的配件或独特的赠品，用配件差异化来避免被跟卖。

7.4 自我跟卖在运营中的应用

前面讲解了自己的商品遇到被人跟卖时的应对方法，在运营过程中，我们有时也会看到一些卖家自我跟卖的情况，如图 7-1 所示。

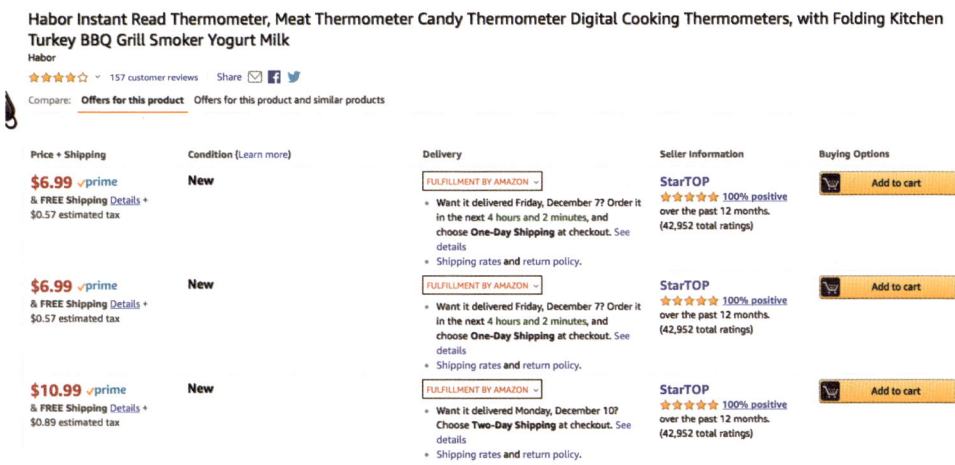

图 7-1 卖家自我跟卖的情况

在图 7-1 中我们可以看到，这是某卖家发布一款商品后自己又做了两次跟卖，且三个 SKU 都是 FBA 发货状态。为什么卖家会通过自己跟卖的方式多次发布同一款商品且每个 SKU 都采用 FBA 发货呢？从日常发货的角度来说，岂不是增加了备货、发货的复杂度？这样的自我多次跟卖的方式会被系统判定为重复铺货吗？我想很多卖家看到类似这样的操作，都会有上述疑问。

在解答上述问题之前，我们先来看一张截图，相信很多卖家在运营中或做市场调研的过程中都遇到过类似图 7-2 所示的情况。

图 7-2　商品截图

　　在运营中，当某款 FBA 发货的商品库存数量小于 20 件时，在商品详情页的购物车上方就会出现类似图 7-2 所示的 "Only X left in stock - order soon" 提示。当一款商品有了这个提示后，该商品的销量会变得比之前更好，甚至某些时候，为了在断货前衔接上下一批的货，卖家会大幅度提价，但依然可以很快地销售一空，这在平时库存足够多的时候是几乎不可能发生的。

　　为什么会出现这种情况呢？

　　当商品库存数量小于 20 件时，无论价格高低，都卖得很好，有人说这大概是心理作用吧！也许有一点点，但这种情况在很多卖家店铺都得到过验证。所以，肯定不能只用心理作用来解释。

　　其实，更准确的解释是，当某款商品的 FBA 库存数量接近于断货时，亚马逊会给权重上的倾斜，加上消费者看到库存数量快断货提示所形成的抢购心理，促成了少量库存的热销。

　　一款商品在提价的过程中卖断货，对于卖家来说有喜悦，也有苦恼。提了价还卖断货，说明销量不错，赚到了钱，自然可喜；但想到断货可能导致下一批货入仓上架后销量大降，心里也是很着急的，该采取怎样的方式来减少断货的发生，同时还能多赚取一些利润呢？

　　有的卖家就采取了图 7-1 的方法。把一款商品通过自我跟卖的方式转变成 3 个 SKU，每个 SKU 分别发货。在这种情况下，可以把原本同一批发货的库存拆分，3 个 SKU 分别发货，然后对 3 个 SKU 分别设置稍有区分的价格，最低的价格就是自己预期利润水平的价格。同一款商品，同一个卖家，最低价的 SKU 首先获得购物车，而此时的价格就是卖家有合理利润的预期价格。随着第一个 SKU 的库存数量逐渐减少，当库存数量小于 20 件时，商品页面上就会出现"Only X left in stock - order soon"提示。按照一般的情况，此时的销售速度更快了，甚至还可以把第一个 SKU 适当提价（提价之后的价格要低于其他 SKU 的价格）。当第一个 SKU 卖断货后，把第二个 SKU 的价格调至合理的利润水平，这时第二个 SKU 是最低价，它开始占有购物车，接棒前行，然后是第三个 SKU……如此一来，原本只会出现一次接近断货提示的商品，在同样数量的库存下，可以获得 3 次曝光和权重上升的机会。

我们当然不希望一款销量正旺的商品断货，所以，当第一个 SKU 卖完下架、第二个 SKU 接棒"上岗"后，我们就可以为第一个 SKU 补货，以此类推，这样一个简单的库存调整，就可以为我们的运营增加获得更多权重的机会，岂不美哉！

亚马逊平台的运营，说到底就是在平台基本规则基础上的精细化调整，而一个细节把握到位，也许就可以带来运营上的提升，通过自我跟卖来获取更多断货前的流量的方法就是如此，感兴趣的卖家不妨试一下。

第8章

多维度的亚马逊运营方法与技巧

本章要点：

◆ 新卖家运营准备

◆ 提升销量的 9 条军规

◆ 精细化运营的核心 4 要素

8.1　运营准备：拿到账号后，最该做什么

笔者经常被卖家询问：我拿到账号了，现在该做些什么呢？这确实是很多新卖家比较困惑的问题，想努力却发现不知道该朝哪个方向使劲。下面就来梳理一下新卖家最该做的那些事。

1. 了解卖家中心的基本操作

了解卖家中心是做好运营的基础，卖家中心的各项功能是每个卖家都应该学习的内容。在没有账号时，客观上没有深入了解和学习的机会，而拿到账号后，就必须把学习卖家中心的功能提上日程。卖家中心里的每个图标、按钮都应该认真了解、用心操作，只有熟悉卖家中心的各项功能，才能为后面的运营做好铺垫。在操作时，卖家可以参考本书第 3 章中的内容。

除要熟悉后台基本功能的操作外，新卖家还需要熟悉商品发布的方式，例如在后台单个上架商品、通过表单批量发布商品。只有经过多次练习才能掌握商品上架的细节，而这些都将直接影响商品的表现，进而影响整个运营的好坏。

大部分卖家都会采用 FBA 发货，所以在试着发布商品之后，要尝试将商品转换成 FBA 发货状态。新卖家要熟悉 FBA 发货的流程和细节，操作好甚至可以节省不少钱，最起码可以少花冤枉钱。

2. 熟悉平台规则和政策

很多卖家总是抱怨自己的账号因操作不当不能使用了，原因正是对平台规则的不熟悉，或无心或有意地做了违反平台规则的操作。

对于卖家来说，账号是运营的根本，一旦账号没有了，就什么业绩也做不出来了。所以，新卖家一定要在拿到账号后第一时间熟悉平台的规则和政策，比如卖家绩效表现的指标、ODR 的细分指标、A-to-Z 纠纷的解读和应对、邮件回复的要求和操作技巧等。另外，还应该了解侵权的界定与防范、变体的要求及如何避免被判定为滥用变体等。这些都是作为卖家应该首先学习的。前期不好好掌握，后期运营中就可能吃大亏。

3. 多做选品练习

亚马逊平台运营的核心是选品，"七分在选品，三分靠运营"，如何才能选出好商品呢？大量的练习必不可少。拿到账号后，卖家应该有意识地多做选品练习，从选品方法、竞品分析、供应商选择，到商品重量、尺寸等，在选品练习中逐渐掌握。

关于选品的方法和细节，在本书选品章节已有详细讲解，可以查阅。

4. 商品文案准备

出于练习的目的，对于有意向经营的商品，我们应该尝试着写一写商品详情，而一旦确定商品，就要认真对待商品详情。标题如何写、关键词有哪些、商品描述如何写才能吸引人、商品图片怎样才能拍出质感和美感，这些细节既要卖家自己琢磨和练习，又要多参考竞品。卖家要多读相关的书籍和文章，掌握文案的标准和规范，研究大卖家的优秀文案是如何呈现的。在此基础上，撰写自己的文案并反复打磨，只有这样，才能让自己的的商品呈现得足够出色。对于消费者来说，商品详情就是商品本身，商品文案的重要性不言而喻。

关于商品文案的标准和细节，可以查看本书的相关章节。

5. 多学习相关知识，积累常识，提高对平台和行业的认知

除上述具体的、有目的的、有方向性的建议外，卖家还要知道，单一要素固然重要，但运营最终还是看综合的效果，要想把各种要素恰当地组合，除利用上述各种基础操作、工具、方法外，还需要掌握以下内容，比如优惠券的设置，早期评论人计划的设置和作用，站内广告的设置和优化，爆款打造的方法、节奏和细节，收到差评后的应对策略等，这些都是运营所必需掌握的。在运营之外，要多读别人的文章，多把同一个话题的不同角度的文章放在一起比对阅读，多和卖家交流，多参考别人的运营思路和方法等，只有学得足够多，在运营中遇到问题时才能做到游刃有余。

当然，想在运营中做出成绩，需要学习的内容肯定不止上述这些，但只要有不松懈的态度，就会发现对亚马逊平台的认知提升了，掌握的技巧和方法丰富了，运营起来自然也得心应手了。

很多卖家抱怨亚马逊店铺越来越难做了，可鲜有人扪心自问："我有多久没有认真学习亚马逊运营的新思路和新方法了？"

当我们不想付出行动却期望有一个好结果时，不妨提醒自己一句：成年人的每次突然"闪亮"，都是磨砺后的正常发挥。

对于新卖家来说，不努力，如何闪亮？

8.2　快速提升销量的9条规则

如何提升店铺的销量永远是一个老生常谈的话题，但似乎又常谈常新，无论是老卖家还是新卖家，每个人都觉得销量不够多，都希望有更好的销量。老卖家总是感叹：新进入的卖家太多了，销量下降了，利润减少了，要努力采取各种方法才能稳住销量。而新卖家也同样感叹：入驻太晚了，甘蔗最甜的部分已经被老卖家吃掉了，必须努力才可能分得一杯羹。

努力是必须的，但努力的方向不对，其结果也会迥异。对于卖家来说，要想使店铺销量增长，就必须在运营中遵循以下9条规则。

1. 商品不要太单一，选择足够多的刚需商品

要想让自己的亚马逊店铺销量增长，首先要有一定数量的在售商品。每款商品的销量都有"天花板"，可能是日出50单，也可能是日出100单，但无论多少，随着销量的增长和排名的上升，一款商品成为热卖商品后，销量就会触及到"天花板"。

在确保店铺中有一定数量的商品的同时，店铺中的商品还不能太过单一，应该尽量覆盖不同消费群体的不同需求范围。如果整家店铺只卖一个系列的商品，商品之间只是款式、颜色的差别，这种情况下，销量的增长就会很有限。以手机壳为例，即便店铺中有1000种不同款式和颜色的手机壳，其能够覆盖到的关键词也只是和手机壳相关的少量几个而已，商品重叠度高，销量增长就乏力。

为了更加易于打造，建议卖家选择能够满足消费者刚需的商品。什么是刚需商品呢？简单来说，就是消费者对商品功能性的需求大于对商品颜色、外观、款式、尺码等外在属性需求的商品。刚需商品的目标受众明确，更易于打造成爆款，是选品时应该主要考虑的。

2. 进行尽可能细致的商品优化

一家店铺的运营，仅有好商品是不够的，再好的商品如果不能恰到好处地展示在消费者面前，就无法转化为订单。所以，要想推动销量增长，完美的商品优化是必要条件。

亚马逊A9算法会识别商品的相关性，然后将其展示在潜在消费者面前，为了增加曝光，在发布商品时，选择相关度高的类目节点及使用和消费者需求匹配一致的关键词非常重要。看图购物是网上销售的典型特征，在很多消费者眼里，商品图片就代表商品本身，所以，图片优化是重中之重。除上述两个方面外，更多的商品细节，包括标题、关键词、五行特性和商品描述等，都是需要卖家精心制作的。

只有优化到位的商品才能吸引更多的消费者，才能获得更高的转化率，从而推动店铺销量增长。关于商品优化的细节，可以查看本书相关章节的内容。

3. 做足做全竞品分析，找出差距，弥补不足，确保比竞品表现更好

在辅导学员的过程中，笔者经常强调一句话，"凡是你没有想到的和没有做到的，你的竞争对手都已经做到了"。对于亚马逊卖家来说，学会换位思考和横向对比很重要。

要想在竞争中取得优势，让自己店铺的销量稳步增长，就一定要做足做全竞品分析。竞争对手是最好的老师，要熟悉竞争对手，了解竞争对手的商品详情、商品价格、

促销活动、广告、商品评价及运营策略等。在学习竞争对手的过程中，取其优秀之处，改进其不足的地方，能够做好这些，足以让你获得更多的订单。

4. 设置有竞争力的价格

当前亚马逊平台上卖家众多，竞争激烈，消费者会选择价格有竞争力的商品。要想获得更多的销量，卖家就必须让自己的商品售价和竞品售价相比具有优势，只有这样，才能在竞争中获胜。

要想让价格有竞争优势，卖家就必须具备成本意识，选择合适的货源，不过度包装，使用合适的物流方式发货。只有精细地优化成本结构，才能在竞争中避免被动"挨打"。

5. 为重点打造的商品投放站内 CPC 广告

平台上竞争激烈而流量有限，怎样才能获取更多的流量呢？我们要主动出击，亚马逊站内 CPC 广告就是主动获取流量最实用、最有效的工具。

站内 CPC 广告可以为商品引入精准流量，是运营中必不可少的工具。通过站内广告，排名靠后的商品有机会展示在靠前的页面，排名靠前的商品也可以获得更多的展示位，这些展示为商品带来更多的流量，进而转化成订单，在销量提升上会有很大的帮助。

虽然站内广告可以有效引流，但卖家也要明白，转化率低的广告，浪费的都是自己的银两。所以，广告投放要讲究策略性、精细化和量化衡量。比如，通过自动广告抓取"三高"关键词并将其补充进手动广告活动中，通过对广告数据报表的分析，对广告进行关键词调整、广告出价调整等。在广告运行的过程中，只有持续进行优化，才能让广告发挥最大功效。

关于站内 CPC 广告的投放和优化技巧，读者可以查看本书相关章节的内容。

6. 用好站内的各种促销工具

除站内广告外，亚马逊还为卖家提供了不少促销工具，比如秒杀、优惠券、Prime 专享折扣和促销等，以此来帮助卖家提升销量。参加秒杀活动可以让一款商品在短时间内销量得到大幅增长，设置优惠券可以提升商品的点击率和转化率，Prime 专享折扣可以更好地吸引亚马逊 Prime 会员的关注，而促销活动作为店铺内的工具，设置得当同样可以为运营加分。在运营中，我们要充分利用好这些工具。

7. 引导和鼓励买家留评

商品评价对销量的影响有目共睹，相信每位卖家都知道商品评价在提升销量方面的重要作用。一款没有评价的商品，其转化率很低，而一款评价星级很低的商品，其销量也同样惨淡。更多数量、更高星级的商品评价是销量的助推器，卖家一定要想办法引导和鼓励买家留评。

卖家可以在平台规范之内，通过发送售后服务卡和感谢信等方式来引导和鼓励买家留评，提高留评率和收到好评的概率。

8. 通过站外流量为运营加分

站内流量终究有限，对于部分有实力的卖家来说，当站内流量所带来的销量达到瓶颈时，可以考虑通过站外引流和站外营销的方式获取更多的流量，提升品牌认知度和销量。

简单一点的，可以通过 Deals 网站做促销，快速推动一款商品的销售。更进一步地，可以在 Facebook、Youtube、Pinterest、Instagram 等社交媒体网站创建品牌主页，长期持久地聚拢自己的用户群和粉丝群。更深入一点的，还可以在垂直网站和社区分享自己对行业的认知，积累忠实的用户。如果实力足够强大，做一些线下的推广也是很好的营销方法。随着运营的一步步推进，可以通过多层次、多维度的流量整合，为自己的运营加分。

必须强调的是，对于一个依托于亚马逊平台做销售的卖家来说，站内流量永远是主导，站外流量只是补充，如果本末倒置，盲目、过度地追求站外流量，只会事倍功半。

9. 通过 EDM 邮件进行精准推广

卖家如果在多个电商平台销售商品，又收集了不少的买家数据，那么不妨充分利用这些买家资源。当新品上架或想重点打造某款商品时，可以针对性地向老客户发送 EDM 邮件，提高老客户的复购率，增加销售业绩。

如果能够做到以上 9 点，那么店铺销量的增长也就指日可待了。

8.3　亚马逊店铺运营中重要的4件事

对于每位亚马逊卖家来说，要想确保运营的长期稳定和销量的持续增长，就必须做好以下 4 件事。

1. 确保账号安全

- 远离侵权商品

远离侵权要从选品开始。在选品时，可以利用自己的经验、询问供应商，或者向有经验的卖家朋友请教，尽可能避免选择侵权商品。尽量在选品阶段就排除存在潜在侵权风险的商品。在侵权问题上，不要抱有任何侥幸心理，可以选择的商品有很多，没必要选择可能侵权的商品而为自己的运营埋下隐患。

- 不跟卖，避免侵犯别人的商标权

和商品侵权类似，商标侵权也是卖家必须慎重对待的。相比商品侵权，采取注册自有商标、自己创建商品的方式发布商品，一般不会触及商标侵权，而想靠跟卖来运营的卖家，往往容易因商标侵权而被投诉。根据以往的经验，跟卖引起的商标侵权是导致账号受限的主要原因，要想确保长期稳定地运营，一定要远离跟卖。

- 用梯队账号减少运营中的未知风险

作为第三方卖家，无论我们怎么用心，都没有办法确保账号百分之百的安全。对于仅靠单一账号来运营的卖家，随时都处在高风险中。随着运营的推进，卖家开始组建自己的团队，各项成本开始上升，如果只有一个账号，一旦被移除销售权限，瞬间就只有支出，没有收入了。这种打击对大多数创业者来说是致命的，轻则消耗很大一部分的原始积累，重则可能直接耗尽所有的资金，盈利从正变负，需要很长时间才能恢复过来，损失了资金，浪费了时间，也错过了时机。

为了避免这种情况发生，卖家在经历了初步阶段，当第一个账号开始有了稳定的营收之后，就应该准备第二个、第三个账号。不同的账号承担着不同的任务，大账号用来为公司创造利润，中账号用来分担公司的一部分运营成本，小账号作为替补，随时可以用来应对不测，这样的布局可以把风险降到最低，避免出现因一个账号出问题而导致整个团队解散的情况。

- 预防账号关联

有了多个账号，就要预防账号之间的关联，用独立的电脑、独立的网线来操作独立的账号是必要的。同时，还要做好团队内训，把预防账号关联意识深入到每位员工的心里，只有这样，才能确保多账号相互辅佐，并肩作战。

2．重视选品

亚马逊店铺的运营"七分在选品，三分靠运营"，选品的好坏在很大程度上影响着运营的成功与否。

在选品时，卖家应该坚持选择刚需商品，在刚需的基础上，结合自己的资金情况，尽量选择轻小的商品。同时，可以考虑功能相对单一、低频使用和便于多样组合形成组合差异化的商品。

3．在运营上，参考"螺旋式爆款打造法"，以打造爆款为运营的首要目标

亚马逊平台上的运营讲究爆款模式，一个爆款创造的利润甚至可以超过一家铺

货店铺的利润。爆款打造的方法有很多，参考以往打造爆款的经验，"螺旋式爆款打造法"是最高效的一种方法，相对来说投入少、产出高、节奏快，应用得当可以快速盈利。这个方法已经在很多卖家的实践中得到验证。

当然，在采用此方法打造爆款的过程中，我们还要把握好两个细节。

- 价格从低到高。在调价过程中，要把握好调价的幅度和节奏，围绕销量提升、排名提升和价格提升三要素，确保在每个调价周期它们都能够同步上升。
- 要重视站内广告在"螺旋式爆款打造法"中的推动作用。在打造前期，站内广告可以带来流量和订单，此阶段只需要关注订单数量。打造进入中后期，当商品价格与成本持平或有微利时，要开始调整投放站内广告的目标，从追求订单数量转变为追求转化率，最终实现 ACOS 数值接近或低于毛利率、广告所带来的销量占总销量 30% 以内的目标。

4．成本把控

在运营中，相对于赚钱的难，节省成本则相对容易。所以，我们一定要尽可能地节省成本。要节省成本，可以从以下几个方面入手。

- 商品成本。对多家供应商进行比价，从性价比最高的供应商处采购。
- 商品包装。商品包装要根据实际需求来设计，在确保商品安全、运输途中不被损坏的基础上，可以适当简易化和简单化。
- FBA 头程物流。采用 FBA 发货的卖家，头程物流费用是很大一部分成本，在发货时，应该尽量把商业快递、空运和海运等多种发货方式合理搭配，在确保时效的同时，尽可能降低运费成本。
- 办公成本。不要过度追求高档的办公空间，办公空间的环境和面积要遵循够用即可的原则，我们的目的是赚钱，不是找一个高档的空架子来自我陶醉。
- 人员成本。小团队用人靠感情，在用人上，要遵循"5 个人的活，3 个人来干，发 4 个人的工资"的原则，空谈理想和愿景没有用，在人员合理配置的基础上，工资和提成要尽量给到位，员工干得开心，才能效率高。

运营也好，创业也罢，都是一个永无止境的进阶课程。希望卖家在前进的路上，开放心态，多学习，快成长，早日成为大卖家。

8.4　亚马逊站内流量入口及获取方法

对于卖家来说，流量是销量的基础，抓住流量才能提升销量，那么亚马逊站内流量的入口有哪些？我们如何才能抓住和利用呢？接下来详细讲解。

流量入口一：关键词自然流量

当消费者用某个关键词搜索时，卖家的商品出现在搜索结果页，这就是关键词自然流量入口。

关键词自然流量入口是基本的流量入口，也是消费者接触到卖家的第一个流量入口，要想利用好关键词自然流量，卖家需要从 3 个方面入手。

首先，商品优化要做好，尤其是标题中的关键词要用好。关键词是指消费者用来搜索某款商品时使用的名词结构的词语或短语。由于一款商品往往有多个不同的名称，而消费者搜索时的使用偏好也不尽相同，所以卖家一定要考虑全面，尽量把消费者搜索的核心关键词恰当地用在标题和商品详情中，这是抓住关键词流量的基础；和核心关键词的竞争激烈不同，长尾关键词竞争热度低、转化率高，在商品优化中也需要恰当使用。

其次，确保关键词排名尽可能靠前。关键词排名受到关键词权重、转化率和BSR 排名等因素的影响，卖家要想抓住关键词排名的流量，一定要在这几个方面下功夫。

再次，广告关键词坑位要靠前。虽然广告关键词属于付费流量入口，但对于卖家来说，如果投放了站内广告，就必须充分考虑这一点，关键词权重高、竞价高，该关键词的广告位就会更靠前。

流量入口二：类目节点流量

在消费者搜索某个关键词后，众多商品都会被展示在搜索结果页，但某些商品和消费者的需求并不一致，为了获取更精准的结果，消费者可能选择通过搜索结果页左侧栏的类目节点进行二次过滤，这就要求卖家在发布商品时尽量选择精准的类目节点。只有类目精准，商品的权重才高，才更容易被系统展示在搜索结果靠前的位置。

另外，精准的类目节点对商品的权重、关键词的权重，以及站内广告的关键词质量得分、广告坑位、广告扣费等都有帮助。

流量入口三：BSR 榜单流量

BSR 榜单是一个很有趣的工具。对于卖家来说，如果能够冲到 BSR 榜单的前列，除可以获得销量增长外，Best Seller 标识、Amazon's Choice 标识还可以让卖家在心理上获得极大的满足感。而对于消费者来说，BSR 榜单是其选购商品的一个重要参考工具，像 Prime 会员这样的消费者，BSR 榜单更是他们经常逛的位置。

所以，BSR 榜单也是一个重要的流量入口，要想获得，唯一的途径就是销量足够好，销量越好，排名越靠前。

流量入口四：商品详情页关联流量

亚马逊平台的一个典型特征是把流量闭环做到了极致。打开任何一个商品详情页，可以看到很多同类或相关商品的展示，这些商品链接给消费者提供了更多的选择，即如果不喜欢当前正在浏览的商品,还可以考虑这些关联商品。

在亚马逊最新版中,商品详情页中的关联商品位置被设置为普通广告位及评价4星和4星以上的广告位,这意味着卖家想要利用商品详情页的关联流量,就要为自己的商品投放站内广告,还要尽量使商品的评价星级达到4星和4星以上。

流量入口五:站内广告流量入口

站内广告流量属于付费流量,主要分布在搜索结果页和商品详情页的关联流量位置,要想利用好站内广告流量,为商品投放广告是必要条件。

站内广告有自动型和手动型两种,两种广告类型又根据设置的不同有更多的细分和细节,关于站内广告的设置,建议参考本书相关章节的内容,在此不再赘述。

这里强调一点,要想长期利用广告流量,广告就要持续投放。投放广告的最终目标是投入产出比划算,带来盈利,所以在投放广告的过程中,卖家还要围绕投入产出比持续进行广告优化。

流量入口六:秒杀、优惠券及平台活动流量

秒杀、优惠券和平台活动(比如 Prime 会员日、黑色星期五、网络星期一等)属于非常态流量,这种流量的特点是可以在短时间内带来流量暴涨。对于这类流量,既然是非常态流量,就要将其定义为"锦上添花"型,不要过度倚重,但要随时做好准备,争取能够恰到好处地利用。

比如需要付费的秒杀活动,如果想参加,就要评估其投入产出比如何。再比如优惠券,如果设置之后依然有利润,那就不妨设置试试,根据转化情况再做调整。

亚马逊站内的核心流量入口就是以上这些,了解了流量的来源后,在运营中可以进行针对性的调整,随着店铺流量的增多,销量也会一步步得到提升。运营的意义就在于此。

8.5 运营中最重要的事,是排名卡位还是精打细算

有位卖家发来一份运营计划让笔者提建议,在运营计划中,卖家详细地列出了要做多少测评、投放多少广告、进行多少次抽奖,以及通过站外 Deals 网站促销、Youtube 网络红人引流等。这位卖家把以上各项细化为具体数字,然后以周为单位排期,做出了一个三个月的打造计划,然后列出了每项的预期投入和预期效果。

这样的一份运营计划真可谓精打细算,但如此细致的计划能否达成运营预期呢?笔者持怀疑态度。

在笔者看来,亚马逊运营中最重要的事情其实是排名卡位。在选品时,很多卖家都会关注各个类目的热卖榜单,看到一个长期守在热卖商品位置的商品,都会垂涎并在心里默念:这要是我的商品,该有多好!

一款商品进入 BSR 榜单的前列意味着每日销量足够多,也许你会说,人家之所

以排名靠前不就是销量的推动吗？确实如此。但换个角度看，如果能够把一款商品推到 BSR 榜单靠前的位置，销量就会更多，就可以带来更多的利润。

从这个意义上说，在运营中，卖家其实只需要做一件事：尽一切可能让自己的商品的 BSR 排名保持持续上升的趋势，直至成为热卖商品。若已经成为热卖商品，努力维持当前榜单位置即可。

如果能够做到，一个爆款就打造成功了，又何愁没有销量、没有利润呢？

相对于卖家在静态下起草的运营计划，推动商品的排名就成了一个目标单一、动态调整的过程。

用排名卡位的逻辑做运营，就是要把推动商品的 BSR 排名持续上升作为首要目标。没有订单时，哪怕亏本也要接到订单；订单数量太少时，哪怕亏本也要让订单数量增加；随时关注订单数量和 BSR 排名，如果出现停滞，即便降价也要维持订单数量和排名。这其实就是笔者在螺旋式爆款打造法中讲述的打造逻辑。

当然，在推动 BSR 排名上升的过程中，还要投放适量的站内广告，配合适当比例的增评，持续保证库存数量以满足销量的增长预期等。

如果能够保持这样的运营节奏，就会发现，在商品排名上升的过程中，期望的销量目标实现了，销量稳中有升，价格逐步调整，BSR 排名进入头部，利润目标也实现了。

8.6　玩赚亚马逊，解读好3个排名是关键

有卖家询问：为什么我关注的一个竞品，没有评价却进入类目热卖榜单的前 5 名呢？

也有卖家询问：为什么我把所有的搜索结果看了一遍，也没有找到我的商品呢？

还有卖家询问：为什么我给站内广告出了很高的竞价，却找不到呢？

这 3 个问题，刚好对应着我们在亚马逊运营中经常提及的 3 个排名：BSR 排名、关键词排名和广告位排名。

相信稍有运营经验的卖家对这 3 个排名都不陌生，但有很多卖家分不清这 3 个排名的关系及彼此的影响。

先来看 BSR 排名，BSR 排名简单理解就是销量排名。一款商品销量好，其 BSR 排名就靠前；若在一段时间内销量下降，则其 BSR 排名也会下降。BSR 排名以小时为单位进行更新，随着同一个类目下所有商品的销量变化而变化，很多时候我们所追求的打造爆款，其实就是期望自己的商品能够成为 BSR 排名的第一名，即类目热卖商品，或者至少能够冲到 BSR 排名靠前的位置。

关键词排名是指在亚马逊前台用关键词搜索某款商品时，在搜索结果中看到的商品所在的位置。和 BSR 排名根据销量多少进行排序不同，关键词排名的影响因素

较多，包括转化率、订单数量、历史销量、评价星级和数量等。对于卖家来说，这些数据我们无法做到精准量化，所以也就无法准确知晓自己的关键词排名可能发生的变化。

即便如此，以下两点还是可以确定的：（1）关键词排名可以人为干涉，市面上有所谓的"关键词上首页服务"；（2）销量和BSR排名对关键词排名有重要影响，我们往往会发现，类目热卖商品一般都在关键词排名的第一页、第二页。

有时我们翻看所有搜索结果页也没有找到自己的商品，也就是说，在搜索结果页没有找到自己的关键词排名，其原因有二：（1）卖家的默认地址是中国，创建的商品设置了不向站点以外的地区发货，需要更改地址信息后重新查看；（2）亚马逊的搜索结果页只显示关键词排名靠前的商品，而卖家的商品权重太低，所以没有被显示出来。

对于关键词排名，即便自己找不到也不必太在意，查看卖家中心后台的业务报告中的访客数据，如果有访客，就说明商品显示正常。

第三个排名是广告位排名。按照亚马逊系统设置，在搜索结果页和商品详情页都有专属的广告位，一般来说，广告关键词竞价越高，能够抢到的广告位就会越靠前，但需要注意的是，广告位排序除受竞价影响外，还和广告关键词质量得分紧密相关。一款商品没有评价、评价星级低、转化率差、关键词和商品相关度不高等，都会导致广告关键词质量得分低，即便广告竞价很高，广告排名也可能靠后。

理解了3个排名的意义及影响因素后，我们还要知道这3个排名不是彼此独立的，它们如图8-1所示彼此作用、相互影响。任意一个排名的变化都会影响另外两个排名，而任意一个排名也会随着另外两个排名的变化而发生改变。

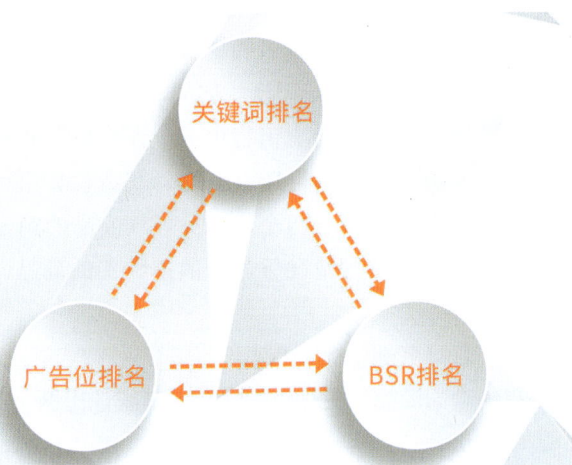

图 8-1　3 个排名的关系

比如，一款商品销量好，其BSR排名就会上升，随着BSR排名的上升，其关键词排名也会跟着上升，这就是热卖商品往往出现在搜索结果首页的原因。另外，当关键词排名靠前时，其曝光和流量就多，假设转化率固定不变，那么该商品的订单数量就多，从而推高 BSR 排名。同样地，关键词排名靠前，一般而言其转化率就会较高，订单数量也会多一些，这些因素都会增加商品的权重，对广告关键词质量得分起到加分的作用，进而推动广告位上升；而广告位靠前，其曝光和点击就多，订单数量也会相应地增加，订单数量多了，BSR 排名也就上升了。这就是 3 个排名的三角循环。

通过上述分析我们不难看出，3 个排名形成了一个相互影响、相互推动的飞轮，在运营中，努力推动一个排名向好，就可以带动另外两个排名也逐步变好。反之，如果一个排名下降，另外两个排名也会受到拖累。

所以，卖家要动态地看待 3 个排名的关系和相互之间的影响，在自己能力范围之内，努力推动某一个排名向上向好发展，3 个排名彼此影响，就会形成一个良性循环，这才是我们应该具备的运营思维。

8.7　运营中应该关注大类目排名还是小类目排名

经常有卖家这样询问："我的 BSR 排名从 1 万名掉到 2 万名，我该怎么办？""我的商品排名在 2 万名左右，每天出一两单，是放弃，还是继续打造呢？"每次遇到这样的询问，笔者总会回复："能否告诉我你的商品小类目排名是多少？"

在笔者看来，在日常运营中，小类目排名比大类目排名更值得关注。

我们先来理一理这几个概念。

BSR 是 Best Sellers Rank 的缩写，是亚马逊系统对各个商品在一段时间内（按小时更新）的销量所进行的排名，BSR 排名的主要依据是最近一段时间内的销量。但在亚马逊 A9 算法下，销量又不是唯一因素。比如，两位卖家在同一段时间内的销量和订单数量完全相同，这时商品的历史销售数据、评价数量和星级、商品的转化率等都会被汇总进来，一起影响着商品的 BSR 排名。另外，如果一款商品的销量是正常的分散型订单，每个订单只销售一两个，而另一款商品的销量是批量订单，比如某位买家一次性购买 100 件，这种情况下，分散型购买的商品即便总销量少，BSR 排名也可能更靠前。

大类目排名和小类目排名是什么关系呢？

打开任何一款有销量的商品，系统一般都会为其统计出两个 BSR 排名，如图 8-2 所示。展示在 See Top 100 处的排名属于一级类目下的 BSR 排名，我们通常将其称作大类目排名，而下面细分类目节点的 BSR 排名被称为小类目排名。在本节开头举例的卖家询问中所说的排名 2 万名，就是指大类目排名。

Product information

Size:eT-23

Product Dimensions	2.5 x 0.8 x 2.8 inches
Item Weight	2.88 ounces
Shipping Weight	2.88 ounces (View shipping rates and policies)
Manufacturer	eTradewinds
ASIN	B018YAUK2A
Item model number	Kitchen Timer eT-23
Batteries	1 AAA batteries required.
Customer Reviews	★★★★☆ 414 customer reviews 4.1 out of 5 stars
Best Sellers Rank	#3,299 in Kitchen & Dining (See Top 100 in Kitchen & Dining) #14 in Timers
Date first listed on Amazon	January 11, 2016

Feedback

If you are a seller for this product, would you like to suggest updat
Would you like to tell us about a lower price?

图 8-2　两个 BSR 排名

为什么要强调从运营的层面上来说，关注小类目排名比关注大类目排名更有意义呢？原因在于，对于每位卖家来说，我们的竞争说到底是在一个存量市场内的竞争，比如我卖的是筷子，你卖的也是筷子，我们面对同一个消费群体，才会形成竞争关系，这种竞争体现在运营上，就是看谁的小类目排名更靠前。

而一个卖筷子的卖家和一个卖高压锅的卖家，因为商品都属于厨房用品，所以他们会在厨房用品这个一级类目下拥有各自的大类目排名。但买筷子的消费者当下未必需要高压锅，如果筷子的市场整体需求大，筷子的大类目排名就可能遥遥领先于高压锅的大类目排名。从这个意义上说，大类目排名对于运营策略的规划和调整并没有太大的参考价值，如果过度关注，反而可能因为某个时段大类目排名变动幅度过大影响运营的心态，造成运营上的误判，平添了更多的焦虑。

当认识到竞争是在存量市场内的竞争，认识到作为一位卖筷子的卖家，竞争对手只是另外那些卖筷子的卖家时，我们就应该将注意力放在小类目排名分析和小类目排名列表中的竞品分析上了。

要想做好运营，不必打造绝对完美的商品，毕竟我们也没有办法界定什么是完美的商品，但你的商品至少要比你的竞争对手的商品表现得更好，包括商品详情、价格、评价等，这才是我们运营中要评估的重点。而要做好这些分析和评估，就需要从小类目排名下手。

对小类目排名的关注有利于我们做竞品分析，那么大类目排名是不是对卖家就没有任何意义呢？

当然不是。

对于卖家来说，应该从以下几个方面思考大类目排名。

- 在选品阶段，如果一款商品的大类目排名比较靠前，就说明该商品的销量多、市场容量大，可发展的空间也足够大。

- 在选品对比时，如果同一个大类目下的两款商品都是小类目的热卖商品，那么大类目靠前的商品市场容量更大。
- 在运营中，如果发现自己的商品销量下滑但小类目排名没有变化，同时其在大类目下的排名明显下降，那么说明该商品进入淡季，反之亦然。

基于上述分析，清楚了大类目排名和小类目排名的关系后，在运营中可以参考大类目排名来评估市场容量，参考小类目排名来瞄准竞争对手，从而达到有针对性地制订和调整运营策略的目的。只有这样，运营才能做到得心应手。

8.8　亚马逊店铺运营中的注意事项

日常在和卖家交流的过程中，总会听到一些卖家感叹在亚马逊开店投入大、运营难，这些卖家几经折腾之后发现自己根本玩不转，甚至最后还把账号关闭了。亚马逊店铺难做不难做？其实从身边很多成功的案例中你已经得到了答案。但为什么还有那么多人一番运作之后不仅没有赚到钱，反而连账号都关闭了呢？原因就是他们操作过于盲目，忽视了那些可能致命的运营上的"坑"。

结合多年的运营经验，亚马逊店铺运营的注意事项如下。

- 在资金上要遵循"有多少资金办多大事""不把鸡蛋放在一个篮子里"的原则，要避免过度乐观，不可盲目扩张，步子太大，资金耗尽的结果就是后面所有的行动都会受限，即便有了新机会、好机会也可能白白错过。尽量把手中的可用资金拆分成多份来使用，以最小的资金去试错，成功了，就总结经验、构建模型，然后快速复制。即便在某个商品上投资失败了，也不致于伤筋动骨。总之，永远要保留好最后一个"铜板"，它可能就是救命钱，可能是让你柳暗花明又一村的重要筹码。
- 在选品时要避免犯以下错误：（1）缺少"刚需制胜"思维，盲目地多 SKU 铺货；（2）脱离可用资金盲目地选品，比如选择大而重的商品，运营中才发现自己的资金和实力根本不足以支撑运营所需；（3）带着投机心理选择侵权或潜在侵权的商品；（4）单纯以个人偏好来选品，忽视了市场需求；（5）盲目追求热门的、竞争激烈的、被大卖家把持的低价商品，比如手机配件类的"吉祥三宝"（手机壳、数据线、充电器）；（6）过度追求差异化、独家私模和对商品脱离实际需求的升级改造，既浪费时间，又因为与市场需求偏差大而损失惨重；（7）选择更新换代快或季节性过于明显的商品。
- 在发布商品与头程发货上，要避免以下情况发生：（1）商品被发布在错误类目，导致商品被下架；（2）滥用变体，导致商品被拆分，甚至账号被移除销售权限；（3）商品尺寸填错，导致平台费用高于实际费用；（4）使用 FBA 发货时频繁删除发货计划，导致账号的 FBA 发货权限受限；（5）在发布商品时，胡乱填写商标名，导致侵权，被移除销售权限。

- 在店铺运营上，要避免出现以下问题：（1）违规操作刷单、刷评，使用黑科技手法等，导致账号被移除销售权限；（2）商品质量差、发货不及时、客服水平差等导致账号 ODR 指标超标，被移除销售权限；（3）促销信息设置错误，瞬间爆单，导致店铺损失过大；（4）广告设置错误，导致预算超预期，损失过大；（5）螺旋式打造初期跟进不力，低价阶段出单太多，导致损失过大；（6）调价时单次涨价幅度过大，导致购物车丢失或账号被系统判定为操纵销量而被移除销售权限。

- 在竞争对手方面，可能遭遇的"坑"包括遭竞争对手恶意攻击、跟卖、差评、点爆广告、因质量和安全问题被投诉等，以及商品被竞争对手暗中改为成人用品属性，遭到系统屏蔽。

- 在平台规则和政策方面，卖家容易踩到的"坑"包括（1）侵权、质量问题、认证问题（比如电子产品没有 CE 认证、UL 认证，玩具没有 CPC 认证等）、安全规范问题（比如在英国市场错发欧规插头等）等，这些情况轻则导致商品被删除，情节严重的，可能被移除销售权限；（2）中途更换收款账号，导致账号被移除销售权限（想要更换收款账号，最好是在前一次放款后的三天左右更换，更换之前联系平台客服说明情况，请客服协助做备注后再更换，欧洲站更换收款账号容易触犯 KYC 审核，一般不建议中途更换）；（3）销量大幅波动，导致销售权限被移除；（4）类目在中途被审核（比如婴儿用品和儿童玩具被抽查到的卖家要求提交 CPC 认证，苹果周边配件被随机抽查到的卖家要求提供 MFI 认证、UL 认证等），会导致商品被下架或账号被移除销售权限；（5）违规的商品合并和评价合并，会被系统判定为操纵排名、滥用变体、操纵销量等，进而导致账号被移除销售权限。

上述举例是运营中经常遇到的情况，虽然未必每位卖家都会遇到，但了解并规避，才能让我们在运营中少走弯路，让运营之路更通畅。

8.9　导致销量下降的原因及应对策略

在运营中，最让人苦恼的就是销量突然大幅下降。什么情况会导致销量下降呢？销量下降之后我们该如何应对呢？本节就来一一讲解。

1. 商品断货后又上架，销量大幅下降，广告成本大幅上涨

相信遇到这种情况的卖家不在少数。凡是 FBA 发货的卖家几乎都有过热销商品

卖断货的经历。商品热销让人开心，但断货对商品的销量、排名和广告带来的影响，相信卖家同样印象深刻。

有时是订货交期出了问题，有时是发货物流有了延误，也有时是突然的销量猛增所致，总之，断货会真实地发生在几乎每位卖家身上。

断货之后，卖家心急火燎地等到新一批货物入仓上架，可销量再也回不到断货之前的水平了。有些卖家为了提升销量，开启站内广告或增加运行中的广告竞价和预算，可是只看到了 ACOS 数值飙涨，销量好像并没有太明显的变化，这就是典型的断货之殇。

这是什么原因造成的呢？原因就是商品断货期间，尤其是断货时间一周以上时，商品权重发生了变化。在商品断货下架期间，商品没有曝光、没有点击、没有转化，商品的各项权重都下降了，而此时市场依然存在，原本有机会得到的订单跑到竞争对手那里去了，竞争对手的市场份额增加，而断货卖家的市场份额减少，双方差距拉大，造成补货上架后追赶吃力，商品权重一下子恢复不到之前的水平，销量也难以恢复。

对于卖家来说，在断货前后应该采取以下方法来减少断货带来的不良影响。

- 在商品断货前，适当地提高售价。这样做一方面可以减缓销售速度，降低断货风险并缩短断货时间，另一方面可以获得超额的利润。当然，在涨价幅度的把握上也要注意，单次涨幅不要太大，涨幅过大要么会丢失购物车，要么消费者对价格不满意，申请退货、留差评等，对账号会产生不利影响。

- 在商品接近断货时，结合新一批货的到货情况，如果预估断货时间不长，就可以采取自发货的方式跟卖自己的商品，跟卖的价格建议高于 FBA 发货价格 $5.00 左右。这样跟卖的好处在于，即便 FBA 库存断货了，商品依然会以自发货的形式展示在自己的店铺中，避免被某些不良卖家当作"僵尸"商品捡走，跟卖并篡改。同时，如果跟卖的商品产生了订单，这些订单也可以等下一批货入仓后，以创建多渠道配送的方式给买家发货，价格高出的部分可以用来抵消多渠道配送所产生的额外费用。

- 在商品断货后，BSR 排名下降，商品权重也会下降。当新一批货到货上架后，卖家要采取行动尽快把权重提高。该怎么做呢？降价是最高效的方式。降价之后，通过价格的敏感性吸引更多的消费者购买，订单增加，订单转化率也会提高，商品权重会随之逐步恢复，销量和排名会逐渐回到断货前的水平。如果降价后销量和排名变化不明显，我们不妨从两个方面考虑：降价幅度是否不够大，没有吸引消费者；适当增加广告的竞价和投放力度。用低价和广告双向刺激来快速拉升商品的销量和权重，这是实践应用中非常有效的方法。

可能有的卖家觉得降价使自己损失了预期利润，可以这样想，毕竟断货前也涨价了，就当作把断货前涨价所赚取的超额利润投入到现在的运营中吧！

2．遭遇差评后，销量大幅下降，广告成本大幅上涨

卖家大概都知道，差评对商品销量的影响非常明显，但差评是无法预料、不可控制的，我们该怎么办呢？

一般来说，可以用以下 5 个方法来化解差评所带来的不良影响。

- 联系买家：如果能够联系到买家，则要在第一时间联系，真诚道歉，全额退款，争取获得买家的谅解，请求买家协助将差评删除或改为好评。
- 联系客服：如果差评中有明显的误导性语言或属于恶意留评，则卖家可以联系平台客服，向客服申诉，申诉时要有理有据，争取得到客服的理解和支持，协助移除差评。
- 适当增评：如果你有安全可靠的渠道，比如自己的粉丝群等资源，可以按照 1:3 的比例增加一些好评来稀释差评带来的不良影响。
- 立即降价：差评会导致商品权重下降，而降价又可以提升销量和转化率，从而达到提升权重的目的。一降一升，就可以化解差评所带来的不良影响。
- 找服务商协助"踩"差评。

3．评价被系统删除后，销量大幅下降

这是部分有刷单行为的卖家遇到的情况，因为被系统监测到有刷单行为，所以商品的评价全部或部分被删除。更糟糕的是，连真实买家在购买之后也无法留评了。

对于这种情况，笔者的建议是，尝试把商品删除，然后用 ASIN 重新发布，这样操作，亚马逊系统可能会将重新发布的商品判定为新商品，就可以收到真实买家的评论了。如果这样尝试后发现依然不行，那就只能将现有库存撤仓出来，重新发布商品，将其作为新商品重新打造了。

4．提价后，销量大幅下降，甚至购物车也丢失了

在"螺旋式爆款打造法"中，有一个重要的变量就是价格要随着销量的增加和排名的上升而逐步提高，可有不少卖家反馈，提价之后，购物车丢失了，广告不能投放了，销量也下降了，该怎么办呢？

笔者有以下两个建议。

- 我们要知道，一件商品即便没有购物车也同样可以产生订单，只是订单会少一些而已。由于关键词排名位置相对稳定，在短时间内变化不大，因此可以选择在销售高峰期提价。即便提价之后购物车没有了，但关键词排名位置暂时并没有变化，还有一些消费者能够看到你的商品，就会有一定的购买率，

从而产生一些订单，购物车可能又有了。

- 提价时，每次提价幅度要小，把计划的提价金额拆分成多次来执行，以"小步慢跑"的方式操作，减少丢失购物车的概率。

5. 频繁调整商品之后，导致购物车丢失，销量下降

商品优化其实应该叫作商品调整，只有商品调整之后表现更好、销量更高才能称之为商品优化。按照亚马逊系统的抓取和排名规则，每次商品调整之后，系统都会重新对其进行识别、抓取和排队，如果调整后的商品没有被系统识别到，就会导致权重下降、排名下降、销量下降。

为了避免因为商品调整而导致的销量下降，卖家应该注意以下几点：（1）不要高频次地调整商品；（2）每次调整之后要留出至少三天的观察期；（3）调整前后要做记录，如果调整之后商品的表现还不如之前的表现，那么不妨改回原来的状态；（4）调整之后可以配合广告和低价快速拉动销量增长和排名上升，以达到提高商品权重的目的。

6. 广告暂停或终止后，销量大幅下降

对于一款投放了站内广告的商品，其权重是广告权重和自然权重的总和，如果广告暂停或终止，广告权重被剔除，单靠自然流量的支撑，销量往往会有较大幅度的下降。

为了避免因广告暂停或终止而导致商品权重下降、销量下滑，我们不要轻易关闭一则商品广告，如果确实因为广告投入产出比不划算或运营策略调整等原因必须降低广告成本，不妨调整策略，把竞价降低到几乎不会被点击，此时广告成本几近于零，但广告依然运行着，可以避免被系统硬生生地降权。

7. 商品被跟卖后，销量大幅下降

商品被跟卖是运营中最让人厌恶的事。一款商品遭遇跟卖，订单被跟卖者瓜分，往往会导致该商品原卖家的销量大幅下降。

在当前的亚马逊规则下，商品被跟卖不可能完全避免。作为卖家，我们要有应对之策。一般来说，建议卖家尽早注册站点本地的商标，商标批下来之后在亚马逊平台做品牌备案，当遭遇跟卖时，要在第一时间通过发警告信、下测试订单、向平台投诉的方式驱赶跟卖者。如果这些方法都无效，那么不妨找服务商试试。

8. 季节性商品过季后，销量大幅下降

有些卖家在选品时选择了季节性商品或更新换代快的商品，于是销量随着季节

而大幅波动。从长期稳定运营的角度考虑，尽量不要选季节性商品。如果卖家所运营的商品现状已如此，那么笔者建议在旺季来临前，适量备货即可，避免把赚的钱全部压在库存上，毕竟谁又知道来年会怎样呢！

8.10　低价、广告和增评的三位一体打造逻辑

有卖家反映自己运营中的困惑：店铺里有 10 款商品，每款商品都有别的卖家在卖，卖家自己每天对商品进行优化，广告也开启了，但每款商品都是零星出单，广告成本也居高不下。卖家的问题是，为什么优化了商品还没订单？为什么广告效果这么差？

按照卖家反映的情况，销量很少而广告成本很高，那么运营一定有问题，可问题出在哪里呢？

笔者觉得这位卖家在运营实践中，有以下几个方面需要注意。

（1）高估了商品优化的重要性，同时忽视了对商品优化节奏和频率的把握。

在亚马逊店铺运营中，商品优化重要吗？当然，商品优化是运营的基础。即便如此，商品优化也是有"天花板"的。一款商品能够完美呈现吗？面对消费者千差万别的审美偏差，恐怕没有哪个卖家能够完美地呈现商品。

作为卖家，只要能够将商品的各个要素完整地展现，商品整体表现优秀就可以了。

比如，商品图片既要自己看起来满意，还要在和竞争同行的横向对比中不致于显得有差距；商品标题既要包含核心关键词，又要体现出商品的独特性、卖点和差异化亮点，同时适当添加一些修饰词，让整句话读起来通畅，标题中用不完的关键词填写在 Search Term 关键词中；五行特性和商品描述在内容上要生动，在展现形式上要整齐大气。能够做到这些，商品整体表现就不会太差。

在撰写和优化商品的过程中，要注意和优秀的竞品做对比，学习竞品运营上的优点。竞争对手是最好的老师，这一点在优化商品的过程中一定要铭记。

商品一旦发布上架，一般就不要再高频调整了，有些卖家"每天对商品进行优化"，很容易破坏商品在系统中的权重。一般来说，每次商品调整之后，建议观察 3~7 天，然后根据销量和排名的变化，再评估是否需要进一步调整。关于商品优化的细节和节奏，可以查看本书商品优化章节的内容。

（2）忽视了广告投放的策略和方法。

笔者在和卖家的交流中得知，卖家的商品虽然投放了广告，但广告预算很少，而且平均分布在各个商品上，再加上商品的频繁调整，导致广告关键词质量得分不高，很容易造成广告浪费。

站内广告流量精准，应用得当是可以对运营起到帮助作用的，但并不意味着要

对所有的商品都投放广告，广告的投放要集中到重点商品上，要优先选择当前阶段重点打造的商品进行广告投放。

广告可以带来曝光和点击，但卖家更应该关注转化率。转化率越高，广告关键词的权重越高，广告关键词质量得分才会高，关键词质量得分高了，广告的费用会在一定程度上降低。

另外，广告的预算不要太少。有些卖家对商品投放广告时只设置1美元、5美元或10美元的日预算，预算太少，广告的效果一般也不好。

（3）一款商品的打造要将低价、广告和增评进行三位一体的结合，三个方面相互作用，才能推动BSR排名上升。

很多卖家刚开始打造一款商品时就想保持预期的利润，这种愿望很容易落空。有那么多的商品上架比你早、积累的评价比你多、价格比你有竞争力，凭什么消费者会选择你？！

一款商品的打造过程好比分蛋糕，蛋糕的大小是固定的，你抢得多一点，别人分得就会少一点，你才有取胜的机会。

那么，怎样才能抢得市场份额呢？在打造初期，低价是有利的方式。价格是消费者最敏感的，只有让利于消费者，他们才会用行动来为你"投票"。另外，商品评价是口碑，更多更好的评价能够提高转化率，所以，在运营中要为商品增加评价，能够收到真实的好评自然是再好不过的，但如果还没有买家留评，那就要想办法主动增评。在打造的过程中，站内广告可以起到很好的引流效果。通过将低价、广告和增评进行三位一体的结合，一款商品才可能成为爆款。

随着销量的增长，BSR排名上升了，自然流量也多了，若能够成功"站稳"BSR排名靠前的位置，订单就会稳定，一个爆款就形成了。

8.11 亚马逊店铺运营中的算数题

很多卖家一番辛苦运营，最终核算时却发现自己根本没赚钱。为什么明明觉得赚钱的生意到最后不赚钱呢？从下面的分析中也许可以得到答案。

1．分仓与合仓

假设现在有一批货要发，每次生成FBA发货计划时，总是被系统自动分配到三个不同的仓，该怎么处理呢？

如果选择亚马逊系统默认的分仓模式，单票件的重量都不重，运费单价会很贵；如果采用海运发货，原本的一个货柜被拆分成三票件，收货地址也差异很大，这时头程物流成本就会贵很多。

如果选择合仓呢？在后台设置合仓，再创建发货计划，确实成为一票件，但亚马逊系统会根据实际发货的数量、重量、尺寸等收取合仓费。

对于卖家来说，遇到这种情况，正确的做法应该是，核算分仓后的头程物流费用和合仓需要支付给亚马逊的费用，相比之后，选择费用低的方式发货。

2. 广告成本与亏损额度

有些卖家运营就靠做广告，其结果是，订单虽然有了，但广告费用长期居高不下，核算下来，不仅没有利润，甚至还亏损了。运营中遇到这种情况该怎么办？

很简单。作为卖家，我们要记住一点：运营是一个系统工程，要以盈利为目标。因此，订单上有利润但利润抵不住广告成本，这样的运营方式不值得提倡。

在广告成本和亏损额度（盈利额度）这两个变量上，我们要求得一种平衡，就是广告成本合适、可控，而亏损最少（盈利更高）。为了达到这种平衡，我们就必须将价格对销售刺激的敏感性考虑在内。

例如，假设现在每天的广告支出是 100 美元，广告能够带来 20 个订单，也就是说，5 美元的广告成本才能带来一个订单。如果对这种状况不满意，那就要换一个角度来思考：如果将商品的单价降低 5 美元，是否会因为价格更有竞争力而多产生 20 个以上的订单？带着这样的思考去做测试，如果测试结果验证确实可以达到甚至超过这样的效果，那就应该优先考虑降价而非固守广告。

3. 单品盈利 / 利润率与利润总额

总有卖家津津乐道于自己的某款商品有多么高的利润率（利润额），他们在追求单品利润率的同时，订单数量却不多。

面对生活，知足常乐是一种很好的生活态度，但在运营上，只满足于现状，尤其是还没有冲到类目排名靠前的位置、没有站在金字塔顶端时就沾沾自喜，也不做进一步的改进，那绝对不是一种好的运营态度。

为什么这么说呢？

对于亚马逊卖家来说，有两个方面需要考虑：（1）相比单品利润率，利润总额更重要，即便单品利润率低一点，如果能够卖出更多数量的商品，就可以实现利润总额更多，那么就值得去做；（2）市场占有率多一点对于卖家来说很重要，亚马逊卖家是在存量市场里面分"蛋糕"，如果满足于很小的市场占有率，就意味着把更大的市场份额让给了竞争对手，竞争对手强者恒强、强者更强，会一步步占有更多的市场份额，等回过神来，自己可能已经被边缘化了，不努力推动运营发展，最后的结果可能就是没有自己的一席之地了。

所以，在运营上，正确的做法应该是，既要看单品利润率，又要盯紧利润总额和市场占有率，在关注它们的同时，利润总额和市场占有率优先于单品利润率。

4．亏本甩卖与弃置清货

在店铺运营过程中，总有那么一两款商品卖不动、卖不好，当一款商品销量不好而FBA库存很多时，往往会：（1）占压资金；（2）导致卖家心情焦虑；（3）需支付FBA长期仓储费；（4）账号下的FBA库存绩效分值下降，如果分值过低，就可能无法创建新的补货计划。

面对滞销品，很多卖家经常会采取亏本甩卖的方式来处理。滞销的商品已经属于沉没成本，低价甩卖或亏本甩卖都无可厚非，毕竟不这么做，可能还会侵蚀掉下一个机会成本。但在甩卖清货前，我们必须算清楚一笔账，即甩卖回收的金额是否是正的，如果甩卖回收的金额还抵不上需要支付给亚马逊的费用（FBA费用、佣金等），那还不如选择创建FBA移除订单弃置了事，既省时，又省事，还可以节省一点成本。至于弃置的费率，需要在卖家中心后台查看。

5．销售额与回款额

有些团队的负责人只盯着团队的销售额，只要销售额高就开心，结果却发现实际收到的回款并不多，甚至不够下一步的周转费用，原因在于虽然销售额很高，但广告投入大、FBA库存费用多、退款率高，这些抵消了一部分销售额；还有一些公司，给运营人员核算业绩提成时以销售额作为核算基数，最后发现账号已经亏损了，但运营人员还拿着很高的提成。

运营亚马逊店铺，我们必须区分清楚销售额和回款额。我们看到的销售额中有很多尚未抵扣的费用，比如广告费、FBA库存费、退款、平台销售佣金等，这些会消耗掉销售额的一部分，如果是单价低的商品，这些费用占比会更高。为了能够核算清楚，笔者建议关注回款额，即亚马逊放款至卖家收款账号中的金额。

以回款额为参考，减去采购成本、物流费用等，剩下的是正还是负，才能说明是盈利还是亏损。

运营是一项系统工程，如果我们不能以全局的视角去核算，就会"只见树木，不见森林"，只顾着欣赏某一棵树很美，却可能忽视了森林已经起火。卖家要对各种变量做认真的核算和比对，将优劣方案都呈现出来，这样就可以节省一些成本，或者多赚一些利润。赚钱对谁来说都不容易，希望卖家理性一点，多算算账。

8.12　精细化运营的核心4要素

随着各项成本的上涨和竞争的日益激烈，很多卖家的运营变成了赚了销量却不赚钱。每天忙忙碌碌，发货也不少，但一年到头核算下来，发现没有多少利润，情况好点的，库存和投入相抵后账面稍有盈余，情况差的，库存甚至平不了投入的资金，肯定亏损了。

跨境电商已经过了"遍地捡钱"的时代，在新形势下，要想真正赚到钱，把利润装到口袋里，精细化运营就显得尤为重要。怎样才能做到精细化运营呢？要从以下4个方面入手。

1. 成本把控要精细

很多卖家在运营中做不到精细化核算，成本支出不清楚，账目核算也粗枝大叶，看似销售如火如荼，却只有很低的利润。要想让运营实现稳定盈利，一定要做好成本把控。

在成本把控上，办公成本是非常重要的一项。一些卖家的预期过于美好，根据预期租了很高档、很大面积的办公场地，看起来显得有档次，殊不知过度追求高档，单位租金就高了，而租的面积过大，暂时用不了，每个月也得多支出不少租金。跨境电商是一个可以低调生存的行业，没有客户来访，也不需要过度张扬，在办公场地上过度讲排场，只会稀释自己的利润，增加创业失败的风险。

对于跨境电商卖家来说，物流运费占总销售额的30%左右，要想精细化地把控成本，物流方式的选择是必须重视的。以美国站FBA头程运费为例，商业快递（FedEx、UPS、DHL等）的运费大概是35元/千克，专线物流（空运+派送）的运费大概是25元/千克，而海运的运费大概只需要9元/千克。在发货时，卖家可以将三种方式相结合，既可以保证发货时效，运费成本也可以节省不少。把这些降低的费用均摊到单位成本上，单品利润率可以提升20%左右。

要想把控好成本，就要在能够节流的每个细节上都精心计算。在辅导学员的过程中，笔者经常强调，"赚一分钱都不容易，但节省一块钱却也不难"，除节省房租、运费成本外，收款工具的选择也很重要。市面上的收款工具有很多，比如网易支付、万里汇（WF, World First）、PingPong、连连支付等，不同的收款工具其费率千差万别。以网易支付为例，官方费率0.6%相比某些高达1%费率的收款工具，一年下来节省的费用也不是小数目。因此，选择合适的收款工具也可以节省成本。

2. 员工工作效率要提升

当前，几乎每年平均工资都在上涨，在这种情况下，该如何把控人员成本呢？提高员工工作效率必不可少。

有些公司喜欢招尽可能多的员工，其实不然，如果工作效率不高，人均产出很低，员工再多也毫无意义。

提高员工工作效率的方法有很多，抛开具体的管理不谈，在人员配备上，应该坚持"3个人干5个人的活，发4个人的工资"，这样做员工拿到了高工资，满意度会提高，会更加珍惜这份工作，工作起来也会更用心，整个团队的工作效率也可以得到一定幅度的提升。

3. 精品化选品，加快资金周转率

有些卖家采用大量铺货的模式，单品出货量不大，但因为SKU多，所以总的备货量大，占压的资金也多。因为SKU多，所以在销售过程中不可能做到精细化打造每一款商品，于是一些商品卖不掉，库存积压，资金利用率和周转率都不高，无形之中增加了成本。

也有一些卖家在选品时冲着"竞争不激烈"而选择了大又重的商品，虽然竞争不激烈，但需要发海运，发货周期长，占压的资金多，资金周转率也很低，隐形地增加了成本。

对于跨境电商卖家来说，在选品上要尽可能选择刚需的、小而轻的、易于包装且可以快速发货的商品，通过资金的高周转率来降低成本，提高整体利润率。

4. 坚持以打造爆款为运营的核心策略

爆款打造是亚马逊店铺运营的典型特征，即便是10款销量一般的商品，也抵不过一两个热卖的爆款商品。可以这么说，只有拥有爆款才能生存。所以，卖家一定要竭尽所能地把自己的商品排名"推"到类目排名靠前的位置。

在精细化选择刚需商品的基础上，在运营中一定要将打造爆款定为目标，一旦自己店铺里出现几个爆款商品，整体运营的难度就会降低。爆款模式带来的不仅是销量的增加，还有集约化操作，可以降低运营成本，提高店铺的利润率。所以，在亚马逊店铺运营上，爆款模式必不可少。

8.13 售价4.99美元还稳定盈利的运营策略

在运营的过程中，很多中小卖家总是感叹，低价商品没利润，高价商品又驾驭不了，以致于失去了方向。在选品章节中也曾提到，对于新卖家、小卖家，建议用小成本试错，而小成本也就意味着只能选择低单价的商品，那么低单价的商品究竟能不能做？如果做的话，该怎样运营才能实现盈利呢？

在此，笔者以自己运营团队打造的一款低价商品为例进行详细的讲解。

笔者自己团队运营的一款商品，售价只有4.99美元，每天稳定出单，保持着一定的盈利。有的卖家觉得不可思议，4.99美元的售价中要包含采购成本、头程物流

费用，还要被亚马逊平台扣取平台销售佣金和 FBA 费用，怎么可能有利润呢？

下面就来算一算。

需要说明的是，运营亚马逊店铺，笔者就是以盈利为目标的，尽可能确保每款商品经过打造都能够实现稳定的盈利，这也是我们团队的运营理念。而对于选品，我们团队选出的每一款商品都坚守三点：刚需制胜、田忌赛马、远离侵权。我们的选品和运营都是严格按此标准来执行的。

接下来分析售价为 4.99 美元的这款商品。

采购价：2.41 元 / 件（如果用心去找，这类商品在 1688 网站上可以找到很多，可以参考选品章节中讲的选品方法）。

商品重量：75 克。如果发商业快递，运费大概 35 元 / 千克；如果发海运，运费只需要 10 元 / 千克。我们团队在发货时采用的是空运 + 海运的方式，最初少量时发空运，运营稳定后，基本上都是海运发货了。简单计算可知，FBA 头程物流成本最贵也就是 2.60 元 / 件，而后期的海运成本只需要不到 1.00 元 / 件。

在 FBA 头程物流中，每次发货都会根据当次的货物总重量，进行拆分组合，只要满足快递 + 空运的最低重量标准，就采用快递 + 空运的方式；如果能够采用空运 + 海运，且预计不会导致中途断货，就采用空运 + 海运的方式。运营和销量都稳定之后，基本上就采用海运方式发货了。

笔者经常强调，赚一分钱都是很难的，但节省一块钱却相对容易。在 FBA 头程物流这一块，只要用心计算，是最有可能节省费用的地方。

在商品包装上，笔者团队一直秉持极简化包装的原则，在确保运输途中可以安全无损的基础上，包装尽量简单。因为无论如何包装，亚马逊 FBA 仓在处理订单时都会重新为商品进行二次包装，再精致的包装，对于消费者来说，都是收到货物时的内包装。

极简化的包装，一方面可以节省包装成本，另一方面也可以节省运费成本和FBA 费用。

因此，我们的商品采用了简易的 PE 袋封装。单个 PE 袋的采购成本只有几分钱，几乎可以忽略不计，这样包装，既没有增加重量，也没有增加成本。

再来看 FBA 费用。因为商品重量轻、体积小，属于小件商品，而且包装后的商品高度小于 1.9cm，属于亚马逊小标准件的范围，所以 FBA 费用相对便宜了不少。在 4.99 美元的售价下，佣金加 FBA 费用只有 3.16 美元。

这里需要给读者补充一个知识点：在使用 FBA 发货时，根据商品的重量和尺寸，会将它们分为标准件和小标准件。再轻小一点的商品，卖家还可以自行选择 FBA 轻小计划。三种发货标准的 FBA 费用相差不少，如果卖家在运营中能够根据自己的商品重量和尺寸，恰当地匹配三种发货方式，就可以节省不少费用。在运营上，开源与节流，一个都不能少。

通过上面列出的明细，我们可以知道，在 4.99 美元的售价下，扣去佣金和 FBA 费用，还有 1.83 美元。按照当前的汇率来计算，减去拿货成本和头程费用，也可以有 7 元以上的利润。

该商品相对偏冷门，商品的 BSR 排名在 20 名上下，每天的销量在 20 个左右，经过前期的推动之后，每天的广告成本已经控制在不到 3 美元。相对于竞争对手最低售价 6.5 美元以上来说，随着该商品的 BSR 排名进一步上升，商品售价还有比较大的提升空间。

也许有卖家会说，即便如此，总利润也没有多少呀。确实如此，但考虑到在该商品上的总投入不多，所以这样的投入产出比还是不错的。可以这么说，如果一个新卖家能够按照上述思路打造商品，即便单品盈利不多，也足以对后续的运营有了信心。

如果能够合理布局，一家店铺发布 10 款左右的商品，积累下来有三五个小爆款，那么一个月 5 万元左右的利润是可以实现的。这就是笔者给孵化营学员规划的从 0 到 1 的运营策略。

8.14　团队是如何实现稳定盈利的

在课堂上，笔者经常强调，亚马逊店铺运营的核心目标就是赚钱，笔者自己的运营团队也一直是围绕"赚钱"这个目标来开展和推进运营工作的。

因为人工成本比较高，所以在人员配备上，笔者团队秉持着尽可能精简的原则，"3 个人干 5 个人的活，发 4 个人的工资"。人员配备得当，每个人按部就班地处理自己职责范围内的事情，综合工资（底薪加提成）相对较高，员工满意，大家更有干劲。

就笔者的亚马逊运营团队来说，我们执行的是一个人负责一个店铺的方式，从选品、商品上架、商品优化、站内广告投放、售前和售后客服，到采样、订货、FBA 发货等所有运营事项都是一个人独立完成的，如果某个同事休假，会自行找其他同事协助处理店铺中的相关事项。

这样的安排方式每个人都不会太闲，避免了人浮于事的情况，同时每位员工责任明确，业绩好坏一目了然，大家也都清楚其他同事店铺的运营状况，赛马模式让大家无须驱动就各自主动工作。

虽然赚钱是靠人来实现的，但只有人还不够，要想达到运营盈利的目的，核心还是选出好商品，以合适的价格卖出去，特别是在销售过程中，没有非预期因素的干扰，对一家店铺的运营非常重要。

什么是非预期因素呢？比如侵权被投诉、盗图被投诉、换季需清仓、被人跟卖等，这些在笔者团队的运营过程中几乎都不会发生。

为了避免侵权被投诉，在选品阶段笔者团队会做严格的评估和把控，将任何存在潜在侵权风险的商品直接否决掉。市场上有那么多商品可选，何必纠缠于存在侵权隐患的商品呢？在这一点上，笔者对团队的要求是，凡是有侵权风险的，坚决不碰。

有些卖家为了节省一点拍图费用，费尽心机地从其他平台上找商品图拿来用，或者从供应商那里拿图过来用，运营中被人投诉盗图，导致商品被下架，运营的节奏被打乱，甚至还有卖家因此被移除销售权限，得不偿失。为了避免发生这种情况，笔者店铺里所有的商品图都是运营人员形成拍图思路，自己的美工团队拍摄和制作的。

在选品上，我们严格贯彻刚需制胜、田忌赛马和远离侵权3个原则。在此基础上，为了提高资金利用率和周转率，我们选择的商品基本上都符合低价、轻小、功能单一、易于包装和发货等要求，同时避免选择更新换代快和季节性明显的商品，这些商品一旦打造起来，销量基本上都比较稳定，商品质量也可控。销量稳、好评率高，这是店铺销量稳中有升的基础，笔者店铺的销量基本上都能够保持平稳增长。

为了减少被跟卖的概率，我们做了以下几个方面的工作：（1）商品尽量在不增加成本的前提下适当差异化，比如更改包装、搭配一个别致的标签或配件等，确保自己商品的独特性；（2）选品时避免选择竞争激烈的热门商品，对于能够日出千单的商品，在选品时就直接否决了，我们不想在激烈的竞争中虎口夺食，宁愿在一个偏冷门的品类和商品上每天稳稳地出三五十单，这些"小虾米"级别的商品遭遇被跟卖的可能性也小很多；（3）每家店铺我们都注册了商标，做了品牌备案，一旦遭遇跟卖，也都是在第一时间驱赶。通过上述几点措施，在运营中，笔者的店铺基本上没有遭遇过跟卖。

在运营上，我们团队不做刷单、不做铺货、不追求日出千单，甚至连广告投入都非常有限，但我们尽一切可能把控成本，不追求高利润，长期把利润维持在合理水平，围绕订单稳定、利润稳定的目标，精细化选品，精品化运营，每款商品都用心打造，一番运营下来，核算一下，每家店铺的投入都不多，库存备货可控，出单稳定，利润也稳定，对于这种状况，我们很知足，也很满意。

以其中一家店铺为例，店铺中有10款商品，一个月有12万美元的销售金额，库存备货40万元，利润每个月稳定在15万元以上。

有时候看到一些卖家很努力地折腾一番之后，亏损了很多钱，说实话，创业不易，在创业路上，努力固然重要，但思路决定出路，希望上述分享能够带给卖家些许启发。

第9章

运营中的爆款打造思路及螺旋式爆款打造法

本章要点：

◆ 运营中的爆款打造思路
◆ 螺旋式爆款打造法
◆ 螺旋式爆款的打造细节与节奏
◆ 42 天螺旋打造的流程详解
◆ 其他类型商品的打造方法

　　亚马逊店铺运营最讲究的就是爆款打造，爆款可以为我们创造丰厚的利润，还可以让资金周转率更高，让运营工作变得容易。笔者经常开玩笑说，一个好的亚马逊运营人员，每天工作两小时即可。为什么很少的工作时间就可以产生很好的业绩？原因就是店铺中有爆款商品做支撑。可以说，一个爆款胜过多个表现平庸的商品。可爆款不是天生的，如何才能打造出爆款呢？下面就来详细讲解。

9.1　爆款打造离不开"选、推、守"

　　每位卖家都期望店铺中的爆款越多越好，但爆款不是天生的，对于爆款，我们在打造时要有以下思路。

1. 爆款是选出来的：运营一定要做到选品先行

　　在选品时，一定要注意以下几个方面。

- 按照刚需进行选品：只有刚需商品才能聚集消费者，才更易于打造成爆款；反之，选择多 SKU 变体的商品，不仅打造难度大，还会积压很多库存，投入产出比往往很差。
- 质量优质：这里的"优质"不是指"最好"，而是指"刚好"，即卖家的商品质量刚好符合消费者的心理预期。质量最好往往意味着成本最高，成本最高就意味着销售价格高才有利润，销售价格高就意味着销量少，容易与爆款擦肩而过。关于这一点，读者可以参考本书选品章节中讲到的"田忌赛马"。
- 竞争可控：日出千单听起来很诱人，但很多卖家都折戟其中，反倒是偏冷门的商品一天能够稳稳地出百八十单，销量也很好。竞争可控还意味着选品时就要评估该品类是否有大卖家把持，尽量避开大卖家的经营品类。
- 价格适中，且可以支撑阶段性的、策略性的低价：太高价的商品和太低价的商品都不容易打造，选择价格适中且有合适利润的商品最好，消费市场就像橄榄球，两头小，中间大，抓住中间部分，更容易打造出爆款。

2. 爆款是推出来的：单靠自然流量的时代已经过去，运营中主动营销必不可少

　　在营销时，需要从以下几个方面入手。

- 商品评价：评价对商品权重的影响非常大，但消费者的真实留评又太少。在安全的前提下，建议为商品适当增评，一条有评价的商品的销量往往比没有评价的商品的销量更好，评价数量多的商品的销量比评价数量少的商品的销量好，评价星级高的商品的销量比评价星级低的商品的销量好，卖家要尽量

花心思维护商品评价。

- 站内广告：站内广告的权重越来越大，从亚马逊最新改版的详情页就可以感受到。站内广告已经成为打造爆款必不可少的工具。在站内广告的投放上，一定要有针对性地投放，并且要做好后期的广告优化，否则只会造成广告浪费。

- 秒杀：秒杀效果因商品而异，卖家在使用秒杀功能时一定要评估投入产出比，要坚守量入为出的原则。现实中有很多卖家开通了秒杀，订单也增加了，但秒杀价格是亏本的，再加上秒杀的活动费用等，两项亏损累加，投入产出比不划算，这样的秒杀活动没有任何意义。

- 站外营销：站外营销是补充，非必需，有资源、有能力的卖家可以用一下，没有资源的卖家按部就班地做好站内营销即可。

3. 爆款是守出来的：相信专注的力量，专注于一个类目进行精耕细作

- 专注：阶段性地全力打造单品，长期地专注于一个类目，如果能够做到"一厘米宽，100千米深"，再加上努力和用心，在一个类目中进行"深挖"，相信能够做出成绩。

- 卡位：爆款需要卡位，爆款打造的核心就是排名卡位。排名高，销量就好，销量好了，排名就更高。只要排名足够高，爆款就产生了。在打造过程中，要确保 BSR 排名持续上升。在给孵化营学员上课时，笔者反复强调，所谓的打造爆款，不过就是排名卡位而已，成为热卖商品，就可以赚到钱。不信的话，看看哪个类目下排名靠前的卖家是在亏钱的？完全没有。

- 允许波动：在推排名的过程中，要允许排名时高时低，但要确保排名在趋势上持续上升。

- 爆款就是 Top 10：先推排名，再逐步调整价格，慢慢达到期望的利润水平。销售 Top 10 中的商品，一般都可以实现盈利。

- 爆款需要持续维稳：排名冲上去后，可能会遭遇差评，受到无良竞争对手的攻击，遇到这种情况，要努力通过价格、评论、广告等来维持销量和排名。排名在高位时，有时会感到"高处不胜寒"，但用心维护，也可以实现"常守天地宽"。

9.2 螺旋式爆款打造法的背景

很多卖家都在不同的渠道听说过笔者的螺旋式爆款打造法，但只有很少卖家了解它的来由。为了便于读者更好地了解和掌握此方法，下面就从它的背景讲起。

在运营的过程中，笔者的团队会习惯性地对自己的竞争同行做深度分析。有一段时间，我们在对正在打造的某款商品做竞品分析时，发现一款普通到我们几乎忽略的商品，其竞品的月利润居然高达 8 万元左右，而当时，我们自己的这款商品的日销量只有区区 5 单左右，利润几乎为零。

笔者既震惊又震撼，很多看似微不足道的商品，却是一座掘金的宝藏，而我们却总是走在寻宝的路上。

笔者和负责该商品的同事沟通，要求不惜一切代价将该商品打造成热卖商品。在这个目标的驱动下，同事每天按照笔者制订的打造方案进行操作，如设置价格、投放广告等，然后将推动的实际情况汇报给笔者，笔者再根据运营的结果进行下一步的安排。

笔者的团队在运营中从不进行任何违规操作，刷单、测评、黑科技等一律不用，剩下的符合平台规则的方法基本上只有低价和站内广告了，那就从"低价＋广告"开始吧！

经过近 4 个月的打造，我们终于把一款日出 5 单的商品顺利打造成热卖商品，一直到现在，该商品依然保持在类目前三名，每个月的利润基本上都在 4 万元左右。

随后的日子里，在笔者写书的过程中，将该打造方法记录下来并逐步完善，根据打造过程中调价的节奏，为其取了一个形象的名字——螺旋式爆款打造法。

很多卖家询问，打造爆款的核心技巧是什么？笔者想说的是，打造爆款的第一步是制定一个目标。有了目标，才不会觉得路途遥远，这是笔者用 4 个月的时间打造爆款得出的最深刻的结论。

9.3　卖家普遍采用的失效的打造逻辑

第一个问题：当前平台上一款售价是 11.99 美元的商品，盈亏平衡点大概是多少呢？答案是 8 美元。

第二个问题：对于一款成本是 8 美元且在当前平台上售价是 11.99 美元的商品，你计划用什么样的价格作为初始价格开始打造呢？

很多卖家的答案是 10.99 美元。

为什么呢？

因为在这些卖家的眼里，10.99 美元的价格相对于先行的同行卖家来说具有竞争力，同时自己还可以有一定的利润。

我们就从 10.99 美元的价格开始，模拟一遍大部分卖家普遍采用的打造一款商品的方法和逻辑，看看这样的打造方法是如何失效且让人失望的。

当把一款成本为 8 美元、别人售价为 11.99 美元的商品设置为 10.99 美元的价格开始销售时，我们内心的优越感是，这样的价格相比同行来说是有竞争力的。

现实却有点尴尬，很多卖家发现，价格为 10.99 美元的商品不仅没有销量，甚至连流量都没有。该怎么办？投放广告。于是，不少卖家为了能够获得流量和订单，开始了站内广告的投放。

再做一个假设，假设设置站内广告的预算是 50 美元 / 天，广告的效果会怎样呢？稍有运营经验的卖家应该知道，以当前亚马逊平台的转化率来看，大概可以转化出 5 个订单。

每天投放 50 美元的广告，转化出 5 个订单，每个订单的售价是 10.99 美元。

此时，询问卖家运营效果如何，这个卖家的回答大概是："还好吧，每天可以出 5 个订单，每个订单有 3 美元的利润。""那还不错嘛，已经产生盈利了呀！""还没有，广告成本有点高。"

类似上述对话，虽然不一定在每位卖家身上都出现过，但类似情节却在很多卖家身上都发生过。

以 50 美元的广告投入，换来 5 个订单，最后却亏损了约 35 美元，这就是很多卖家在运营过程中的遭遇。

如果这样的情况持续，只需要一个月左右，卖家在这款商品上的亏损就会超过 1000 美元，而且销量和排名都没有提升，卖家从心里基本上就放弃该商品的打造了，同时得出结论，这个商品打造不起来。放弃，清货，转战下一个商品。

而下一个商品的打造会是怎样的呢？依然如故。

9.4　螺旋式爆款打造思路

在运营打造的过程中，一款新品（老品也一样，只要愿意打造，随时可以当作新品来打造）没有流量，商品的权重很低，排名靠后，没有或只有很少的评价，如何才能吸引消费者呢？

笔者想到的方法是用低价。

大部分消费者都有两个爱好：喜欢便宜和追求更便宜。既然消费者喜欢低价，满足他们就是了。低价策略在提升转化率方面的驱动力不容小觑，只要价格足够低，就可以弥补商品评价少甚至没有评价的不足，即便商品不够出色也不是什么大问题。

也正是基于此，螺旋打造的核心是以低价来启动的。

但对于类目下竞争激烈且自身权重不高的一款商品来说，即便价格很低，也可能没有曝光、没有流量、没有订单，在遇到这种"三无"情况时，就非常有必要开启站内广告。站内广告是很好的主动引流的工具，可以为一款流量很少的商品导入流量，而流量才是订单的基础。

在站内广告的设置上，建议在新品上架后，开启自动型广告。自动型广告的特征是，系统根据商品详情内容自动筛选关键词，为商品匹配平台内部的相关流量，增加商品的曝光。因为流量指向相对精准，所以可以大大提高转化为订单的概率。

如此一来，商品设置了低价，同时又开启了广告，就完成了"低价＋广告"的组合，这个组合的核心可以总结为：广告导入流量，低价带来转化。

一般来说，在"站内自动型广告＋低价"的推动下，一款商品很快就可以实现破零单，进而步入销量稳步上升的通道。

这就是笔者对商品进行螺旋式爆款打造的基本思路。

但很明显，仅仅靠这样一个思路还不足以推动一款商品成为爆款，接下来，看看在之前经验总结的基础上所形成的螺旋式爆款打造模型。

9.5　螺旋式爆款打造模型

螺旋式爆款打造模型如图 9-1 所示。

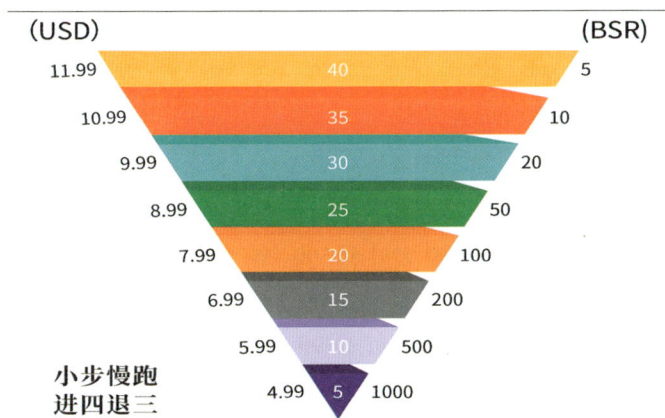

图 9-1　螺旋式爆款打造模型

和其他卖家依靠"略微有竞争力的价格＋广告推动"的方式不同，在螺旋式爆款打造的过程中，笔者采用"足够低的价格＋广告推动"的方式，这两种方式最大的不同就是商品价格的设置。对于大部分卖家来说，"可以接受赚得少一点甚至盈亏平衡，但如果让我亏本卖，对不起，我不干！"笔者在螺旋式打造过程中反其道而行之，"既然大多数卖家都无法从心理上接受亏本，大家都不干，那我来干！"这种低价打造的思路是让卖家接受暂时的低价甚至亏本，以价格驱动销量，推动运营螺旋上升。

参考图 9-1 的倒金字塔式模型，接下来看看笔者所构建的螺旋式爆款打造模型是怎样运转的。

对于一款成本为 8 美元且当前平台上售价为 11.99 美元的商品，采用螺旋式爆款打造法，在运营启动时，先把价格定在 4.99 美元，这几乎是该商品在亚马逊全网的最低价了，在价格上具有绝对的竞争优势。在这种情况下，只要商品能够展示在消费者面前，超低价的强刺激，很容易激发消费者的购买欲望，促使其下单。

设置超低价后，一般要观察 3~7 天，如果产生了订单且订单呈逐步增长的趋势，那正好符合期望；如果没有产生订单，则将站内广告开启，用广告为商品带来曝光和流量，笔者将这种操作叫作"广告导入流量，低价带来转化"。

此阶段的广告，建议设置为自动型广告，因为在商品优化到位的基础上，自动型广告可以让亚马逊算法自动抓取商品详情中的信息，进行最佳、最广泛的匹配。

将商品价格设置为 4.99 美元，同时还开启了自动型广告，在低价和主动引流的推动下，商品开始产生订单。这时，我们要观察订单是否能够稳定地增长。

假设第一天产生了 5 个订单，在接下来的几天里，订单是否开始向每天 8 单、10 单增长是关键，如果订单增长，那自然是可喜的，也是我们期望的；如果订单稳定在每天 5 单几乎不动，这时就要思考，是不是价格不够低、是不是当前的价格不足以驱动消费者进行购买。在遇到订单没有增长的情况时，我们可以尝试性地小幅度提价，然后观察销量的变化，如果提价之后销量没有变化，依然维持在每天 5 单左右，那就继续提价，一直提价到销量开始下降，这说明此价格是当前阶段的敏感价格，可以以此价格为临界点，采取大幅度降价的方式来推动销量增长，从而突破现阶段"稳定日出 5 单"的瓶颈。

假设商品售价为 4.99 美元，凭借价格的优势，订单数量开始以每天 5 单、8 单、10 单的趋势逐渐增加，BSR 排名也随着销量的增长而上升，比如销量从日出 5 单增长到日出 10 单，BSR 排名从 1000 名升至 500 名，这时可以开始提价，从 4.99 美元提价至 5.99 美元。

由于 5.99 美元的价格相比竞争同行 11.99 美元的价格来说依然有非常大的优势，所以销量往往会继续增长，排名也继续上升，比如销量从日出 10 单增长到日出 15 单，而排名也从 500 名上升至 200 名。

这时，按照图 9-1 所示的模型，可以继续提价，提至 6.99 美元。提价后，观察销量和排名的变化。如果在 6.99 美元的价格上，销量还在增长，排名也继续上升，比如销量增长到每天 20 单，排名也上升至 100 名，那就继续提价至 7.99 美元。

有人可能会有疑问，为什么提价了销量还会继续增长呢？因为该商品虽然一直在涨价，但相对于同行卖家的商品来说，该价格还是处于低价位状态的，仍然非常有竞争力。销量增长和排名上升为商品带来更多的自然流量，而有竞争力的价格又驱动了销量的增长和排名的上升。

但是销量不会这样一直增长。根据笔者以往的运营经验，当商品售价涨至 7.99 美元，即到达盈亏平衡点附近时，销量可能开始出现下滑，笔者将此阶段叫作"当前排名（权重）下的价格敏感区间"。此时，在螺旋式爆款打造模型下，笔者的解决办法就是**快速且较大幅度地降价**。

笔者把上述涨价过程中每次小幅度上涨 1 美元称之为"小步"，涨价的节奏需要"慢跑"，每次涨价之后，对销量和排名的变化观察 3~7 天。总结一下，每次涨价幅度要小，且涨价后要留出 3~7 天的时间来观察销量和排名的变化，即模型中标识的"小步慢跑"。

至于涨价过程中的观察期究竟是 3 天还是 7 天，笔者的建议是，如果尚处在亏损阶段，建议观察 3 天；如果价格已经超过盈亏平衡点，订单已经有盈利，观察期可以适当长一点，以 7 天为佳。

假设价格涨至 7.99 美元，销量出现下滑，即进入当前排名的价格敏感区间，这时通常采取的办法是快速且较大幅度地降价，可将价格从 7.99 美元降低至 5.99 美元，进入螺旋式爆款打造的第二轮。

对于经过多次提价之后的大幅降价，笔者将其称之为"进四退三"，即经过多次小幅涨价之后，当在某个价格下销量受阻时，要一次性地大幅降价来提升销量。

相对于最初的 4.99 美元来说，5.99 美元的价格略有上涨，但相对于销量受阻的 7.99 美元来说，5.99 美元又便宜了很多，这样操作是为了用价格的优势激活销量的大幅增长。

一般来说，价格的大幅降低反映在销量上，就是订单的大幅增长。比如，在新一轮 5.99 美元的售价下，销量增长至每天 30 单。稳定 3 天左右，观察销量是否稳中有升，然后把售价提至 6.99 美元，以同样的节奏再提至 7.99 美元、8.99 美元等。在提价的过程中，如果销量稳定或小幅下降，就继续提价。

在此过程中，最好能够记录每轮调价后各个价位的销量和排名，并且将这些数据与上一轮的数据做对比。如果整体数据向好，就是良性的，继续推进即可；如果在某个价位销量大幅下降，就说明此价格是新一轮打造中当前 BSR 排名下的敏感价格，此时以此价格为基础，进行下一轮的打造。

一般来说，大部分商品经过三轮的打造都可以进入到获利区间，即商品售价有利润且每天有稳定的销量。此时的销量可能不够多，排名也尚未进入 BSR 排名靠前的位置，但售价有利润对于大部分卖家来说算是里程碑事件。此阶段，应该减缓打造的节奏，将价格保持 15 天左右。

这样做的原因有两个：（1）有利润是可喜的事，用一段时间的稳定利润来填补前期打造的亏损；（2）对于一款新品来说，商品没有评价，且经过前一段时间的销售，库存可能也不多了，需要留出时间等待下一批货物的入仓、上架，以及等待前期销售可能产生的商品评价。

当新一批货物入仓、上架后，商品也陆续收到评价了，足够量的库存可以应对下一步打造中更大的销量需求，商品评价也可以为商品增加权重，更有利于推进

BSR 排名的进一步上升。

在螺旋式爆款打造模型中，充分利用了消费者心理和平台算法逻辑，用价格作为支点，推动一个爆款快速形成。

此方法是笔者在实际运营中的总结和提炼，已经在大量的案例中得到验证，感兴趣的卖家不妨在运营中试一试。

9.6　螺旋式爆款打造过程中的节奏把握

虽然笔者在大量的案例中验证了螺旋式爆款打造的可行性，但也有卖家反馈说采用此方法在前一阶段效果明显，到了打造的后期逐渐乏力。遇到此种情况的卖家，需要反思自己的打造节奏是否正确。

螺旋式爆款打造过程中的节奏包括两个方面：单次调价节奏和调价时间节奏。

关于单次调价节奏，9.5 节中以每次调价 1 美元作为例子，在实际操作时，不同的商品，其调价的节奏也会有所不同，卖家要根据自己的商品在打造过程中的销量和排名情况做适当的调整。

在不同的商品打造过程中，笔者有时会将 1 美元作为单次调价幅度，有时也会使用更小的调价幅度，甚至会把 1 美元拆分为 4 次调价。单次尽可能小幅度调价是为了降低亚马逊系统对价格的敏感性，因为单次调价幅度过大会导致商品权重大幅下降，进而影响后期的打造。

关于调价时间节奏，当商品售价尚处于亏损阶段时，如果卖家的预算不多，则建议以 3 天为一个调价观察周期；当商品售价进入盈利阶段时，就可以以 7~15 天为一个调价观察周期。之所以要为每次调价留出观察周期，是为了通过每个周期的稳定销量为商品积累权重，进而为下一次调价之后的销售做铺垫。

当然，如果在打造一款商品时预算足够多，不妨把前一阶段的调价观察周期拉长，这样更有利于快速推动该商品的销量增长和 BSR 排名上升，也可以在一定程度上缩短整个打造的周期。

需要提醒的是，在之前接触到的失败案例中，往往是卖家单次调价幅度过大和每次调价之后的观察周期过短导致的。

9.7　螺旋式爆款打造过程中的核心7要素

虽然螺旋式爆款打造法有效，但其效果是很多因素共同作用的结果，要想将其作用发挥到最大，就必须注意以下 7 个要素。

- 选品是第一要素，也是最重要的要素，刚需、低价、轻小的商品是最佳选择。

- 商品优化得好是基本保障，一款优化得好的商品既能够覆盖用户搜索，展示在搜索结果中，又可以激发消费者的购买欲望。
- 低价启动是"杀手锏"，这里的"低价"不是指比竞品低一点，而是指低到能够稳定出单且订单呈增长趋势的价格。
- FBA发货是必要条件，平台给予FBA发货的商品更高的权重，消费者购买时也倾向于选择FBA发货的商品。
- 适当的站内广告推动是必要手段，新品上架缺少流量，而打造爆款需要流量，站内广告流量精准，必不可少。
- 设置优惠券是加分项，一款设置了优惠券的商品在展示结果中更加醒目，能够在一定程度上提高点击率和转化率。
- 适量的、合适比例的好评可以为商品增加权重，更快地推动商品成为爆款。同时，好评还可以在一定程度上抵御竞争同行的恶意攻击。卖家可以通过早期评论人计划、Vine计划和安全渠道增评的方式来获取商品评价。

9.8 螺旋式爆款打造模型中的问题

虽然螺旋式爆款打造法是笔者在很多商品运营实践中的总结，又在很多案例中得到了验证，但还是有卖家反映在实际应用时会遇到一些问题，反映最多的问题主要有以下几个。

1. 设置了低价，却没有订单，该怎么办

如果设置了低价后订单没有如期而至，就要从以下几个方面进行考虑和调整。

- 价格不够低：螺旋式爆款打造第一阶段的低价没有具体的百分比可衡量，但有一个原则，那就是"低到能够稳定出单且订单呈增长趋势"。
- 商品优化不够好：卖家要把自己的商品和竞争对手的商品做横向对比，确保自己的商品的各个细节足够出色，既能够吸引消费者，又比同行卖家好。
- 流量不够多：价格很低却没有订单，可能是流量少所致。我们需要做的是尽可能利用更多的流量入口为商品引流，包括为商品选择精准的类目节点和关键词、设置自动型和手动型的站内广告、设置优惠券、参加站内秒杀活动等。

2. 设置低价后，瞬间爆单了，库存卖断货了，该怎么办

相对于没有订单，瞬间爆单也同样让人苦恼。商品价格足够低，可能一个晚上就卖爆了，出了几百个订单，瞬间成了热卖商品，但亏损也让人挺难受的。

为了避免超低价阶段出现爆单，我们可以提前做出以下预案。

- 结合销售预期、备货周期、发货时间、资金周转等，备货适当多一些，比如笔者店铺第一批商品备货为 500~1000 个，这样的数量一般不会出现瞬间卖断货的情况。
- 设置 Max Order Quantity（最大订单数量）。在发布商品时，设置商品的最大订单数量为 1~2 个，这样可以在一定程度上预防被人恶意买空，降低瞬间断货的风险。
- 自己跟卖自己的商品，然后把原计划的库存拆分，各个 SKU 分别发一部分货，而在价格的设置上，将其中的一个 SKU 调至最低价，另外的 SKU 则设置正常价格，这样一来，即便卖爆了，也只是其中一个 SKU 的库存被卖断。
- 通过添加购物车的方式锁定库存，并根据销量的变化适时释放。这种操作需要软件系统的支持和配合，卖家了解此概念即可。

3. 打造前期效果很好，打造中期发现销量上不去、价格上不去、BSR 排名也上不去，该怎么办

这种情况往往和卖家调价速度过快有关。

在螺旋式爆款打造的过程中，首先需要关注的就是 BSR 排名，卖家要相信，"只要排名足够高，就一定可以有稳定的订单，且可以提升到足够高的价格"，因此卖家要努力提高 BSR 排名。在某些阶段，为了提高 BSR 排名，可以阶段性地牺牲利润。

这样打造的信念来自哪里呢？只要稍微调研一下就会发现，没有哪个热卖商品不赚钱，也没有哪个 Top 10（前 10 名）的商品是长期维持亏损状态的。所以，打造的核心就是要让自己的商品冲到 BSR 排名靠前的位置，唯有如此，才可以赚得更多，这也是螺旋式爆款打造的核心。

在螺旋式爆款打造的过程中，如果遇到销量、价格和 BSR 排名都上不去的情况，不妨狠下心来，通过降低商品售价和加大广告投入等方式，再推广一轮。

4. 在价格上调的过程中，购物车丢失了，该如何解决

商品的购物车是亚马逊系统自动识别和分配的，当一款商品短时间内涨价次数过多或涨价幅度过大时，就可能丢失购物车。

对于这种情况，建议每次涨价之后，卖家要到前台去查看，如果发现商品的购物车丢失，就要将价格回调至商品有购物车时的价格，在该状态稳定一段时间，在产生一定数量的订单后，系统匹配的购物车的价格也会上涨，这时再逐步提价。

另外，需要提醒的是，在螺旋式爆款打造的过程中，单次提价的幅度一定要小，除为了减少因为提价造成的商品权重下降外，也是为了避免因为单次大幅涨价而被系统误判为"操纵销量"，一旦被系统误判，就有可能导致账号受限，这是笔者交了"学

费"总结出来的经验。

9.9 42天螺旋式爆款打造实践

为了方便卖家在实践中有节奏地推动螺旋式爆款打造的进程，下面将打造进程分为 5 个阶段，分别是**激活销量**、**维护权重**、**排名卡位**、**微利区间**和 **Top（头部）区**。不同阶段打造的侧重点也不同，在实际打造的过程中，将其按照 42 天的周期来推动，基本上都取得了不错的效果。

接下来就来看看 42 天螺旋式爆款打造实践是如何规划的。

第 1 周 运营目标：激活销量

- 销量：破零，最好维持在日均 3 单左右。解决方案：（1）设置低价，低到能够稳定出单且订单呈增长趋势；（2）设置 50% 的优惠券，利用优惠券的标识及高折扣的冲击力推动流量向订单转化；（3）以"高竞价、高预算"的方式开启自动型广告。

- 流量：每天 30 个以上。解决方案：（1）优化到位，要确保商品详情中囊括了商品的精准关键词和长尾关键词，关键词的正确使用是获取精准流量的基础；（2）设置 50% 的优惠券；（3）开启自动型广告，高竞价、高预算。

- 商品评价：商品上架后，通过安全渠道或早期评论人计划等，为商品增加 1~3 个商品评价，以预防和化解可能收到的差评带来的不利影响，还可以在一定程度上减少消费者选购时对没有商品评价的疑虑，提高转化率。之后，根据销量的增长，保持 2%~3% 的留评率，或者每周增加 1 个商品评价。

- Q&A（Question & Answer，提问与回答）：商品上架后，为商品添加 3 个 Q&A，随后保持每周添加 1~2 个的节奏，直到数量达到 20 个左右。

- 总结：第 1 周的目标是接单的意义大于一切；关注的指标有销量、流量、排名。

第 2 周 运营目标：维护权重

- 销量：日均 5~7 单，销量和 BSR 排名相对稳定。解决方案：（1）根据销量和 BSR 排名的变化，价格的设置要低中有升，而提价的参考是销量增长、BSR 排名上升，以及比当前 BSR 排名区间内的竞品价格有明显的竞争力；（2）优惠券的优惠幅度调整为 20%~30%（具体的操作是删除前一个优惠券，创建新的优惠券，如果不删除，就会导致优惠券重叠，可能造成很大的损失，一定要避免这种情况发生）；（3）继续以"高竞价、高预算"的方式投放之前创建的自动型广告，要注意观察广告的 ACOS 数值呈现环比持平或下降的态势。

- 流量：每天 50 个以上。解决方案：（1）经过第 1 周的运营，如果发现商品中有需要优化的细节，就及时调整，之后不再轻易调整该商品的状态，而如果在第 1 周的销售中发现商品的参数或类目错误，就要及时进行调整，确保商品参数准确无误、商品类目节点选择精准；（2）设置 20%~30% 的优惠券；（3）开启自动型广告，高竞价、高预算。

- 商品评价：收到 3~5 个商品评价，维持好评数量和好评率，根据销量的增长，保持 2%~3% 的留评率，或者每周增加 1 个商品评价。
- Q&A：按照每周添加 1~2 个 Q&A 的节奏，直到数量达到 20 个左右。
- 总结：第 2 周的目标是 BSR 排名较前一周有上升，商品售价略有上涨，单价亏损幅度缩小（盈利幅度增大）；关注的指标有销量、排名、流量。

第 3 周 运营目标：排名卡位

- 销量：日均 10 单以上，销量相对稳定，BSR 排名进入 Top 100。解决方案：（1）随着销量的增长和 BSR 排名的上升，价格可以进一步提升，但在当前 BSR 排名区间内价格仍有相当大的竞争优势，提价的参考是销量增长、BSR 排名上升，以及比当前 BSR 排名区间内的竞品价格有明显的竞争力，如果预算足够，则价格可以继续维持在低位，这样更有利于销量的增长和 BSR 排名的上升；（2）优惠券的优惠幅度调整至 10%~20%；（3）自动型广告维持"高竞价、高预算"，要注意观察广告的 ACOS 数值呈现环比持平或下降的态势。
- 流量：每天 60~100 个或更多。解决方案：（1）商品维持在稳定状态下不动；（2）设置优惠幅度为 10%~20% 的优惠券；（3）开启自动型广告，高竞价、高预算。
- 商品评价：累计收到 5 个以上的商品评价，维持好评数量和好评率，根据销量的增长，保持 2%~3% 的留评率，或者每周增加 1 个商品评价。
- Q&A：按照每周添加 1~2 个 Q&A 的节奏，直到数量达到 20 个左右。
- 总结：第 3 周的目标是排名上升且进入 Top 100，售价略有上涨，单价亏损幅度缩小（盈利幅度增大）；关注的指标有销量、排名、流量。

第 4~5 周 运营目标：微利区间

- 销量：实现日均 20 单以上，销量相对稳定，BSR 排名进入 Top 20。解决方案：（1）随着销量的增长和 BSR 排名的上升，进一步提高价格，使价格达到盈利水平，但和当前 BSR 排名区间内的竞品相比，价格仍有相当大的竞争优势；（2）设置优惠幅度为 10%~20% 的优惠券；（3）开启自动型广告，参考最近 7 天的 CPC 价格，逐步降低广告竞价和预算，确保 ACOS 数值接近商品毛利率。
- 流量：达到每天 100 个以上。解决方案：（1）商品维持在稳定状态下不动；（2）设置优惠幅度为 10%~20% 的优惠券，在此阶段，要注意统计优惠券使用数量和比例，如果优惠券使用比例很小，那么在接下来的打造过程中维持当前的优惠幅度不变，而如果优惠券使用比例大，那么在下一阶段可以选择关闭优惠券或进一步降低优惠券的优惠幅度；（3）投放自动型广告，以转化率为依据，设置合适的竞价和预算，需要提醒的是，竞价可以根据投放情况逐步降低，但预算不要降得太多，即便到打造的最后阶段，竞价已经调整得很低，广告花费已经很少时，预算也不要低于 30 美元 / 天，这样设置可以减少广告预算太少对商品权重的破坏。

- 商品评价：收到 8 个以上的商品评价，注意维持好评数量和好评率，并根据销量的增长，保持 2%~3% 的留评率，或者每周增加 1 个商品评价。
- Q&A：按照每周添加 1~2 个 Q&A 的节奏，直到数量达到 20 个左右。
- 总结：第 4~5 周的目标是 BSR 排名上升且进入 Top 20，商品售价进入微利区间，从售价上看，商品开始实现盈利；关注的指标有销量、排名、流量。

第 6 周及之后　运营目标：Top（头部）区

- 销量：实现日均 30 单以上，销量相对稳定，排名也稳定在 Top 20。解决方案：（1）随着销量的增长和 BSR 排名的上升，进一步提高价格，接近或达到预期利润水平，但和热卖商品相比，价格仍有竞争优势；（b）设置优惠幅度为 10%~20% 的优惠券；（c）自动型广告的竞价根据 ACOS 数值情况进行调整，如果 ACOS 数值接近毛利率，则广告竞价维持不变，而如果 ACOS 数值远高于毛利率，则广告竞价继续下调，以节省广告成本，同时要留意，广告订单数量下降至总订单数量的 30% 左右。
- 流量：每天 100 个以上。解决方案：（1）商品维持在稳定状态下不动；（b）优惠券的优惠幅度保持在 10%~20%，如果在上一个阶段的统计中优惠券使用比例过大，那么此阶段可以逐步停止优惠券的使用；（c）自动型广告的支出继续减少，广告接近或达到广告投放的"三个 30%"的目标，广告依然会为商品导入流量，但占比减少。
- 商品评价：累计收到 10 个以上的商品评价，注意维持好评数量和好评率，并根据销量的增长，保持 2%~3% 的留评率，或者每周增加 1 个商品评价。
- Q&A：按照每周添加 1~2 个 Q&A 的节奏，直到数量达到 20 个左右。
- 总结：第 6 周以后的目标是排名稳定在 Top 20，售价有稳定的利润；关注的指标有销量、排名、竞品。

9.10　站内广告在螺旋式爆款打造过程中的应用

前文讲到，在螺旋式爆款打造的过程中需要站内广告来辅助推动，那么广告究竟怎样投放呢？

广告的投放应该分为两个阶段，第一个阶段盯紧流量和订单，第二个阶段以 ACOS 数值为导向，盯紧转化率。

先来讲解第一个阶段：盯紧流量和订单。

为什么要这样做呢？有时我们会发现，即便商品价格已经很低，却依然没有流量，更没有订单。没有订单，商品排名就上不去，打造爆款就是空谈，该怎么办呢？要想打造爆款，就必须有订单。

螺旋式爆款打造法中采取的低价方式，既符合平台规则，也迎合了消费者的偏好，难点是商品权重低而没有流量。面对这种情况，有必要开启广告，通过广告为商品导入流量。有了流量，价格又低，就有竞争力，能够促使消费者下单，从而产生订单，并且此阶段的订单转化率也往往高于同行的订单转化率。笔者把这个阶段叫作"广告导入流量，低价带来转化"。

商品有了订单，排名开始上升，而高于同行的转化率会进一步增加商品在亚马逊系统中的权重。因此，流量和订单是第一个阶段我们应该关注的。

随着订单数量的增加和商品排名的上升，在螺旋式爆款打造模型下，可以逐步提高商品价格，从亏损到持平，再到盈利，当商品售价高于成本价时，每个订单都会为我们带来利润，我们对广告的期望发生改变，从第一个阶段的只追求订单转变为以 ACOS 数值为导向，盯紧转化率，并且让 ACOS 数值逐步接近或小于毛利率。这就是第二个阶段要重点关注的。

怎样才能让 ACOS 数值越来越小呢？可以参考下面的方法。

- 随着商品售价的提高，假设其他变量没有任何变化，ACOS 数值会逐渐减小，但这个减小的过程会很漫长，幅度也很有限。
- 逐步降低广告竞价。在第一个阶段为了获得流量和订单，广告竞价一般较高，而随着商品排名的上升，自然订单数量增加，这时可以逐步降低广告竞价，从而带动 ACOS 数值减小。
- 逐步降低广告预算。当广告竞价降低时，预算也要适当降低来减少广告成本。当然，前提是订单总数量和商品的 BSR 排名没有因此受到明显的影响。
- 分时段设置竞价，如同将好钢用在刀刃上，要将广告费花在能够带来订单的有效点击上。卖家可以分时段设置广告竞价，在销售高峰期设置较高的竞价，以保证广告卡位、引来流量、产生订单，而在非销售高峰时段，适当降低广告竞价，避免广告排位太靠前，减少广告遭到竞争同行恶意点击的可能性。这也是减小 ACOS 数值的一种必要手段。

9.11 螺旋式爆款打造法在运营中的12个注意事项

结合前面讲述的螺旋式爆款打造法的策略及细节，相信读者对使用此方法快速打造爆款已经有了初步的了解，结合以往运营中的经验，下面做一些补充和强调。

- 螺旋式爆款打造法不仅适用于新品的打造，对于在售已久且想在销量上有所突破的商品同样有效，只要商品是刚需商品且当前市场对该商品的需求依然存在，就可以随时启动该方法进行打造。

- 螺旋式爆款打造法不是无须投入的方法，它只是和纯粹地大规模做广告、刷销量等方法相比，更有效、更经济，同时也符合平台规则。

- 和很多卖家大规模做广告、刷销量相比，使用螺旋式爆款打造法的亏损更可控，按照以往的经验，一般投入 1~2 万元就可以把商品推到 BSR 排名前 20 名。

- 在采用螺旋式爆款打造法时，商品库存需要足够多，究竟"足够多"是多少，要根据对商品的销量预期来确定，库存太少容易导致还没有打造到预期的排名就已经断货了。按照笔者的运营经验，首批备货需要 500 件左右。

- 在超低价阶段，要对商品设置最大订单数量，同时，要特别留意销量的变化，一旦销量增长过猛，就要快速提价，避免低价阶段销量过多带来太多的亏损。

- 每位卖家都是独立的个体，每个人的运营思路各不相同，在采用螺旋式爆款打造法时，建议卖家参考前文所讲，搭建自己的模型，没有模型，必有遗漏。

- 搭建模型后，需要反复演练，预测在不同阶段可能出现的结果，并制定相应的对策，在演练熟练之后再投入实践运营，演练的好处是可以让人思考得更全面，降低打造过程中的风险。

- 当无法接受用亏损去冲销量和排名，宁可没有订单也不接受亏损的时候，请记住，时间也是钱。

- 螺旋式爆款打造法进入到最后阶段，也就是 BSR 排名到了小类目前 10 名前后时，可能会受到竞争对手的攻击。关于受到攻击后的应对之策，可参考本书的其他相关章节。

- 关于一些卖家遇到的提价之后购物车消失的情况，卖家需要知道的是，购物车消失之后依然可以产生订单，而有了一定量的订单，系统就会重新为商品分配购物车。

- 要想让螺旋式爆款打造法有效，运营周期不能太短，建议至少用一个月以上的时间来测试、调整、总结和改进，半途而废，不如不做。

- 光说不练没有用，知道了不行动也不会有结果，再成熟的方案，也需要卖家自己去尝试，在实践中自行调整和完善。很多卖家运营没效果，是因为他们不愿意去做任何尝试。

9.12　增长飞轮：螺旋式爆款打造法在运营中的应用

在日常运营中，螺旋式爆款打造法是笔者团队采用的核心运营手法，也正是因为恰当地使用了此方法，店铺的运营业绩一直保持着稳定增长，即便是最近一两年，很多卖家都觉得竞争激烈、利润下滑，笔者店铺的销售额和利润额也始终保持着稳定增长，账号也没有出现过任何意外。

笔者的团队采用典型的"精品化选品，精细化运营"的模式，每家店铺里的商品款式都不多，少的只有七八款，多的也只有十几款而已。这些商品绝不是一次性发布之后就固守不动的，而是循序渐进地上架、筛选、保留或淘汰，慢慢积累下来的热卖商品让店铺保持着单品销量和总销量都稳定增长的态势。

从选品到打造，笔者对运营团队的要求是"每个月选出一款商品，三个月发布和打造一款商品"。

之所以要"每个月选出一款商品"，原因有两个：第一，选品是一个动态的过程，市场始终在变化，总有新的市场机会出现，也总有一些商品会随着时间的变化被市场所淘汰，想要推动销量增长，就必须把选品工作贯穿于运营的始终；第二，选品工作就像野猪磨獠牙，在没有遇到危险时不锻炼、不磨牙，真正遇到狼时，野猪就只有被吃掉的份儿了。对于亚马逊店铺的运营人员来说，如果长期守着现有的商品，依赖当下的业绩，一旦市场发生变化，长期不实践就很难选出适合市场打造的商品了。

那么为什么要"三个月发布和打造一款商品"呢？运营人员的选品工作只是一个初步的筛选，对于他们选出的商品，团队还要开会讨论、整体分析，如果大家一致认为该商品利润低、有风险、打造有难度等，就会将其淘汰，淘汰的比例几乎达到三分之二。这样一来，三个月选出三款商品，最终能够真正进入到上架运营阶段的就只有一款商品了。而一款商品上架后，团队会规划出三个月的打造周期，围绕"42天螺旋式爆款打造模型"，从激活销量产生第一个订单到收到第一个商品评论，逐步把商品推到 BSR 排名前 20 名的位置，从而实现该商品能够"每天稳定出单，每单稳定盈利"的状态。

虽然在很多人看来，三个月打造一款商品的节奏太慢，但以这样的节奏打造，一年下来，一家店铺基本上可以实现新增 4 款热卖商品，销量和利润都会稳步地提升。

在运营中，笔者的团队没有追求过快的节奏，正是因为有了合理的规划和对打造节奏的精准把握，我们也从来没有掉队。

结合身边不少学员的打造案例，笔者得出了一个结论，螺旋式爆款打造法更适合"低价、刚需"商品的打造，但毕竟不是所有卖家都只在运营此类商品，所以，接下来就来谈谈其他类型商品的打造思路。

9.13 中价位（售价20~40美元）商品的打造之道

商品类型：中价位（售价 20~40 美元）的刚需型商品。

打造方法：优质的商品＋站内广告推动。

核心策略：

1）这个价位的商品，消费者对商品质量比较在意，所以，要想将其打造成爆款，确保商品质量好是第一步。在此基础上，要把商品优化到位，尤其是主图、标题和类目选择。关于优化的内容，可以查阅商品优化章节。

2）基于消费者对此区间的商品价格不敏感的特点，在商品优化到位的基础上，商品定价可以略高，确保毛利润大于 10 美元。

3）采用"高竞价＋高预算"的方式投放站内广告，广告可以采用"自动型广告＋核心关键词的手动型广告"两种投放方式。高竞价可以确保广告能够展示在靠前的位置，两种广告投放可以确保利用足够多的流量入口，而高预算用来确保支撑足够多的点击，为商品带来足够多的流量，有了流量做保障，优秀的商品详情就可以实现较高的转化率。

在此打造策略下，只要广告带来的订单利润高于广告花费，整体就是盈利的，而高利润的价格设置可以确保即便订单数量不多，也足以实现利润与花费的平衡。同时，广告的高预算可以快速推动关键词排名的上升，为商品导入更多的自然流量，让商品进入良性上升的通道。

两点提醒：

● 要和竞品做对比，确保自己的商品表现比竞品表现好。

● 在定价上，要进行消费者心理评估，确保消费者对该商品价格确实不敏感。如果自己的商品属于竞争白热化且价格透明的商品，则此策略不合适。

9.14 高价位（售价高于100美元）商品的打造之道

商品类型：高价位（售价高于 100 美元，甚至在 200 美元以上）的商品。

打造方法：优质的商品＋站内广告推动。

核心策略：

（1）商品价格越高，消费者对质量越在意。高价商品，从商品质量到包装细节都要尽可能让消费者满意。同时，要把商品优化做得足够好，比同行竞品的优化更好。

（2）在商品定价上，一般来说高价商品的利润空间也比较大，要确保自己商品的价格相比同行竞品的价格有相对的竞争优势。

（3）对于高价商品，在运营策略上，既可以采用"精品化选品＋FBA 发货＋站内广告"的方式，也可以采用"多 SKU 铺货＋自发货（商业快递/本地仓发货）＋站内广告"的方式。由于商品利润足够多，所以广告投放可以和中价位的广告投放类似，采用"高竞价＋高预算"的投放方式。

9.15　限价商品的打造之道

商品类型：被厂家限定最低售价的商品。

打造方法：站内广告＋优惠券。

核心策略：

（1）被厂家限价的商品，所有卖家的价格差别不大，在这种情况下，商品优化就显得特别重要，要确保自己的商品优化到位，比同类竞品的商品表现更好，这是让自己的商品从竞争中突围的关键。

（2）在打造过程中，定价低会和厂家要求不相符，定价高则没有竞争优势。所以，商品定价要以厂家的限价为准，不高不低。

（3）在运营打造上，采用"最低限价＋优惠券＋站内广告辅助"的方式，同时用"秒杀（站内/站外）做补充。使用优惠券，可以让自己的商品在搜索结果页更吸引消费者的关注，从而获得更多的点击。另外，设置优惠券的商品还有独立的流量入口页，可以为商品导入更多的流量。在设置优惠券时，要注意将低价商品设置为百分比折扣，将高价商品设置为金额折扣。

9.16　非刚需商品（铺货模式）的打造之道

商品类型：非刚需商品、多 SKU 铺货的商品。

打造方法：用精铺的模式，适当多发布一些商品。

核心策略：

（1）商品质量适中，用简易和安全的包装，确保成本有优势。

（2）多 SKU 铺货，每日上新或定期上新，旧款定期优化。

（3）自发货运营，与物流折扣大的物流商合作，用成本优势来累积自己的价格优势。

（4）对于铺货且低价的商品，可设置为"1＋1"模式（售价 1 美元＋运费 1 美元，售价 1.99 美元＋运费 1.99 美元、售价 2.99 美元＋运费 1 美元等）。

9.17　滞销商品的清货之道

商品类型：滞销商品、库存数量多的商品。

打造方法：低价（超低价）＋站内广告＋优惠券＋秒杀（站内/站外）。

核心策略：

（1）将商品设置为低价或超低价，配合适量的站内广告，以"广告带来流量，低价带来转化"为推动思路，可参考"螺旋式爆款打造法"的第一阶段。

（2）设置优惠券，实现"广告提供曝光，优惠券标识提升点击"的目的。

（3）根据商品的实际情况，配合站内／站外的秒杀活动。

（4）以清库存为主要目标，根据销量、排名的变化，逐步提升价格，要么实现清库存的目的，要么激活商品销量和权重，将滞销品变成店铺的主推款或爆款。

9.18 总结：爆款打造策略，适宜的才是最好的

在本章里，结合不同类型的商品，分别提供了不同的打造思路和建议，但运营是一个综合的过程，影响运营效果的因素有很多，不能截然区分，需要通盘考虑。

上述打造方法不是一成不变的，需要卖家结合自己的实际情况，全方位考量，并有针对性地调整打造策略。爆款打造，没有最好的策略，只有适宜的方法。

关于螺旋式爆款打造法的模型、操作细节、节奏把握，以及在平台最新政策下的打造调整等内容，读者可以下载"老魏读书"App，收看笔者亲自讲解的相关教学视频。

第10章

日常客服、差评应对与账号申诉

本章要点：

- ◆ 日常客服
- ◆ 差评应对
- ◆ 账号申诉
- ◆ 申诉邮件

在亚马逊卖家的日常运营中，客服工作是非常重要的一项工作，根据工作侧重点的不同，大概可以分为日常客服、差评修改和账号申诉三个方面。

10.1　日常客服的注意事项

日常客服的工作比较简单，基本上就是及时回复消费者询问的问题，没有严格的格式要求，只要能够针对性地回复，解决消费者的疑虑，得到消费者的认可就可以了。

亚马逊平台禁止卖家跳过平台直接联系消费者，消费者的联系方式，无论是电话，还是邮箱，系统都做了加密处理，卖家与消费者的沟通只能通过卖家中心的"买家消息"栏。

根据卖家绩效指标中的标准，卖家在收到买家消息后，需要在24小时内进行回复，系统对此项的考核指标是90%以上的买家消息需要在24小时内进行回复，否则就会导致回复时效超标。

亚马逊平台上的消费者很少会主动向卖家发消息，导致买家消息太少，以致于偶尔的延误就可能造成买家消息回复时效超标。

为了避免买家消息回复时效超标，这里分享一个回复时的小技巧。

亚马逊系统默认的是所有的买家消息，包括广告邮件在内，都需要卖家进行处理，为了方便处理广告和其他无须回复的消息，亚马逊在具体的消息回复窗口下面添加了一个"不需要回复"按钮，如图10-1所示。对于不需要回复的消息，卖家可以直接单击此按钮，对于单击了"不需要回复"按钮的买家消息，系统不会将其计入统计数据。

图 10-1　消息回复窗口下面的"不需要回复"按钮

因此，如果卖家在日常运营中偶尔有消息超出了24小时时限还没有回复，可以在回复之前单击"不需要回复"按钮，然后从"买家消息"栏里找到该消息进行回复，这样操作可以让账号中的消息回复时效不再超标。

除避开回复时效超标的处理技巧外，作为卖家，在日常与消费者沟通的过程中，一定要保持积极的态度。我们面对的消费者成千上万，消费者的询问各不相同，但任何一条买家消息的背后，都是一个充满期待的消费者，我们只有真诚地对待消费者，才能够获得消费者的理解和支持，从而确保账号绩效表现足够好，为运营稳定和业绩提升加分。

在和消费者的沟通方面，要始终保持"以用户为中心"的理念，这既是亚马逊的企业理念，也是一名优秀卖家应该具有的态度。

10.2　应对差评的5个方法

收到差评是运营中最让卖家揪心的事情，无论是反馈，还是评价，精心地选了一款商品，用心地做运营，终于等到了订单，却突然之间收到差评，关键是差的反馈影响账号绩效表现，差的评价是导致商品权重下降的重要因素，卖家在面对差评时的心情可想而知。

但不管怎样，面对差评，我们都要积极应对。收到差评后，卖家要全面分析导致差评的原因，然后有针对性地解决。

结合多年的运营经验，笔者总结了5个应对差评的方法，具体如下。

1．联系买家，请买家协助修改差评

在对差评进行全面分析（包括差评的内容、订单信息、买家信息、买家历史留评记录状况、商品的实际情况等）的基础上，如果初步判断确实是卖家自己的责任，在知道具体的订单、可以联系到买家的前提下，要在第一时间主动联系买家，向买家道歉，为买家提供解决方案，争取得到买家的谅解，请买家协助修改或删除差评。

在和买家沟通的过程中，要注意沟通的目的是引导买家协助修改差评，只有在最短的时间内修改，对卖家才是有利的，所以卖家要引导买家同意"退款改差评"。有些卖家本着减少损失的目的，向买家提出"重发改差评"的建议，殊不知重新发货需要花费时间，而且即便买家收到补发的商品，也未必就能满意。退一步来说，即使买家对补发的商品满意，但长时间等待的过程中买家已经淡化了对差评的感觉，容易有意无意地忽略修改差评这件事。结合过往笔者联系买家改差评的实践经验，"重发改差评"的建议会让差评被修改的概率大大降低，相对来说，"退款改差评"效果更好。

2．联系平台客服，申请移除差评

为了达到快速移除差评的目的，在联系买家的同时，卖家要对评价内容和买家的情况进行分析。如果评价内容不符合平台规则，就可以向平台提起申诉，请求亚马逊客服协助移除差评。

评价中包含以下内容，是可以尝试申请移除的：（1）污言秽语；（2）包含个人隐私信息，如姓名、电话、邮箱等；（3）由 FBA 发货的订单被评价发货时效差或派送人员服务态度差等 FBA 责任事项；（4）评价中有歧视性语言；（5）评价中有恶意的引导性语言，比如 Don't buy from this store 等；（6）买家评价记录是清一色的差评，明显是恶意行为。

在分析评价内容和买家背景的基础上，找出评价中的漏洞，向平台客服申诉，如果举证完整，经亚马逊客服核实之后，差评是有机会被移除的。

3．向"粉丝"群做定向促销，邀请"粉丝"评价

如果卖家有自己的"粉丝"群等，则可以定向邀请"粉丝"，通过优惠等手段，邀请"粉丝"使用商品后发表对商品的评价，以此来稀释差评对商品的不良影响。

4．快速降价

差评是导致商品销量减少、排名下降最重要的因素，该现象的背后是差评导致的商品权重下降。

因为亚马逊差评的影响有一定的滞后性，往往在收到差评后的第三天才会显现出来，所以我们可以利用两天的时间差，对商品快速降价。降价后，可以凭借低价的优势，提升销量和转化率，而销量多、转化率高，会使商品权重上升，一升一降，差评带来的权重影响就会被稀释。

降价之后，通过一周左右的观察，如果销量和排名都恢复甚至超过差评前的水平，再逐步提价。

5．找服务商协助"踩"差评

如果收到差评且差评被置顶，则可以联系服务商将差评"踩"下去。

对于卖家来说，每个差评都像一枚"炮弹"，上述应对差评的 5 个方法就是拆解"炮弹"并将危害降到最小的有效方法，卖家可以在实际运营中检验一下。

10.3　账号申诉的思路与方法

如果说"日常沟通是基础，差评修改是关键"，那么账号申诉就是直接关系账号生死的命脉所在了。

某天早上打开电脑，登录亚马逊账号，卖家中心左上角的小旗帜飘红了，点开查看，一封账号销售权限被移除的通知邮件赫然展现在面前，足以让人的心情瞬间失落到极点。

面对账号被移除销售权限的情况，我们该怎么办呢？

在遇到这种情况后，一定要冷静分析通知邮件中的内容，确认被移除销售权限的具体原因，然后根据通知中的提醒，准备申诉所需的资料，有针对性地写申诉邮件。只有分析清楚问题所在，应对起来才能有的放矢，申诉通过的概率才会大一些。

在进行账号申诉时，申诉邮件的内容、措辞的表达，以及改善方案的详尽与否等，都会影响亚马逊账号绩效审核团队的判定，影响到账号能否被解限。

一封优秀的申诉邮件，要在邮件中阐述问题出现的原因，说清楚下一步的改善计划，并且表现出自己的热情、诚恳和努力的态度。只有这样，才能够打动亚马逊账号绩效审核团队的成员，有利于账号快速被解限。

具体来说，在账号申诉的过程中，需要注意以下事项。

10.3.1　注意申诉时效

一般情况下，账号受限后，亚马逊系统会给卖家预留一个申诉期限，根据不同的受限原因，有最长不超过 3 天、9 天和 17 天 3 种账号申诉期限，这就意味着卖家必须在申诉期限内申诉，否则就等于放弃申诉、弃置账号了。

对于绝大多数卖家来说，弃置自然是少数，但仍然有部分卖家没有在申诉期内进行回应，为什么会出现这种情况呢？可能他们根本就没有注意到有系统通知，根本没有意识到账号所处的危险。

这就是在前文后台实操章节提醒卖家要关注卖家中心左上角账号通知小旗帜的原因。卖家每天登录卖家中心后，一定要在第一时间看一下账号通知小旗帜，如果有红色数字的通知提醒，就要及时查看通知的内容并进行回复。

10.3.2　全面分析问题

在账号受限的通知中，亚马逊系统一般会告知卖家导致账号受限的原因，通知中可能没有详细地罗列，卖家需要根据通知的内容，结合自己账号的实际情况，进行深度和全面的分析，找到出现问题的原因。

比如，商品质量和安全问题可能是某位买家投诉了货物破损或致人受伤等情况，侵权投诉可能是自己的商品涉嫌侵犯其他权利人的商标、专利等情况，知识产权投诉可能是自己的商品存在版权侵权、商品描述复制别人的内容或图片盗图被投诉等情况，而绩效表现差、ODR 指标超标也同样会导致账号受限。

只有找到出现问题的原因，才能针对性地申诉，申诉的内容才会更有说服力。

10.3.3　制定行动方案

对账号受限通知邮件进行分析，找到导致账号受限的直接原因（当然，如果确实判定不了账号受限的原因，可以直接向平台客服咨询）后，就需要制定申诉时会用到的行动方案了。

在账号受限通知邮件中往往会有这样一句话：如果你对我们的决定有异议，如果你想重新获得销售权，请提供你的行动方案，我们将根据你的行动方案重新评估是否恢复你的销售权限。可见，在申诉时，行动方案非常重要。

在行动方案中，卖家要在全面分析并找出问题所在的基础上，有针对性地说清楚将在今后的运营中进行哪些改善。行动方案要具体，逻辑要清晰，针对性要强，语言要真诚，争取说服并打动客服。

结合以往处理申诉的经验，可以把申诉邮件总结为 3 个方面、5 个段落，笔者称之为"5 段式申诉邮件"，具体如下。

第 1 段：简述当前出现的问题，承认自己的错误并诚恳道歉，然后写出自己（团队）的经验教训，过渡到将在以后运营中采取的改善方案。

第 2~4 段：写出以后运营中的改善方案（也可以称之为行动方案），3 段内容分别围绕当前已出现的问题的解决方案、当前问题可能引起的潜在问题的预防方案，以及以后运营中如何调整运营策略以避免影响买家体验和卖家绩效的问题再出现。在用词造句上要用诚恳的语言表达出改进的决心，改善方案要环环相扣、层层递进。

第 5 段：在最后一段，要表达渴望收到回复和渴望账号被解限的迫切感，同时还要做出承诺，表达自己在以后的运营中一定会严格遵守平台规则，努力成长为一名优秀卖家的决心，态度要诚恳。

需要提醒的是，在申诉邮件中，对于亚马逊邮件通知中没有提及的问题，卖家无须赘言。

简而言之，要想让亚马逊账号绩效审核团队给你一次重新获得销售权限的机会，你的改善方案必须从内容上说服审核人员，从情感上打动他们，得到审核团队成员的认可，才能获得解除限号的机会。

10.3.4　申诉提交与跟进

申诉邮件写好后，卖家在受限通知下面的申诉处直接提交，剩下的就只能等待了。如果行动方案得到了亚马逊账号绩效审核团队的认可，很快就会收到账号被解限的通知，那自然是可喜可贺的。但如果你的行动方案不够详细、缺少说服力，亚马逊账号绩效团队回复说需要补充更详细的行动方案，这时就需要对行动方案做进一步的完善，然后重新提交。再提交时就需要通过卖家中心右上角的"帮助"按钮联系客服了，在前文卖家中心实操部分已有讲解，此处不再赘述。

如果申诉邮件提交后，没有收到任何回复，建议卖家间隔三天左右联系客服寻求帮助。

如果经过几次申诉都没有通过，而此账号对自己的运营又非常重要，建议找服务商寻求帮助。

不管怎么说，在遇到账号受限时，卖家只有分析清楚当前的情况，然后有针对性地一步步行动，账号被解限的概率才会大一些。

10.4　申诉邮件模板参考

结合以往卖家常遇到的账号受限的情况及申诉经验，列举几个申诉模板，供卖家参考。

1．卖假货被移除销售权限（商品确实涉嫌真实性问题时采用）

Dear Amazon Seller Performance Team,

Thank you for your concern of our account.

We received a notification today that our selling privilege has been removed due to a concern of the authenticity of our products.

We checked our listings as soon as we received this mail and we are very sorry about our ignorance. As a new seller on Amazon.com, we are not familiar with the rules and policies of the platform and on our way of learning these requirements.

For the items that mentioned in the mail from Amazon seller performance team, we did not realize this product is with its own brand, to this point we acknowledge it is our fault. We had already removed the listing and promise we won't sell it again on Amazon if we do not get the authorization. Also, we would like to compensate the customers that have purchased this product. We would fulfill their requirement as soon as they contact us.

If you can give us a chance and reinstate our account, we will conduct below to avoid similar situation occur in the future:

(1) Absolutely, we will see through all the policies and rules about selling on Amazon. com.

(2) We will check the listings in our account to see if there has some which do not meet your requirements, if it does, we will fix it immediately.

(3) We will check all the products we've been sold, any complaints or product issues we will solve them in proper way within 12h in favor of the customer's right.

(4) If any selling questions, we will consult Amazon for help.

We understand that Amazon takes customers shopping experience as the most important metric and have strict standards and rules. Following the rules and reach the standards is our sellers'obligation. We've always been a responsible seller and obeying Amazon's rules. By strictly following the Amazon selling rule, we offer the best service to every customer continually.

We would treasure the opportunity greatly if Amazon could read our appeal letter and reinstate our account. We sincerely wish to have the opportunity to work with Amazon again to satisfy customers.

Look forward to receive your reply.

Paul From XXX Company

2. 侵权造成页面被关闭，账号被冻结（确实有侵权行为时采用）

Dear Amazon Seller Performance Team,

Thank you very much for giving us a chance to appeal the removal of our Amazon selling privileges. Please see our following information.

Our selling privileges has been removed by Amazon due to the concern that some of our listings has violated related Amazon policies, especially infringed intellectual property rights of some rights holders.

First, we apologize to Amazon and the rights owner for this infringement. Due to our carelessness when doing the product research, we failed to confirm if the brand/trademark/outlook··· patent is already exist or not.

Second, we have to apologize to all the customers that have purchased our products. Due to our incompetent management, customers may confused by the products. We would like to compensate customers that have purchased our products with full refund as soon as they contact us.

As for the violated brand/trademark/outlook patent owner ********and the affected ASINs:*******, we would stop selling the products immediately as well as create removal order to remove the inventory. We promise not to sell the product again unless we are fully authorized by the patent owner.

Furthermore, we would conduct below in order to avoid similar situation occur in the future:

(1) We will research more carefully before uploading listings.

(2) Once we have decided the products, we will conduct further research to check if the patent was registered by others, if registered, we would conduct the right holder for approval to sell, otherwise, we shall not sell the product on Amazon.com.

(3) We will have our employees better trained so that everyone in the company are competent enough.

We apologize to the rights holders and to Amazon again with our sincerity on behalf of our whole company. We promise we will correct our mistakes. Please trust us and give us a chance.

Look forward to receive your reply.

Paul From XXX Company

3. 因账号表现差被移除销售权限（A-Z 投诉导致 ODR 超标）

Dear Amazon Seller Performance Team,

We understand that recently our performance as a seller on Amazon.com has fallen below both Amazon's and our own standards of quality.

We believe it is mainly because of our inadequate communication that we have recently received A-Z guarantee claims which have resulted in our ODR exceeding the performance target of <1%.

In response to the problem, we have changed the listings Status to inactive from in order to avoid more compliant appear as well as to conduct a thoroughly examination of the affecting listing.

After our examination, we believe the A-Z claim occurs because XXXX. In order to compensate the customers, we have conducted full refund to them.

Plan of Action: We are taking the following steps to improve our performance and avoid similar problem occur next time:

(1) Review all our listings to make sure that the pictures and descriptions accurately match our products.

(2) We will complete the investigation more quickly and proactively (within12 hours) to any problems with customer orders to keep our customers more informed and help prevent A-Z guarantee claims as much as possible, then replacement or a full refund will be done within 24 hours.

(3) In addition, we will more aggressively monitor our performance metrics to assure we have reached the standards set by Amazon customer service.

We understand that Amazon takes customers shopping experience as the most important metric and have strict standards and rules. Following the rules and reach the standards is our sellers'obligation. We've always been a responsible seller and obeying Amazon's rules. By strictly following the Amazon selling rule, we offer the best service to every customer continually.

Thank you very much for considering our appeal. We would be grateful if you could reinstate our account and cherish the opportunity very much.

Look forward to receive your reply.

Paul From XXX Company

4. 账号表现差导致账号被冻结（回复买家不及时＋商品损坏＋退换货时间长）

Dear Amazon Seller Performance Team,

Thank you for your concern of our account. Before receiving the performance notification, we were exactly working with the customers to resolve their problem.

Firstly, we're very sorry about our negligence of packaging and the incaution of collecting and transporting process of logistics company which result in the damage of one item. We have shipped the replacement to the customer but the delivery time is longer than what we expected, we feel very sorry about that.

Secondly, during the examination of the product, we unconsciously missed a part of the product. Thought the function of the product is not affected, it still gives customer an impression that the product is not complete. We had contacted the customer and shipped the missing element, we are sorry for the inconvenience.

Thirdly, due to XXX, we failed to reply the customers question in 24 hours and this give us a really bad reputation. We have hired more people running our account and arranged their duty, we believe this will not happen once again.

If we earn the chance to continue selling on Amazon, we will do as follows:

(1) We would cooperate with more trustworthy logistic company to avoid product damage during shipping and delivering.

(2) We would add an integrity examination before sending the product from factory to FBA inventory.

(3) We would further stress the importance of timely reply towards the customers.

We understand that Amazon takes customers shopping experience as the most important metric and have strict standards and rules. Following the rules and reach the standards is our sellers'obligation. We've always been a responsible seller and obeying Amazon's rules. By strictly following the Amazon selling rule, we offer the best service to every customer continually.

Look forward to receive your reply.

Paul From XXX Company

第11章

FBA发货的基本操作与技巧

本章要点：

- ◆ 关于 FBA 发货
- ◆ FBA 操作中的注意事项
- ◆ FBA 发货的技巧
- ◆ FBA 轻小计划详解

11.1　关于FBA发货

11.1.1　什么是 FBA 发货

FBA 即 Fulfillment By Amazon，FBA 发货是由亚马逊完成代发货的服务，也被称为亚马逊物流。

采用 FBA 发货的卖家，需要在卖家中心后台创建发货计划，按照系统生成的发货指令，将货物发至亚马逊 FBA 仓储中心，由亚马逊提供仓储服务，亚马逊系统会根据卖家在仓储中心放置货物的体积、重量、时长等，收取相应的仓储费。卖家通过亚马逊平台销售这些商品，买家下单后，亚马逊仓储中心将提供货物的分拣、打包、配送、收款、客服和售后处理等相关服务，亚马逊针对每个订单，收取相应的订单处理费、分拣包装费和称重处理费等。对于在 FBA 仓库放置时间过长的商品，亚马逊会在每年 2 月 15 日和 8 月 15 日收取长期仓储费。

11.1.2　FBA 发货的利与弊

对于卖家来说，使用 FBA 发货的好处是不言而喻的，具体包括以下几点。

- 流量和销量红利。使用 FBA 发货的商品，可以获得更多的商品曝光，有助于提升商品的排名。由于很多 Prime 会员在购买一款商品时会优先选择使用 FBA 发货的商品，所以使用 FBA 发货的商品整体销量可以提升 40% 以上。
- 店铺更安全。使用 FBA 发货，意味着卖家的货物存放在亚马逊的仓库中，系统会降低对该店铺运营风险的关切，减少对店铺的审查，店铺更安全。
- 节省人力和运费成本。使用 FBA 发货后，卖家可以减少发货方面的人工，降低包装成本。FBA 头程发货的费用一般低于零散订单所采用的邮政小包等物流费用。
- 竞争对手减少。虽然使用 FBA 发货的好处很多，但在亚马逊平台上依然有不少卖家因为各种原因而使用自发货的方式运营。相对于自发货的卖家而言，使用 FBA 发货的卖家自然少了不少竞争对手。
- 商品售价高。在亚马逊平台上，相对于自发货的商品，使用 FBA 发货的商品价格普遍较高。一般情况下，在扣除 FBA 的各项成本之后，同一款商品使用 FBA 发货的利润往往高于使用自发货的利润。
- 体验好，买家满意度高。使用 FBA 发货的商品，是亚马逊直接处理发货事宜的，亚马逊完善的物流体系可以确保买家在 3 天左右收到货物，发货时效快，买家满意度高。买家的高满意度体现在卖家端就是店铺反馈好和商品评价星级高，可以使店铺的运营更稳定。

- 可以移除因 FBA 物流引起的差评。如果是 FBA 物流方面的原因导致买家留下差评，则卖家可以直接向亚马逊客服申请移除，从而减少卖家的客服成本，提升店铺的整体表现。

凡事有利就有弊，使用 FBA 发货在为卖家带来好处的同时，也带来了一些必须面对的不利情况。

- 需要缴纳仓储费，尤其是长期仓储费较高。使用 FBA 发货虽然为卖家节省了人工和配送成本，但仓储费并不便宜，尤其是一些滞销商品，长期仓储费就更高了，仓储费会稀释掉卖家的一部分利润。
- 随机分仓，可能造成 FBA 头程运费偏高。亚马逊系统的随机分仓可能造成单票货件的运费单价上涨，使 FBA 头程运费成本超出预期。
- 退款率高，不良品多。使用 FBA 发货的商品，其售后是由平台客服直接处理的，不同的客服对商品的专业熟悉程度不同，所能提供的售后问题解答和处理方式也不同。如果卖家的商品功能复杂，超出了亚马逊客服的处理范围，就容易导致退货率高、买家满意度下降，而且退货导致的另一个结果就是不良品会增多。
- 一旦商品被删除，库存处理不方便。使用 FBA 发货的卖家，如果某款商品因被买家投诉侵权、质量问题、安全问题或商品不符合平台政策等遭到平台下架或删除，则放置在 FBA 仓库的库存处理起来会比较麻烦，撤仓、换标、重新入仓等费用加起来，也是一笔不小的费用。

综上所述，在运营中使用 FBA 发货对于卖家来说有利有弊，但根据平台政策和市场现状，从长期运营的角度看，卖家使用 FBA 发货是利大于弊的，建议卖家在运营中优先采用 FBA 发货的方式。

11.1.3　FBA 费用计算公式

FBA 费用 =Fulfillment Fees（执行费）+Monthly Storage Fees（月仓储费）+Inventory Placement Service（入库清点放置服务费）

Fulfillment Fees(执行费)=Order Handling(订单处理费)+Pick & Pack(分拣包装费)+Weight Handling（称重处理费）

具体的费率和费用核算，卖家可以通过卖家中心后台右上角的"帮助"栏来查询。

11.1.4　FBA 发货注意事项

- 在发货之前，卖家需要将商品转换为 FBA 发货的商品。在转换过程中，亚马逊会对某些包含电池、液体、膏状物、粉尘等敏感性部件的商品进行危险品审查。如果卖家有相应的证书，可在后台提交供平台审查；如果确定是普通商品，同时也没有可供审查的资料，卖家也无须紧张，一般系统会自动处理，等待 3 天左右即可。

- 在使用 FBA 发货时，系统会要求输入商品的尺寸、重量，以及包装的尺寸和重量等内容，卖家要按照实际的数据输入。如果商品的尺寸和重量输入错误，可能会被多收取 FBA 相关费用（比如尺寸写大、重量写多，可能会被多收取 FBA 订单处理费等费用），也可能导致被分配到错误的 FBA 仓（比如标准尺寸的货物因为尺寸写得过大而被分配到超大物品放置仓，或者超大尺寸的货物被分配到标准尺寸物品放置仓，出现无法入仓上架等情况）。如果外箱尺寸和重量输入错误，则可能影响入仓时效，并且可能会被收取超重费（单箱超重会被收取 50 美元 / 箱的超重费）。FBA 发货标准是单箱重量不超过 50 磅[1]，外箱的单边长度不超过 63cm。
- 在使用 FBA 发货时，卖家需要打印商品标签和外箱标签。商品标签要贴在商品包装上，外箱标签需要贴在外包装箱上。商品标签有两种选择：Manufacturer Barcode（制造商标签）和 Amazon Barcode（亚马逊标签）。制造商标签是指卖家发布商品时使用的 UPC 码，而亚马逊标签是系统自动生成的 FNSKU 码，建议卖家选择亚马逊标签作为商品标签。
- 在使用 FBA 发货时，实际发货数量要和发货计划中填写的数量一致，否则会导致入仓慢，甚至会被拒绝入仓，而且如果商品丢失，亚马逊只会按照创建 FBA 发货计划时后台所记录的数量赔偿。

11.1.5　FBA 发货的头程物流选择

使用 FBA 发货的商品，卖家需要创建 FBA 发货计划，将商品发到 FBA 仓库，FBA 处理中心签收之后，亚马逊会完成后续的服务，包括入库盘点、上架销售、发货给买家等。

对于卖家来说，从卖家到亚马逊 FBA 仓之间的物流，通常被称为 FBA 头程物流。FBA 头程物流处理过程复杂，会涉及清关、缴纳关税等多个方面的事务，不同物流方式的运费成本不同，发货时效也不同，不同的物流服务商提供的服务也良莠不齐。卖家在 FBA 头程物流的选择上，既要考虑自己的资金周转情况和发货时效要求，还要衡量物流服务商资质，选择与可靠的物流服务商合作。

通常可供卖家选择的 FBA 头程物流有 3 种：商业快递、空运和海运。

1　1磅≈0.45千克。

商业快递主要是指四大快递（DHL、UPS、FedEx 和 TNT）的服务，商业快递时效快、服务好，但运费单价也比较高。大部分卖家在选择商业快递时，往往首先看中的是发货时效的优势。

空运也叫空加派（空运加派送）、专线物流等，是一些物流公司自行和航空公司签署合约，以租赁航班舱位的方式，将货物运输到目的地机场，然后由物流公司在当地的合作伙伴将货物送至 FBA 仓的服务。相对于商业快递来说，空运的发货时效稍慢，但运费比商业快递的运费便宜。有些物流公司会在目的地选择四大商业快递作为自己的尾程派送伙伴，所以市场上就有了一种类似于"空运 +UPS 派送"的空加派模式。

海运发货的方式分为两种：散货和整柜。散货是指一个商家的货物数量有限，不足以装满一个货柜，在此情况下，物流公司会将多个商家的不同货物汇总，多个商家共用一个货柜发货；如果商家的货物数量足够多，则可以选择正规的方式发货。无论采用散货，还是整柜的方式发货，海运的运费都远远低于商业快递和空运的运费。海运发货方式的不利之处在于发货时效比较慢，以发货到美国为例，海运一般需要25 ～ 40 天，加上到港后的清关和尾程派送，需要的时间就更长了，这对卖家的资金周转是非常大的考验。采用海运的方式发货，物流公司一般会有最低货量要求（比如某些货代会要求不低于 2 立方米），再加上单证费、提货费、打板费、派送费等，如果货量过少，对于卖家来说，海运的发货方式并不划算。

卖家在实际运营中可以综合使用以上 3 种发货方式，合理搭配，既要保证发货时效，又要尽量降低 FBA 头程物流成本。根据实践经验，如果操作得当，FBA 头程物流成本可以降低 30% 左右，从而达到提高销售利润率的目的。

11.1.6　FBA 撤仓的 3 种方式对比

在使用 FBA 发货的过程中，卖家可能会因为各种原因需要对部分商品做撤仓处理。关于 FBA 撤仓，卖家需要注意的事项有哪些呢？

通常来说，撤仓的原因有以下几种：

- 商品长期滞销，造成仓储费过高，通过撤仓降低仓储成本；
- 商品被移除，无法再销售，必须撤仓；
- FBA 头程运输中商品损坏，无法销售，或者买家购买后退货回来但原包装破损无法二次销售，只能撤仓；
- 商品标签贴错，需要撤仓换标。

当卖家进行撤仓操作时，亚马逊系统提供了两种选择：配送地址和弃置。

如果库存数量较多，货值较高，就可以选择配送地址的方式进行撤仓，添加配送地址，然后创建移除订单即可。亚马逊通常会在卖家创建移除订单后 10～14 天将申请撤仓的货品发往填写的配送地址。当然，遇到 FBA 仓繁忙的时候，撤仓处理时间会变长。

如果库存数量不多，货值较低，觉得撤仓麻烦，或者撤仓出来后既没有用处，又无法销售，而这些商品长期被放置在 FBA 仓会产生仓储费，平添额外的费用，就可以选择弃置的方式。选择弃置后，卖家无须输入撤仓地址，只要勾选对应的商品和数量，创建移除订单即可，剩下的工作就由亚马逊 FBA 仓的工作人员完成了。

以上两种撤仓方式，亚马逊都会按照标准收取一定的处理费用，具体费率卖家可以在卖家中心后台查看。

11.2　新卖家有必要使用FBA发货吗

很多亚马逊新卖家提到 FBA，首先会问的就是"我是新卖家，可以使用 FBA 发货吗？""我跟卖别人的商品，可以使用 FBA 发货吗？""我现在刚起步，备不了很多货，FBA 发货有最低数量限制吗？""FBA 发货是怎么收费的？费用是不是很贵呢？"借着这些话题，下面介绍 FBA 发货的相关事宜。

首先，亚马逊 FBA 发货服务是对所有亚马逊专业卖家开放的，只要在亚马逊上申请了卖家账号，发布了商品，无论是自建的，还是跟卖的，即便是刚注册通过的新账号，都可以使用 FBA 发货，只要按照 FBA 发货流程创建发货计划即可。

FBA 发货有数量限制吗？答案是有的。根据每个卖家 IPI（Inventory Performance Index，库存绩效指标）分值的高低，可用的发货数量指标也各不相同。具体的 IPI 分值，可以在卖家中心后台查看。

对于刚起步的新卖家来说，可以采用小批量、多批次的方式发货和补货。随着运营的推进，根据销量的多少，调整每批发货的数量，这样做既可以高效利用资金，又可以维护 IPI 指标不下降。

新卖家有必要使用 FBA 发货吗？虽然亚马逊不强制要求卖家使用 FBA 发货，但从账号维护和长期稳定运营的角度看，使用 FBA 发货是非常有必要的。使用 FBA 发货的卖家，因为将货物放置在亚马逊仓库，平台不用担心卖家有欺诈行为，系统会减少对店铺的审查，所以使用 FBA 发货对维护账号安全很有帮助。同时，作为卖家，自然期望能够获得更多的订单，根据平台统计的数据，在各项指标相似的情况下，使用 FBA 发货的卖家比自发货的卖家在销量上会有 40% 以上的提升，使用 FBA 发货对销量提升同样有帮助。

FBA 是怎样收费的？费用贵吗？下面进行简单讲解。

FBA 费用大概包含仓储费、订单处理费、分拣包装费、称重处理费，以及其他杂费。

仓储费包括正常仓储费和长期滞销仓储费。正常仓储费几乎可以忽略不计，长期滞销仓储费按放置时间收费，在仓库放置的时间越长，单位费用就越高。

订单处理费按件计费。

分拣包装费和称重处理费按货物大小和实际重量计费。

其他杂费主要是一些个性化服务的费用，如转运、销毁、特殊包装等。

关于各项费用的收费标准，卖家可以在亚马逊卖家中心右上角的"搜索"栏中输入 FBA Fee Schedule（FBA 费率）进行查询，然后根据自己商品的实际情况计算即可。

虽然 FBA 发货相对于自发货来说贵了一些，但使用 FBA 发货的商品售价普遍比使用自发货的同类商品售价高出很多，抵扣了 FBA 的各项成本之后，利润往往比使用自发货的商品利润高。对于超大件的商品来说，FBA 的费率更有优势。

因此，对于卖家来说，使用 FBA 发货利大于弊。

11.3 新IPI分值下的应对策略

从 2020 年 1 月 1 日起，亚马逊对卖家 FBA 库存的 IPI 分值进行了更新，仓储限制的 IPI 分值从之前的 350 分提高到 400 分，即卖家只有在 IPI 分值高于 400 分时才能拥有无限制的库容，而如果低于 400 分，就会被亚马逊限制 FBA 发货总量，还可能因为已存在的 FBA 库容过多而产生超额库容费。

按照亚马逊的规定，超额库容费的计算公式如下：

超额库容费 =（现有库容 – 给予库容）× 月仓租超额费每立方英尺 10 美元

之前就曾发生过这样的情况，某卖家的店铺是多 SKU 铺货模式，发到 FBA 仓库的库存很多但销量很差，销量库存比太低，造成 IPI 分值低于 350 分，被亚马逊一次性收取超过 1 万美元的超额库容费，卖家说，看到账单时，真是欲哭无泪。

面对 IPI 分值的新标准，卖家只有做到"把握库存 + 快速销售"才能避免因为 IPI 分值低而产生超额库容费。

在把握库存方面，有以下两点建议。

- 以小批量、多批次的方式发货、补货。在运营上不要盲目乐观，根据销量情况进行发货和补货，既可以避免动销率低导致 IPI 分值下降，又可以加快资金周转率。
- 精品化选品，精细化打造爆款。亚马逊运营更适合精品和爆款打造模式，如果盲目铺货，多 SKU 之下，必然有卖不动的商品，而库存多就会拉低 IPI 分值，必然会使自己的账号陷入不良的状态。精品化选品之后，如果能够努力推动商品的销售，提高动销率，既可以解决 IPI 分值低的问题，还可以推出爆款，让运营变得更简单。

在快速销售方面，建议以打造爆款为运营的核心目标，从选品开始就充分评估打造中的各种要素，精细化筛选；商品选定后，对商品进行尽可能完美的优化，要牢牢记住"对于消费者来说，商品详情就是商品本身"，不放松任何商品细节；在运营上，商品上架后，要利用一些资源和手段，比如早期评论人计划、优惠券、秒杀、站内广告等，推动商品的销售。当然，最好可以结合本书讲到的"螺旋式爆款打造法"来快速打造爆款。

对于账号 IPI 分值偏低的卖家，建议采取"降价促销＋广告推动"的方式来改善 IPI 分值。通过降价和广告，促进销量增长，快速消化库存。随着销量的增长，动销率会提高，IPI 分值也就逐步提升了。

11.4 亚马逊FBA轻小商品计划详解

对于大部分亚马逊卖家来说，使用 FBA 发货可以提高买家满意率，使账号保持更好的绩效表现，但对于销售低价商品的卖家来说，在运营中会觉得 FBA 费用在整个销售额中占比太高，有点吃不消。遇到这种情况，可以利用亚马逊 FBA 轻小商品计划（FBA Small and Light Program）来降低 FBA 费用的占比，提高利润率。

FBA 轻小商品计划的特点是，在发货时效相差不多的情况下，相对于标准 FBA 费率，FBA 轻小商品计划的费率更低，可以为卖家节省一定的费用，而且如果买家一次性购买多件商品，使用 FBA 发货可以节省更多的费用。这就意味着，一款商品参加 FBA 轻小商品计划，在同样的售价下，卖家的利润率会更高。

我们先来看看 FBA 轻小商品计划的适用范围。亚马逊对参加 FBA 轻小商品计划的商品要求是，商品尺寸不超过 16 英寸 ×9 英寸 ×4 英寸（约 40cm×22cm×10cm），重量不超过 10 盎司（约 283g），且价格不超过 7 美元。也就是说，如果商品符合上述条件，为了节省 FBA 费用，提高利润率，就可以考虑参加 FBA 轻小商品计划。

FBA 轻小商品计划费率与标准 FBA 费率如图 11-1 所示。

通过图 11-1，我们不难发现，对于单价低的商品，使用标准 FBA 发货和使用 FBA 轻小商品计划发货，相差的金额还是很大的。

以一款售价为 4.99 美元、重量 1 盎司（约 28g）的商品为例。如图 11-2 所示，如果使用 FBA 轻小商品计划发货，当消费者购买一件商品时，轻小商品计划费用比标准 FBA 费用节省 0.64 美元；如果消费者同时购买 5 件，则总配送费用可以节省 6.4 美元。从这个角度看，仅此一项，节省下来的费用就可以足足提升利润率 10 个百分点以上。

配送费用	轻小商品计划（商品价格低于或等于 $5[1]）	轻小商品计划（商品价格高于 $5[1] 但不超过 $15[3]）	亚马逊物流（小号标准尺寸非媒介类商品）
订单处理费	每个订单 $0.80	每个订单 $1.00	每件商品 $2.41（不超过 1 磅）
取件及包装费	每件商品 $0.75	每件商品 $0.75	
首重和续重费 （单件重量 + 包装重量[2]）	每盎司 $0.11（每件不超过 15 盎司） （向上取整到最接近的整数盎司）	每盎司 $0.11（每件不超过 15 盎司） （向上取整到最接近的整数盎司）	

[1] 对于包含两种订单类型商品的混合订单，亚马逊将按商品价格高于 $5.00 且不超过 $15.00 的标准收费。对于销售价格高于 $15.00 的商品，将收取标准亚马逊物流费用。

[2] 包装重量是指包装箱和包装材料的重量。在亚马逊物流轻小商品计划中，我们对每个包裹使用 0.7 盎司的标准包装重量。在亚马逊物流中，对于标准尺寸的媒介类商品包裹和非媒介类商品包裹，亚马逊分别使用 2 盎司和 4 盎司的标准包装重量。

[3] 在 2019 年 7 月 26 日之前注册、价格仍高于 $7 且重量超过 10 盎司的轻小商品计划商品可在 2020 年 4 月 30 日之前继续使用轻小商品计划费用构成。在 2019 年 7 月 26 日或之后注册的商品定价不得超过 $7 且重量不得超过 10 盎司。

图 11-1　FBA 轻小商品计划费率与标准 FBA 费率

【示例：1 盎司的非媒介类商品 - $4.99，1 件商品订单】

配送费用	轻小商品计划（平件）	亚马逊物流（小号标准尺寸非媒介类商品）
订单处理费	$0.80	$2.41
取件及包装费	$0.75	
首重和续重费 （单件重量 + 包装重量）	$0.22 （1 + 0.7 = 1.7，向上取整至 2 盎司）	
总配送费用	$1.77	$2.41

【示例：1 盎司的非媒介类商品 - $4.99，5 件商品订单】

配送费用	轻小商品计划（平件）	亚马逊物流（小号标准尺寸非媒介类商品）
订单处理费	$0.80	$12.05 （5 件商品 × $2.41）
取件及包装费	$3.75 （5 件商品 × $0.75）	
首重和续重费 （单件重量 + 包装重量）	$1.10 （5 件商品 × $0.22） （每件商品：1 + 0.7 = 1.7，向上取整至 2 盎司）	
总配送费用	$5.65	$12.05

图 11-2　使用 FBA 轻小商品计划与标准 FBA 发货的配送费用对比

　　重量只有 28g 的商品很少，如果商品稍重一点，价格稍高一点，配送费用可以节省多少呢？亚马逊同样给出了示例，如图 11-3 所示。

　　以 3.3 盎司（约 93g）的商品为例，售价 7 美元（图 11-3 是亚马逊后台的费率截图，系统尚未更正，但实际已按新费率执行），使用轻小商品计划发货比使用标准的 FBA 发货可以节省 0.22 美元，而如果商品重量提升到 4.3 盎司（约 121g），售价仍是 7 美元，消费者一次性购买了 5 件，则可以节省配送费用 5 美元。

　　对比下来，即便商品重了，售价高了，使用 FBA 轻小商品计划依然可以节省一定的费用。当然，具体能够节省多少，建议卖家结合自己的商品实际重量自行计算。

　　上述计算是以小标准尺寸 2.41 美元的 FBA 费用作为参考的，如果是用大号标准尺寸的最低费用 3.19 美元计算，使用 FBA 轻小商品计划可以节省得更多。

【示例：3.3 盎司的非媒介类商品 - $7.50，1 件商品订单】

配送费用	轻小商品计划（包裹）	亚马逊物流（小号标准尺寸非媒介类商品）
订单处理费	$1	$2.41
取件及包装费	$0.75	
首重和续重费 （单件重量 + 包装重量）	$0.44 （3.3 + 0.7 = 4 盎司）	
总配送费用	$2.19	$2.41

【示例：4.3 盎司的非媒介类商品 - $7.50，5 件商品订单】

配送费用	轻小商品计划（包裹）	亚马逊物流（小号标准尺寸非媒介类商品）
订单处理费	$1	$12.05 （5 件商品×$2.41）
取件及包装费	$3.75 （5 件商品×$0.75）	
首重和续重费 （单件重量+包装重量）	$2.75 （5 件商品×$0.55） （每件商品：4.3 + 0.7 = 5 盎司）	
总配送费用	$7.50	$12.05

图 11-3　费率示例

结合在运营中的实践经验，简单总结一下。

- 使用 FBA 轻小商品计划，配送费用低，相对于标准 FBA 的配送费用来说，单件可以节省 0.64~1.42 美元。

- FBA 轻小仓相对固定，使用 FBA 轻小商品计划的商品一般不会出现分仓的情况，发货方便，发货成本也更低。
- 如果商品属于高频消费品，且一位消费者会一次购买多件，则单件的 FBA 费用更低，可以节省更多，卖家也赚得更多。

基于以上分析，对于销售低单价商品的卖家，不妨将 FBA 轻小商品计划发货方式纳入运营的考量之内，达到节省费用、获取更高利润率的目的。

第12章

VAT税务相关事项

本章要点：

- ◆ 关于 VAT
- ◆ VAT 常见问题

12.1　关于VAT

VAT（Value Added Tax，增值税）一直是困扰亚马逊欧洲站（及 eBay 等其他电商平台）众多卖家最大的问题。

根据欧盟各国现行的法律法规规定，商家的所有销售额，包括网络上的销售额，除扣取一个基本的免税额度外，其他销售额都需要按照对应的税率纳税。由于电商兴起时间较短，各国相应的法律法规不健全，因此在之前的亚马逊店铺运营中，很多卖家并没有严格按照税法制度进行申报和缴纳。最近两年来，欧洲各国政府（尤其是英国、德国和法国）一直在逐步完善 VAT 的收缴，从针对电商销售的立法到要求电商平台共享数据和协助执行缴税等，一步步加强对电商缴税的管理和核查。

既然 VAT 税务问题迫在眉睫，下面就详细地介绍一下 VAT 税务的相关事项。

VAT 是欧盟国家普遍征收的售后增值税，即货物售价的利润税。根据各国的现行税率，不同类目的商品应缴的 VAT 税率各不相同，绝大多数的商品税率在 20% 左右。

销售主体只要在欧盟各国销售商品，就需要注册当地的 VAT 税号，申请到税号后，卖家需要根据实际销售金额，按法律规定的申报流程和时间进行税务申报。

以英国为例，英国的税法规定，卖家要按季度申报 VAT，每个 VAT 税号每 3 个月需要向英国税务海关总署（HMRC）进行一次当季进口情况和销售情况的申报，结算本季度该 VAT 税号名下产生的所有 Import VAT（进口税）和 Sales VAT（销售税）。季度申报 VAT= 销售税－进口税。若销售税大于进口税，则缴纳额外的销售税；反之则退返超出的进口税。

境外人士或境外公司申请的英国 VAT 税号，并不会产生当地的公司税，只需申报和缴纳 VAT 即可。如果 VAT 税务主体在英国当地产生费用，提供相关的单据就可作为进项抵扣材料。对于跨境电商卖家来说，退税主要是对冲当期的销项税，退税的前提是 VAT 税号主体在当地进口清关时正确使用自己的 VAT 税号申报和清关。

如果符合退税条件，退税的形式有两种：（1）以支票形式退回；（2）退回到卖家的 VAT 账号里，作为余额留在下期需缴销售税时抵扣。

卖家该如何申报和缴纳 VAT 呢？

根据英国税务部门的规定，VAT 税号主体可以通过两种途径申请退税（进口税）和缴税（销售税）：（1）使用英国税务部门的官方在线操作系统自行申报；（2）指定正规会计师代为操作。

之前没有缴税的卖家，按照当前的实际情况在 VAT 税务申报和缴纳时，税务部门会根据亚马逊平台共享的销售数据对所欠的税款进行追缴。所以，一家较高销售额的亚马逊店铺需补缴的税款可能非常多。

为了避免产生高额的税款，卖家在 VAT 税务方面，可以考虑用以下方式进行处理。

- 如果是新的卖家账号，刚开始在欧洲站销售，没有污点记录，那么只要按照上述申报要求中的方式办理税号，每季度按时申报和缴纳 VAT 即可。
- 运营中的老账号、大账号，如果在之前的经营中一直严格按照税法规定缴纳税款，那么自然不会受到影响，正常运行即可。
- 对于已经运营很长时间却一直没有缴纳税款的账号，无论是否已经注册 VAT 税号，都要慎重考虑，卖家可以咨询自己的税务申报代理机构，核实需要补缴的税额。卖家还可以用新账号跟卖原账号中的商品，依照新账号销售额的多少，按照法定的税务申报和缴纳要求进行申报和纳税。

不管怎么说，VAT 缴纳在所难免，计划长期坚守亚马逊欧洲站的卖家，且尚未申请 VAT 税号的，需要尽快行动（税号申请通常需要 2 ~ 4 周）；已经申请了 VAT 税号的卖家，要及时添加 VAT 税号到亚马逊账号后台，并按照法律的规定申报和缴纳，以免被系统查到，造成不必要的麻烦。

12.2　VAT税务中的常见问题

为了帮助卖家更好地理解欧洲站 VAT 税务问题，下面列出了关于 VAT 税务的常见问答，供卖家参考。

1. 卖家不添加 VAT 税号、不缴纳 VAT，后果会怎样

答：根据英国税法规定，所有在亚马逊英国站运营的账号都必须添加 VAT 税号，并且必须进行真实、及时、准确的税务申报。如果故意延误、错误或虚假申报，都可能受到英国税务海关总署包括货物查封、罚款、向平台举报并查封账号在内的不同程度的处罚。

2. 可以使用其他公司的 VAT 税号申报吗？可以多个账号添加同一个税号吗

答：每个 VAT 税号都是唯一的，对应唯一的申报主体。作为卖家，应该申请属于自己的 VAT 税号。真实的 VAT 税号是长期安全运营的基础保障，滥用或在多个账号中重复使用 VAT 税号会导致税务申报不清，容易受到税务部门的审查。多个账号添加同一个 VAT 税号，会导致亚马逊系统认为这些账号属于同一个经营主体，造成账号关联，使关联账号受限。

3. 使用货代的 VAT 税号清关有什么风险

答：多个卖家同时使用一个 VAT 税号清关，会导致清关主体和卖家不符，在随后的税务申报和缴纳时无法抵扣，即便当期销售税额小于进口所缴的 VAT 税额，也无法申请退税。另外，某些货代在税务申报时会有低申报等情况，如果被海关稽查，则容易导致货物被扣关等。

4. 我是一个小卖家，可以不注册 VAT 税号、不做税务申报吗

答：不可以。按照英国现行的税法要求，凡是从事网上销售的商家，无论规模大小，无论销售主体是谁，都需要依法申请 VAT 税号并按季度申报和缴纳 VAT。

5. 公司名称变更后，可以继续使用原来注册的 VAT 税号吗

答：如果只是公司名称变更，公司商业登记证等代码不变，就可以继续使用原 VAT 税号，卖家只需要提供新的公司名称及营业执照，由代理通知英国税务海关总署对该 VAT 税号做公司名称变更；如果是重新注册公司，公司商业登记证号码发生改变，就需要重新注册 VAT 税号。

6. 注册 VAT 税号后，每个季度都要缴税，如果没有销售额，每个季度都做零申报可以吗？不缴税会有什么影响呢

答：关于注册 VAT 税号后的申报与缴纳，卖家可以参考如下几种情况：①申请注册 VAT 税号后，即便没有销售商品，也需要每个季度定期做税务申报，卖家可选择由代理代为申报或自行申报；②如果没有销售额，但当期有进口清关并产生进口税金单，则税号主体需要做非零申报，税务部门会根据申报情况进行退税；③如果没有销售额，当期也无进口清关，则可以做零申报；④如果有销售额，且当期有进口清关并产生进口税金单，则做非零申报，进口税金单可抵扣，其中进口价格＞销售价格，有退税，而进口价格＜销售价格，需补缴抵扣后多出的销售税；⑤如果有销售额，但当期无进口清关，或者有进口清关但无进口税金单产生，则做零申报，并缴销售税；⑥若申报后需要缴纳一定的税费，则卖家务必在申报回执下来后 7 个工作日内缴税完毕，若延迟缴税，英国税务海关总署会在延迟日起按当期税额的 3%每日计算利息，超过 30 天后英国税务海关总署将出示法庭信件，严重的会起诉该纳税人。

7. 每个季度的 VAT 申报，需要卖家准备哪些材料呢

答：季度税务申报所需的材料有以下几种：①进项单据，即进口增值税纳税文件；② C79 文件或物流公司提供的账单；③销项单据，即开具给买家的账单、PayPal 销售数据，或者银行月度账单；④采购及销售数据，如货品采购单据；⑤其他费用单据，即在英国当地产生的费用单据等。总之，材料的准备，越详细越好。

8. 有了英国 VAT 税号后，是否可以使用其他欧盟国家的海外仓和 FBA 呢

答：首先要强调的是，英国 VAT 税号是可以在其他欧盟国家清关的，但这种税务设计的前提是，货物要转到英国仓储和销售。按照欧盟的税法规定，货物仓储在哪里，就要注册当地的 VAT 税号。也就是说，一家中国企业注册的英国 VAT 税号并不能"合法地"使用欧洲其他地区的海外仓。

但让一家中国企业在欧洲各国分别注册 VAT 税号显然是不可能的，该怎样解决才好呢？最常见的办法是 Distance Sales（距离销售）。比如，使用英国的海外仓，把

货物快递到欧盟其他国家的买家手里。

当然，这种销售方式的销售额并不是无限的，每个国家的具体要求也有所不同，比如在 2016 年，法国规定为 35 000 欧元，德国规定为 100 000 欧元，超过限额需要在当地注册 VAT 税号。

9. 采用国内自发货直邮的方式可以避税吗

答：根据欧盟的规定，货值低于 15 英镑和 22 欧元的货物在入关时，免缴 VAT。但并非单笔销售额低于这个金额就能免税，对于通过网络销售并邮寄通关的货物，包裹上不可避免地会出现买家的联系方式和地址，如果海关抽查并和收件人核对，则可能因为申报价值和实物价值不符而导致包裹被扣并被要求补缴 VAT。

10. 申请 VAT 税号之前的税务是否应当补缴

答：在申请英国 VAT 税号时，应当诚实地向英国税务部门披露所需的信息，并按照英国税务部门的要求，及时向英国税务部门缴纳申请 VAT 之前符合 VAT 规定的应缴税额。

VAT 税务问题来势凶猛，一些卖家的账号甚至因此被移除销售权限。在新形势下，卖家如果能够调整思维定式，在法律的框架下，合法合规地运营，说不定可以把门槛变成发展的契机，获得更大的发展。

第13章

常用邮箱列表及工具推荐

本章要点：

◆ 常用邮箱列表
◆ 常用工具推荐
◆ 常用公众号推荐

13.1　亚马逊卖家常用邮箱列表

对于亚马逊卖家来说，在运营中可能会遇到各种情况，需要联系亚马逊客服，或者向对应的职能团队求助，只有针对性地联系，才能让问题得到更快、更有效地解决，下面列出了亚马逊卖家在运营中可能会用到的邮箱，供卖家参考。

（1）亚马逊官方邮箱。

notice@amazon.com

seller-evaluation@amazon.com

pq- 评价 @amazon.com

account-confirmation@amazon.com

cn-seller-verification-enquiry@amazon.co.uk

亚马逊总裁贝索斯的邮箱：jeff@amazon.com（真实的邮箱，有人处理，有人回复，不到万不得已不要用）

（2）卖家绩效团队邮箱（卖家最常用的邮箱，主要用来联系、跟进和处理因为账号绩效问题导致的账号受限，比如 ODR 超标、侵权、虚假发货等，联系时要用英语或所在站点语言，表达要诚恳，要用注册账号时使用的邮箱联系）。

US: seller-performance@amazon.com

CA: seller-performance@amazon.ca

UK: seller-performance@amazon.co.uk

FR: performance-vendeur@amazon.fr

DE: verkaeufer-performance@amazon.de

ES: performance-vendedor@amazon.es

IT: performance-venditore@amazon.it

JP: alliance@amazon.co.jp

（3）商品品质相关的申诉邮箱（在商品质量被投诉、商品被抽查、商品被下架等时联系和申诉的邮箱）。

US: pq- 评价 @amazon.com

US: seller-performance-policy@amazon.com

UK: seller-performance-policy@amazon.co.uk

FR: politique-performance-vendeur@amazon.fr

DE: verkaeufer-performance-richtlinie@amazon.de

IT: performance-venditore-politiche-di-condotta@amazon.it

ES: politicas-performance-vendedor@amazon.es

IN: seller-performance-policy@amazon.in

MX: politicas-performance-vendedor@amazon.com.mx

（4）店铺被冻结或关闭，跟进账号放款的申诉邮箱（账号被冻结后跟进账号余额处理的联系邮箱，也可以在账号被关闭后无法登录时申请 FBA 库存撤仓时使用）。

US: merchant-reserve-inquiry@amazon.com

US: payments-investigate@amazon.com

US: payments-funds@amazon.com

CA: payments-investigate@amazon.ca

UK: payments-investigate@amazon.co.uk

FR: investigation-amzpayments@amazon.fr

DE: payments-nachforschungen@amazon.de

IT: payments-investigate@amazon.it

ES: investigacion-pagos@amazon.es

IN: payments-investigate@amazon.in

MX:payments-funds@amazon.com.mx

（5）知识产权相关问题得到解决后的撤诉邮箱。

US: notice@amazon.com

UK: notice@amazon.co.uk

FR: notification@amazon.fr

DE: benachrichtigung@amazon.de

IT: notifica@amazon.it

ES: aviso@amazon.es

IN: notice@amazon.in

MX: notice@amazon.com.mx

13.2　亚马逊卖家常用工具推荐

1．AMZ123 亚马逊卖家网址导航

AMZ123 是亚马逊卖家最常用的导航门户，集成了亚马逊卖家运营中需要用到的各种工具，是亚马逊卖家的万能助手，如图 13-1 所示。

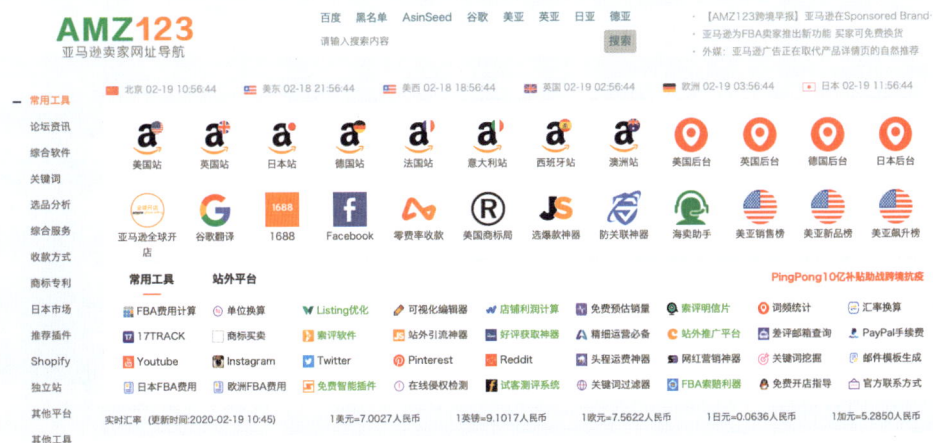

图 13-1　AMZ123 亚马逊卖家网址导航

2．Jungle Scout

Jungle Scout 是一个亚马逊卖家运营辅助工具，可以为卖家提供数据选品、关键词分析、店铺销售分析、库存管理等多维度的数据参考，也是当前市面上用户众多的卖家必备工具之一，如图 13-2 所示。

图 13-2　Jungle Scout 亚马逊卖家运营辅助工具

3．ASINKING

ASINKING 是一个卖家常用的店铺管理工具，可以为卖家提供数据报表、FBA采购仓库管理、广告管理、邮件管理、评论管理等多方面的店铺运营数据，如图 13-3 所示。

图 13-3 ASINKING 店铺管理工具

4．Merchant Words

Merchant Words 是一个针对亚马逊卖家的关键词研究工具，适合亚马逊卖家在选关键词时使用。

5．Keepa

Keepa 是一个亚马逊商品价格的查询工具，卖家可以查询某个 ASIN 在一段时间内的历史价格，分析其价格波动趋势，还可以设置价格提醒、对商品价格进行追踪。

6．Google Keywords Planner（免费）

Google 作为全球最大的搜索引擎，其"关键词规划师"可以为卖家提供很好的关键词参考，卖家可以根据亚马逊平台上的关键词和 Google"关键词规划师"所提供的关键词搜索数据进行比对，以便更精准地进行关键词的整理和筛选。

7．Sellerslab（付费）

Sellerslab 作为一个亚马逊配套专用工具，为卖家提供了销售历史统计、关键词研究等方面的资源，是亚马逊卖家运营中不错的辅助工具。

13.3 亚马逊卖家常用公众号推荐

1．亚马逊全球开店服务号

亚马逊官方的全球开店公众号，更新亚马逊开店的相关新闻。

2．亚马逊广告

亚马逊官方的公众号，更新亚马逊站内广告操作的相关内容。

3. 跨境电商赢商荟

亚马逊平台实操干货文章分享类公众号，一年365天从不间断地更新亚马逊运营技巧。

4. 亚易知识产权集团

主要分享跨境电商行业商标、专利等知识产权侵权案例的公众号，卖家可以通过阅读此公众号的内容，提前了解相关内容，避免在运营中触犯知识产权。

5. 跨境电商雨果网

跨境电商行业新闻类公众号，主要发布跨境电商行业及亚马逊平台的政策、新闻、运营技巧等文章。

6. 跨境电商鹰熊汇

跨境电商行业社群分享公众号，覆盖行业新闻、热点等内容。

7. 跨境商标交易市场（小程序）

主要提供跨境商标的交易转让，供急需国外商标的亚马逊卖家选择和购买。

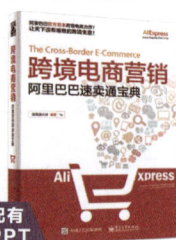